ग्लोबल समय में गद्य

ग्लोबल समय में गद्य

प्रियदर्शन

वाणी प्रकाशन

वाणी प्रकाशन

4695, 21-ए, दरियागंज, नयी दिल्ली 110 002

फ़ोन : +91 11 23273167 फ़ैक्स : +91 11 23275710

शाखाएँ

अशोक राजपथ, पटना 800 004, बिहार

कॉफ़ी हाउस कैम्पस, महात्मा गांधी मार्ग, इलाहाबाद 211 001, उत्तर प्रदेश

महात्मा गांधी अन्तरराष्ट्रीय हिन्दी विश्वविद्यालय, वर्धा 442 001, महाराष्ट्र

www.vaniprakashan.in
marketing@vaniprakashan.in
sales@vaniprakashan.in

GLOBAL SAMAY MEIN GADYA
by Priyadarshan

ISBN : 978-93-5072-670-9
Criticism

प्रथम संस्करण 2014
आवृत्ति 2018

मूल्य : ₹ 495

एम.एस. प्रिंटर्स, दिल्ली-110 095 में मुद्रित

वाणी प्रकाशन का लोगो मक़बूल फ़िदा हुसेन की कूची से

भूमिका

हिन्दी में कथा आलोचना की सीमाएँ जानी-पहचानी हैं। यह आरोप अक्सर लगता रहा है कि यह मूलतः काव्यशास्त्र से आक्रान्त आलोचना है। कविता को परखने के औजारों से वह गद्य की भी चीरफाड़ करती है और इसलिए अक्सर किसी कहानी या उपन्यास या संस्मरण के वे सामाजिक परिपार्श्व और सन्दर्भ अनदेखे रह जाते हैं जिनकी वजह से उस रचना का मोल बनता है। दूसरी बात यह कि ऐसी ज़्यादातर आलोचना बड़ी जड़ और एकेडमिक दृष्टि से लिखी जाती है जो साहित्येतिहास में दिलचस्पी रखने वालों के लिए शायद उपयोगी हो, लेकिन उन आम पाठकों के बीच न पहुँचती है न उनसे संवाद कर पाती है जिनके लिए असल में किताबें लिखी जाती हैं। तीसरी बात यह कि अक्सर यह आलोचना अतीतजीवी मालूम पड़ती है—इसमें समकालीन लेखकों और कृतियों के प्रति या तो उपेक्षा का भाव होता है या मैत्रीपूर्ण प्रशस्ति का। आम तौर पर वह एक बनी-बनायी भाषा में बने-बनाये निष्कर्षों को किसी रचना पर थोप दिया करती है।

निश्चय ही इस आरोप के समानान्तर ऐसे कई लेखक रहे हैं जिनकी आलोचना दृष्टि ने कहानी-उपन्यास या गद्य की दूसरी विधाओं में हो रहे लेखन की कायदे से पड़ताल की है, पूरी संवेदनशीलता के साथ उन रचनाओं की सीमाओं और सम्भावनाओं का सन्धान किया है और कई बार उन्होंने उन रचनाओं के नये सिरे से समझने के बौद्धिक उपकरण भी सुलभ कराये हैं। फिर भी हिन्दी की औसत आलोचना अपनी तरह के एकेडमिक रूढ़िवाद की मारी है और वह न किताब पढ़ने की प्रेरणा दे पाती है न उसे समझने के सूत्र।

इस किताब में शामिल टिप्पणियाँ चुनते समय मेरा ध्यान ख़ासकर इसी बात पर रहा है कि आलोचना मूलतः अपने समकालीन कृतित्व से एक संवाद की स्थिति बनाये। ये टिप्पणियाँ शायद शास्त्रीय अर्थों में आलोचना से कुछ कम मालूम पड़ सकती हैं। लेकिन इनकी मार्फत अगर कई कृतियों को लेकर एक साफ समझ बनाने का रास्ता खुलता है और कृतियों के मूल्यांकन के कई नये सूत्र मिलते हैं तो यही इनकी सफलता

है। मूलतः अखबारों और पत्रिकाओं के लिए उनकी सीमाओं का ध्यान रखते हुए लिखी गयी ये टिप्पणियाँ अपने आकार में भले संक्षिप्त हों, लेकिन अपने आशय में एक बड़े संसार को समेटती हैं। आलोचना की भारी-भरकम और बोझिल पद्धति और शब्दावली से किंचित मुक्त ये टिप्पणियाँ एक स्वतन्त्र रचना का आस्वाद भी सुलभ कराती हैं। उम्मीद है, यह किताब पाठकों को उन कई कृतियों को नये सन्दर्भों में देखने का मौका देगी, जिन्हें अन्यथा वे बने-बनाये ढंग से पढ़ते रहे हैं।

–प्रियदर्शन

अनुक्रम

लोक और राग की परती-परिकथा

जब भी फणीश्वर नाथ रेणु की चर्चा होती है, 'मैला आँचल' उसके केन्द्र में होता है। लेकिन हिन्दी के सर्वाधिक उल्लेख्य आंचलिक उपन्यास के तौर पर मैला आँचल की जो प्रतिष्ठा है, उसकी वजह से इस उपन्यास को ही नहीं, रेणु के शेष कृतित्व को भी एक बँधी-बँधायी लीक में देखने की एक प्रवृत्ति-सी बन गयी है। इसमें सन्देह नहीं कि रेणु बहुत बड़े आंचलिक उपन्यासकार हैं, लेकिन आंचलिकता का मतलब ऐसी घनघोर स्थानिकता नहीं होता जिसमें बड़े और राष्ट्रीय महत्त्व के प्रश्न या फिर सार्वभौम मानवीय सरोकार न हों। दरअसल रेणु जितने आंचलिक हैं, उतने ही राष्ट्रीय भी और उसी तरह सार्वभौमिक भी। उनका लेखन आलोचकीय पड़ताल के लिहाज से कहीं ज्यादा समग्र और व्यापक दृष्टि की माँग करता है। उसमें बड़ी आसानी से पहचान और पकड़ में आ जाने वाली अंचल की महक है लेकिन इसके अलावा भी बहुत कुछ ऐसा है जो उनकी कृतियों को एक बड़ा कैनवास देता है, उन्हें हमारे समय के प्रामाणिक और प्राणवन्त अभिलेख में बदल डालता है।

'मैला आंचल' के अलावा 'परती-परिकथा' वह दूसरा और महत्त्वपूर्ण उपन्यास है जिसे पढ़ते हुए रेणु की आंचलिक सम्वेदना ही नहीं, उनके सामाजिक और राजनीतिक सरोकार भी हमारा ध्यान खींचते हैं। पचास के दशक में बन रहे भारत के टूट रहे गाँवों की कहानी और उन्हें सिरे से जोड़ने की कोशिश के बीच बना यह उपन्यास अपनी महाकाव्यात्मक गूँजों-अनुगूँजों के साथ बहुत लम्बे समय तक हमारे भीतर बना रहता है, उपन्यास में हमारी लोककथाएँ और हमारे मिथक नदियों की तरह आते-जाते हैं, भारतीय गाँवों का धूल भरा मैला-सा आँचल अपनी पूरी रंगत के साथ दिखता है और वह कुरूप और विचलित करने वाला यथार्थ अपनी कई परतों के साथ, खुलता जाता है जिसकी सांस्कृतिक सन्धियों को तोड़कर राजनीतिक दुरभिसन्धियाँ आकार ले रही हैं। इन सबके बीच परती परिकथा का अपना एक जादुई असर है जिससे मुक्त होना आसान नहीं।

उपन्यास पूर्णिया जिले की उस बन्ध्या धरती के जिक्र से शुरू होता है जहाँ लोकमानस में कई कथाएँ रची-बसी हैं। कोसी के कोप के इस इलाके में एक और नदी दुलारीदाई है—कोसी की छोटी बहन, जो कोसी मइया को अपनी सास के मन्तर से बचाने के लिए अपने आँचल में एक दीया लिए बदरिया घाट पर चली आती है—दोनों बहनें रोती हैं—कोसी मइया का शाप अब इस पूरे इलाके पर है—यहीं से बनी है बन्ध्या धरती।

लेकिन यह एक कहानी है। ऐसी कहानियाँ और भी हैं। एक कहानी सुन्नरी नैका की है जो अपने इलाके की प्यास बुझाने के लिए राक्षसों से कुण्ड खुदवाती है और फिर दन्ता राकस के प्रेम में पड़ जाती है। ऐसी कहानियों से पटा पड़ा है ये पूरा इलाका। यह वह अतीत है जिसके साथ जुड़ा है राजनीति का वर्तमान—आजादी के बाद नये बन रहे भारत में एक तरफ बड़े सपने हैं दूसरी तरफ छोटे स्वार्थ। दिल्ली विकास की रेखाएँ खींचती है जो दूर-दराज के इलाकों में बसे लाखों भोले-भाले गाँव वालों के दिलो में लकीर बनाती है। बड़े कारखानों और बाँधों द्वारा विकास के नये मन्दिर बनाने का नेहरू का सपना उन दिनों की सबसे बड़ी उम्मीद है। लेकिन इस प्रक्रिया में खदबदा रही है सदियों पुरानी वह बसावट जिसके कुछ पुराने तनाव हैं, कुछ नये संकट। पूर्णिया के आंचल में चल रहा है सर्वे का काम। जमीन की नापजोख के साथ रिश्तों की काट-छाँट भी शुरू हो गयी है। सारी कथाओं से अनजान, सारे पड़ोसों से बेखबर, पनघट और परती की सारी चर्चाओं से कटा हुआ एक सरकारी अमला यहाँ आता है और जमीन पर ही नहीं, दिलों पर भी निशान लगाने लगता है।

इसी गाँव में बरसों बाद लौटते हैं पगलैट जित्तन बाबू—यानी पुराने पत्तनीदार पण्डित शिवेन्द्र मिश्र के बिगड़े हुए बेटे जितेन्द्र मिश्र। जितेन्द्र ने गाँव से बाहर बरसों राजनीति की खाक छानी है—कांग्रेस, समाजवादी आन्दोलन, भूदान सबको करीब से देख चुका है। वह टूटा हुआ है, फिर से गाँव लौटा है—नेहरू के उस सपने की तलाश करता हुआ जो बड़े बाँधों में विकास के मन्दिर देखता था। इस जित्तन को गाँव अविश्वास के साथ देखता है। जित्तन बाबू के साथ परानपुर की परती का एक राज है। इस विशाल बन्ध्या धरती के बीच पाँच चक्र हैं जहाँ शायद फसलें लहलहा सकती हैं। लेकिन जित्तन का सामना सिर्फ उस परती से नहीं है जो पानी, सिंचाई या अच्छी मिट्टी के अभाव में सूखी पड़ी है, उसके सामने मन की परती भी है—वह देख रहा है, गाँव, घर, परिवार—हर जगह सूखा है, टूटन है, स्वार्थ और अविश्वास के टकराव हैं, यह भी समझ रहा है कि इस टकराव की वजहें कुछ समाज में हैं, कुछ राजनीति में, कुछ उस प्रशासन तन्त्र में जो मनमाने फैसले करता है। इन सबके बीच गाँव की सूख रही नदी को कैसे जिलाया जाये? यहाँ संस्कृति उसकी शरण बनती है—गाँव-देहात के लोकमानस में बसी अनन्त कथाओं, तीज-त्योहारों के साथ जुड़े गीतों और इन सबसे मिलकर बनने वाली सामूहिकता के सहारे वह परती में प्राण भरना चाहता है।

यह बहुत संक्षिप्त और स्थूल कथा है। उपन्यास में कई उपकथाएँ भी हैं और ढेर सारे ऐसे चरित्र जिनके सहारे पूरा गाँव जैसे हमारे सामने जीवित हो उठता है। एक कथा जितेन्द्र मिश्र के पिता शिवेन्द्र मिश्र की है और उनकी दूसरी पत्नी गीता रोजाउड की—एक अंग्रेजी महिला जो कृष्ण के रंग में रंगी मरियम और काली को एक मानती है, जिसने ईसाइयत छोड़कर हिन्दू धर्म अपनाया है। यह कहानी अपने वर्णनों में रोमांचक है। दरअसल इस उपन्यास में जैसे हर चरित्र की एक कहानी है। फोटोग्राफी के शौकीन भवेश और लोकगीतों पर शोध कर रहे सुरपति राय इन कहानियों में अपनी तरह की शहरी सुगन्ध भरते हैं। सुरपति राय पाते हैं कि सारे लोकगीतों और सारी लोककथाओं का सिरा किसी न किसी तरह परानपुर नाम के गाँव से जुड़ता ही है। यही गाँव इस उपन्यास की केन्द्रीय कथा-भूमि है—

वह गाँव जिसमें भिम्मल मामा जैसा दिलचस्प और कल्पनाशील कलाकार है—ऐसा बीहड़ और अनगढ़ चरित्र, जो बाद के वनस्पतिया माहौल में उपज नहीं सकता। भिम्मल मामा के अलावा लुत्तो है—कांग्रेस का वह स्थानीय नेता जिसके पिता को शिवेन्द्र मिश्र ने दगनी से दाग दिया था। लेकिन यह सबसे बड़ा भले हो, इकलौता जख्म नहीं है। बबुआन टोली, यानी अगड़ी जातियों से उपहास और अपमान की जो मिली-जुली व्यंजनाएँ वह झेलता रहा है, उसने उसे एक घायल चरित्र बना डाला है। इनके अलावा सामन्ती वफादारी की मिसाल रामपखारन सिंघ और जलधारी दास और गाँव के गरुड़धुज झा, रोशन बिस्वां और ऐसे ढेर सारे जीते-जागते चरित्र हैं जिनके बीच यह उपन्यास आगे बढ़ता है।

वैसे इस उपन्यास का सबसे महत्त्वपूर्ण पक्ष इसके महिला चरित्र हैं। बहुत पहले राजेन्द्र यादव ने शिकायत की थी कि भारतीय गाँव मर्दों के गाँव हैं, औरतें उनमें दिखाई नहीं पड़तीं। कहानियों और उपन्यासों में मिलने वाले गाँवों का भी यही हाल है। लेकिन परती परिकथा की बेहद जीवित और जीवन्त स्त्रियाँ हमारे लिए इस गाँव को सम्पूर्ण बनाती हैं। इनमें वे नायिकाएँ ही नहीं हैं जिनसे उपन्यास की महत्त्वपूर्ण कड़ी बनती है, बल्कि वे आम स्त्रियाँ भी हैं जो इसी की पृष्ठभूमि तैयार करती हैं। सामबत्ती पीसी, फेंकनी की माय, गेंदाबाई, फूहा बुआ और ऐसी ढेर सारी महिलाएँ इस उपन्यास में अपनी तरह का रस और परिवेश बनाती हैं जिनसे गुजरते हुए हमें अपने छोड़े हुए मुहल्लों और गाँवों के कई चरित्र बेसाख्ता याद आते हैं।

इस स्त्री कथा में तीन स्त्रियाँ बेहद महत्त्वपूर्ण हैं—ताजमनी, मलारी और इरावती। ताजमनी नट्टिन टोली की लड़की है जो कि बचपन में गाँव की हवेली, यानी जित्तन बाबू के घर पली है। इरावती भारत-पाक विभाजन के समय हुए दंगों के अनुभव अपनी पीठ पर लिए घूम रही है—लाहौर से दिल्ली और बिहार के गाँवों तक पहुँची इरावती के लिए अतीत वह जख्म है जिसका कोई मलहम नहीं मिल रहा। वह अलग-अलग राजनीतिक दलों में घूम चुकी है, विकास के मन्दिरों की प्रदक्षिणा कर रही है और कोसी

के कछारों में अपने उस परतीपुत्तर को खोज रही है जिसने उसके भीतर विश्वास का पौधा फिर से जिलाया था। और तीसरी है मलारी—एक खूबसूरत दलित लड़की, गाँव के लोग जिसे चाहते भी हैं और जिससे जलते भी हैं। मलारी मिडिल स्कूल तक पढ़ चुकी है और अब उसी स्कूल में पढ़ा रही है। कायदे से मलारी वह दलित चरित्र है जिस पर हमारे दलित विमर्श से जुड़े आलोचकों को ध्यान देना चाहिए। मलारी एक सवर्ण युवक से प्रेम विवाह करती है। दलित और सवर्ण का यह विवाह किसी और बड़े उपन्यास में तत्काल याद नहीं आता। इतने सारे चरित्रों के बीच गुँथे उपन्यास के एक सिरे पर वह राजनीति है जिसमें लोग कांग्रेसी चाल से लेकर कम्युनिस्ट बोली तक सीख रहे हैं और सत्ता के सुख अपनी-अपनी तरह से तलाशने की कोशिश कर रहे हैं। सर्वे के दौरान दूसरों के हक हड़पने से लेकर पंचायत के चुनाव में मुखियागीरी हासिल करने की जोड़-तोड़ में जातियों के समीकरण बनते और बिखरते हैं। एक गाँव के भीतर बन और बह रहे भारतीय राजनीति के इन अलग-अलग परनालों की नियति अन्ततः एक ही है—गाँव समाज के पारम्परिक चलन की उस बड़ी नदी में लुप्त हो जाना, जो न जाने कब से बह रही है। अलग-अलग टोलों में बँटा यह गाँव कई स्तरों पर बदल भी रहा है। यहाँ शहर जाकर पढ़ाई कर रहे लड़के हैं जो छुट्टियों के दौरान घर आते हैं और गाँव के पुराने दोस्त को अपने किस्से सुनाते हैं। यहाँ विकास की खबरें किसी सनसनी की तरह पहुँचती हैं और अकसर बदलाव को सन्देह से देखा जाता है।

लेकिन परती परिकथा का कथ्य जितना महत्त्वपूर्ण है, उससे कहीं ज्यादा महत्त्वपूर्ण उसका शिल्प है। कई परतों और उपकथाओं में बँटी इस विराट कथा को रेणु ने बहुत कौशल के साथ बुना है। अकसर जब उन्हें आंचलिक उपन्यासकार कहा जाता है तो उसके पीछे इसी शिल्प की शक्ति होती है। रेणु ने बहुत सूक्ष्मता के साथ पूर्णिया अंचल के सम्पूर्ण लोकराग को इस उपन्यास में समेट लिया है। लोकगीतों और लोककथाओं के बीच बुने इस उपन्यास में गाँव-देहात की सारी आवाजें चली आयी हैं। चित्रों और ध्वनियों को एक साथ समेटने में रेणु का यह विरल सधाव हिन्दी में शायद ही किसी दूसरे लेखक में हो। उनको पढ़ते हुए कुछ हद तक मनोहर श्याम जोशी के भाषायी कौशल की याद आती है, लेकिन रेणु उनसे बहुत आगे जाते हैं—वे छोटी-छोटी ध्वनियों तक को अनसुना नहीं जाने देते—कुएँ की जंजीर पर रगड़ खाती रस्सी, पानी में बाल्टी के डूबने की छपाक, जितेन्द्र के पाँवों पर झुक रही ताजमनी का लॉकेट जमीन पर टकराने से पैदा हुई गूँज, कुत्ते की बाख-बाख, चिड़ियों की ध्वनि—जैसे रेणु अपने साथ पूरा गाँव उठाये उपन्यास में दाखिल हो जाते हैं। इन ध्वनियों के अलावा बोलियों और उनमें आने वाले शब्दों से भी बनता है रेणु का समाज। यहाँ हर चरित्र अपनी बोली से पहचान में आ जाता है।

सवाल है, क्या रेणु जातियों में बँटे और राजनीतिक से टूटे इस समाज के लिए कोई रास्ता सोच और सुझा पाते हैं? उपन्यास के अन्त में एक बड़ी सांस्कृतिक परिकल्पना

दिखाई पड़ती है। अतीत और वर्तमान को समेटते एक बड़े लोकनाट्य के अन्त में झिलमिलाता है विकास का एक इन्द्रधनुषी सपना, जिससे पूरा गाँव बँधा हुआ है।

इसमें शक नहीं कि रेणु की परिकल्पना यहाँ बेहद रोमानी है। कम से कम आज पचास साल की दूरी के अनुभव से यह देखना मुश्किल नहीं है कि न रेणु का गाँव बचा है न विकास का वह नेहरूवादी मॉडल और सपना, जो इस उपन्यास की धुरी है। आज परानपुर के परतीपुत्तर अपने गीत भुलाकर, अपनी बसावट से उजड़कर मुम्बई और दिल्ली जैसे महानगरों में दिहाड़ी के मजदूर और झोंपड़पट्टी के ऐसे बाशिन्दे हो चुके हैं जिन्हें महानगर खटवाता है और जिनसे चिढ़ता भी है। बड़े बाँध और कारखाने अब विकास के मन्दिर नहीं बेदखली के औजार माने जाते हैं और शहर सपने नहीं, डर पैदा करते हैं। पटना की जिन गलियों में जितेन्द्र मिश्र राजनीति के पाठ पढ़ता रहा, सितार सीखता रहा और चित्र प्रदर्शनियाँ देखता रहा, वहाँ एक उजाड़ और खालीपन है जिसको नये जमाने की चमचमाती दुकानें भरने की कोशिश मे लगी हैं।

रेणु के जमाने में इस दौर की आहट नहीं थी, इसलिए इस बदली हुई सच्चाई का अन्दाजा उन्हें नहीं रहा होगा। उनमें वह वैचारिक कट्टरता भी दिखाई नहीं पड़ती जो उन्हें किसी जमींदार के बेटे से घृणा करने को मजबूर करे। लेकिन एक गहरी मानवीय संवेदना और उससे पैदा अचूक दृष्टि का ही परिणाम है कि रेणु अपनी वर्गीय चेतना से बाहर जाकर लुत्तो जैसे पिछड़े और बालगोविन्द जैसे दलित नेताओं की पीड़ा समझ पाते हैं। ताजमनी के भरोसे और मलारी के सपने में शामिल हो पाते हैं। कठोर वैचारिक औजारों से रचनाओं की चीरफाड़ करने वाले सख्त आलोचकों को शायद यह उपन्यास पसन्द न आए, लेकिन मेरी तरह के प्राथमिक पाठकों के लिए परती परिकथा पढ़ना पाठ के एक रोमांचक अनुभव से गुजरने जैसा रहा है।

जो औरत वे बना रहे हैं

क्या राजेन्द्र यादव की कहानियों को बिना किसी पूर्वग्रह के पढ़ना सम्भव है? हंस के सम्पादक के रूप में वे खुद कहानियों को अपने चश्मे से पढ़ने के आदी रहे हैं। उनका कहना है कि वे अच्छी कहानियाँ नहीं, वैचारिक तौर पर माकूल पड़ने वाली कहानियाँ छापते हैं। इसी वैचारिक ईमान को कसौटी बनाते हुए उनके नये संग्रह 'हासिल और अन्य कहानियाँ' पर विचार करें तो कई दिलचस्प निष्कर्ष सामने आते हैं। राजेन्द्र यादव इन कहानियों को स्त्री-मुक्ति का पाठ बताते हैं—यह याद दिलाते हुए कि सेक्स की मुक्ति के बिना स्त्री-मुक्ति सम्भव नहीं है। यह ऐसा विचार नहीं, जो राजेन्द्र यादव पहली बार रख रहे हों या सिर्फ राजेन्द्र यादव ही रखते रहे हों। बीसवीं सदी का बहुत सारा वैचारिक साहित्य स्त्री-मुक्ति में सेक्स की एक महत्त्वपूर्ण भूमिका देखता है। इस लिहाज से राजेन्द्र यादव की बात से असहमति की ज्यादा गुंजाइश नहीं है।

लेकिन सवाल यह है कि राजेन्द्र यादव की 'अपनी कहानियाँ' इस विचार का कितने विश्वसनीय ढंग से वहन कर पाती हैं। इस संग्रह की अलग-अलग कहानियों से जो स्त्रियाँ झाँकती हैं, वे वास्तविक हैं या लेखक के अपने मानसिक विन्यास से निकली हुई ऐसी कल्पनाएँ जिन्हें विचार की कसौटी पर खरा उतरना है? संग्रह की प्रारम्भिक लघुकथानुमा रचनाओं को पार करने के बाद जो पहली कहानी सामने आती है, वह है 'एक खुली हुई साँझ'। यह कोलकाता के विक्टोरिया टर्मिनल की साँझ है। इस खुली हुई साँझ में नायक को एक खुली हुई महिला मिलती है, जो निःसंकोच सेक्स और सम्भोग पर बात कर लेती है, नायक का हाथ थाम लेती है, अपने कन्धों पर उसे हाथ रखने देती है और कुछ देर बाद अपने पति के साथ वापस चली जाती है। खुद नायक को इस हाथ आयी जन्नत की हकीकत पर भरोसा नहीं होता, वह सोचता है, कहीं गलती से पान वाले ने जर्दा तो नहीं डाल दिया। सवाल है, जब पात्र को इस कहानी पर भरोसा नहीं हो रहा तो पाठक कैसे कर ले।

दरअसल राजेन्द्र यादव की ज्यादातर कहानियों में कोई न कोई ऐसी महिला चरित्र

है जो स्त्रीत्व के यथास्थितिवादी रूप और प्रतीकों को ध्वस्त करती है। लेकिन क्या वह स्त्रीत्व का नया पाठ बनाती है? या वह उस पुरुष-कल्पना की चपेट में आ जाती है जो शायद यह मानकर चलती है कि स्त्री अपने ढंग से सोचना बन्द करेगी तो पुरुष के ढंग से सोचना शुरू कर देगी? 'मैं वहाँ नहीं हूँ' की शशि को औरताना ढंग से सोचने वाली बीवियाँ नामंजूर हैं, वह खूबसूरत औरतों को नम्बर दिया करती है और किसी खूबसूरत लड़की को देखकर यह भी सोच बैठती है कि अगर वह मर्द होती तो इसके साथ 'रेप' करती। क्या इस 'आजाद खयाली' में छिपी पुरुषवादी जकड़नें लेखक को दिखाई नहीं पड़तीं? ऐसी सोच का एक सिरा नये ढंग से 'नया फ्लैट' नाम की कहानी में खुलता है जहाँ मुकेश के काले रंग से चिढ़ने वाली श्वेता अचानक एक दिन उसके बुलावे पर उसके फ्लैट में चली जाती है, और बिस्तर पर उसे नंगा देख, उसके साथ हमबिस्तर हो लेती है।

कहानी का संकेत शायद यह है कि लड़कियाँ जिस चीज को सबसे ज्यादा अस्वीकार करती हैं, वह दरअसल अवचेतन में दबी हुई उनकी कुंठा होती है। चाहे संयोग से, चाहे जोर-ज़बरदस्ती से, अगर वे बिस्तर पर चली आती हैं तो उन्हें अपने होने की सार्थकता, अपनी खुशी का वास्तविक मतलब, समझ में आने लगते हैं।

क्या यह अनायास है कि राजेन्द्र यादव की कहानियों में मिलने वाली ज्यादातर स्त्रियाँ जब अपने स्त्रीत्ववादी चौखटे से बाहर आती हैं तो उस पुरुषवादी खोल में घुस जाती हैं जिसमें सड़कों पर आती-जाती 'मचाचाओं' को घूरना या पटाना एक दिलचस्प खेल लगता है? या फिर ये लड़कियाँ अपने खोल से बाहर निकलने का पहला प्रमाण अश्लील चुटकुलों और मजाकों में अपनी शिरकत के सामर्थ्य के जरिए देती हैं? 'सुधा की डायरी' की सुधा हो या 'एक कटी हुई कहानी' की कुलवन्त, यह बात साफ दिखाई पड़ती है कि राजेन्द्र यादव अपनी एक स्त्री बना रहे हैं—एक ऐसी स्त्री जो बँधे-बँधाये तरीकों से सोचने-बोलने वाली न हो।

पूछा जा सकता है कि किसी लेखक को अपनी मर्जी के किरदार गढ़ने का हक है या नहीं? अगर वह अपनी तरह की एक दुनिया चाहता है जिसमें स्त्री और पुरुष के बीच बराबरी का सवाल बिल्कुल ठोस ढंग से उठे और हल हो, और उसे लगता हो कि सेक्स इस हल का मूल जरिया है तो उसे अपनी कहानी लिखने और अपने पात्र गढ़ने की छूट होनी चाहिए। लेकिन यहाँ मुश्किलें सिर्फ दो हैं। एक तो यह कि अगर लेखक ऐसा कोई पात्र गढ़ता है जिससे हम किसी भी स्तर पर जुड़ सकें, उसे अपने बीच पहचान सकें, तब कहानी विश्वसनीय बनती है—दुर्भाग्य से राजेन्द्र यादव की ये स्त्रियाँ भरोसा नहीं दिलातीं कि वे हमारे आसपास हैं। यह भरोसा पात्रों और लेखक तक को नहीं होता। यही वजह है कि 'सुधा की डायरी' में कहानी से पहले लेखक को एक भूमिका दर्ज करने की जरूरत महसूस होती है।

सवाल है कि यह स्त्री राजेन्द्र यादव के यहाँ आती कहाँ से है। हम जानते हैं कि

शुद्ध काल्पनिक जैसा कुछ भी नहीं हुआ करता, कल्पना भी हमारे देश-काल और अनुभव में विन्यस्त होती है। यहाँ आकर ध्यान आता है कि यह आजादी के बाद सामाजिक खुलेपन के रास्ते में अपने पहले कदम रखते मध्यवर्गीय भारत का वह रोमानी खयाल है जो हिन्दी फिल्मों से लेकर नयी कहानी तक के पूरे दौर में कई तरह से दिखाई पड़ता है। राज कपूर की फिल्म 'श्री चार सौ बीस' में 'मुड़-मुड़ के ना देख' गाती और सिगरेट के छल्ले बनाती नादिरा हो या सत्तर के दशक में सलीम जावेद की 'दीवार' में हर रोज नाम बदलने वाली परवीन बॉबी, यह बोल्ड और ब्यूटीफुल नायिका शायद उस दौर में पढ़-लिखकर दफ्तर जा रहे नौजवानों की हसरत का नाम हुआ करती थी, जिसकी कुछ यथार्थवादी अनुगूँजें नयी कहानी में दिखती रहीं और उसकी तलछट अब इस संग्रह की कहानियों में नजर आ रही है।

सवाल है कि इन स्त्रियों का हश्र क्या होता है? यह एक डरावना इत्तफाक है कि परवीन बॉबी और नादिरा दोनों लगभग एक जैसे घनघोर अकेलेपन और उदासी की शिकार होकर मरीं। हिन्दी फिल्मों के शोमेन मुक्त स्त्री नाम का जो खिलौना बनाते और बेचते रहे, वक्त ने उसके साथ सबसे क्रूर खिलवाड़ किया।

राजेन्द्र यादव को इस हश्र का अनुमान न हो, ऐसा नहीं है। इसी संग्रह में उनकी कहानी 'कहानी रुकती नहीं है' इस यथार्थ के डरावने पक्षों को अपनी हल्की वैचारिक हिचक के बीच भी छूती जरूर है। लेकिन फिर मुश्किल को दुहराना होगा कि चाहे हिन्दी फिल्में हों या हिन्दी कहानियाँ, वे स्त्री को एक फाँस से निकालकर दूसरी फाँस में डाल देती हैं—यहाँ स्त्रीत्व के पारम्परिक चौखटे से मुक्त होने की शर्त पुरुष की तरह होना है—समाजशास्त्रीय ढंग से देखें तो शायद यह शर्त भी इस अर्थ में स्वाभाविक है कि आखिर पिछड़े हुए समुदाय जब आगे बढ़ते हैं तो वे अपने से आगे चल रहे समुदायों का ही अनुसरण करते हैं। यानी स्त्रियों के सामने मुक्ति की एक कसौटी यह भी है कि वे पुरुष से टक्कर लें, उसकी बराबरी करके दिखाएँ। यही वजह है कि शराब-सिगरेट पीती, सेक्स पर खुलकर बात कर लेती स्त्री अपने समय की दूसरी स्त्रियों से आगे लगती है, या कम से कम उसमें यह साहस दिखता है कि वह अपने लिए वर्जित और निषिद्ध क्षेत्रों की बाड़ तोड़े।

लेकिन इक्कीसवीं सदी के इस दौर में स्त्रीत्व का एक नया पाठ जरूरी भी है और बन भी रहा है। समाज में देखें तो सुष्मिता सेन को भी विश्व सुन्दरी होने के लिए बताना पड़ता है कि मदर टेरेसा उनकी आदर्श हैं। इसके अलावा मेधा पाटकर, अरुणा राय, अरुन्धती रॉय, कल्पना चावला ही नहीं, पंचायतों में अपने हिस्से की लड़ाई लड़ और जीत रही हजारों अनजान-गुमनाम स्त्रियाँ स्त्रीत्व का एक नया भाष्य रच रही हैं। यह सच है कि इसी दौर में दुनिया अब तक की सबसे बड़ी देहमंडी में तब्दील होती नजर आ रही है, लेकिन यह प्रक्रिया भी उस खदबदाहट का ही नतीजा है जो दुनिया भर में और भारत में अपनी तरह से स्त्रियों की दुनिया में चल रही है। हिन्दी कहानी में इसकी झलक 'चाक' की सारंग या

'इदन्नमम' की मन्दाकिनी में मिलती है। वैचारिक स्तर पर गीतांजलि श्री की वे नायिकाएँ कहीं ज्यादा परिपक्व और आधुनिक दिखाई पड़ती हैं जिनके पास करने और सोचने को सेक्स के अलावा भी काम है। ऐसा नहीं कि इन स्त्रियों की जिन्दगी में सेक्स या इससे जुड़े सवाल नहीं हैं, लेकिन वे इन सवालों को अपने ढंग से हल कर चुकी हैं और ज्यादा बड़ी या छोटी-अन्य तरह की उलझनों में खोयी हैं।

ठीक यही बात अलका सरावगी की नायिकाओं के बारे में कही जा सकती है। लेकिन इन अलोचनाओं के बावजूद इन कहानियों का अपना एक मूल्य है। एक विमर्श, एक 'डिस्कोर्स' इनमें सतत सक्रिय दिखाई पड़ता है। सतह पर इस विमर्श के केन्द्र में स्त्री-पुरुष सम्बन्ध हैं, लेकिन कुछ गहराई से देखें तो इनमें अपने समय के दूसरे राजनीतिक-सामाजिक और एक बड़े अर्थ में सभ्यतागत सन्दर्भ भी मिलते हैं जिनका वास्ता शोषक-शोषित, वंचक-वंचित की सदियों से चली आ रही यथास्थिति से है। राजेन्द्र यादव ने अपनी भूमिका में ठीक लिखा है कि वे कहानियाँ कैकेयी के हाथों से पिटे हुए दशरथों की दास्तानें हैं। कहते हैं, दशरथ ने अपने से काफी कम उम्र की कैकेयी से विवाह किया था। यहाँ भी 'हासिल' और 'चालीस साल बाद' जैसी कहानियों में अपनी अतृप्ति के जंगलों में अपना आखेट खोजते दशरथ खुद आखेट बनते नजर आते हैं। यह अलग बात है कि खुद को जाल में फँसा देखने के बाद उनके भीतर आत्मज्ञान, आत्मसंशय, आत्मधिक्कार सब कुछ जागते हैं। दरअसल इन कहानियों में अनायास चला आया एक प्रतीकात्मक मूल्य वह भी निहित है कि पुराने सम्बन्ध और समीकरण बदल रहे हैं, नयी सारणियाँ, परिभाषाएँ बन रही हैं, शिकार और शिकारी का खेल अब पहले की तरह नहीं चलेगा।

सबसे बड़ी बात यह है कि इन कहानियों में यथास्थिति को बदलने की एक गहरी इच्छा, बल्कि जिद दिखाई देती है। पुरानी व्यवस्था ही नहीं, पुरानी कथा भी बदल देने की यह कोशिश 'प्रतिकार' और 'लक्ष्मणरेखा' जैसी छोटी कहानियों में अपने प्रखरतम रूपों में दिखाई पड़ती है। 'प्रतिकार' में द्रोणाचार्य और एकलव्य की कथा को नया रूप देते हुए राजेन्द्र यादव ने सत्ता में पिछड़ों की भागीदारी के नाम पर अगड़ों द्वारा किये जा रहे छल का एक रूपक बनाने की कोशिश की है। 'आत्महत्या' शायद किसी संशयग्रस्त क्षण की उपज है जिसमें मानव सभ्यता में हो रहे विराट परिवर्तनों की थाह न ले पाने की बेबसी से उपजा डर है जो ऐसे परिवर्तनों की भ्रूणहत्या की इच्छा में बदल जाता है। 'माँ की कमर' लघुकथा भी नहीं, चुटकुला भर है, हालाँकि चुटकुलों को हिकारत से देखने की जरूरत नहीं, उनमें भी हमारे समय की सच्चाइयाँ झाँकती हैं। 'दो दिवंगत' आरक्षण की अखबारी बहसों का जवाब है।

कुल मिलाकर यह सवाल उठता है कि राजेन्द्र यादव के कहानी संग्रह 'हासिल और अन्य कहानियाँ' का हासिल क्या है? ये कहानियाँ एक लिहाज से पुरानी हैं, लेकिन इनमें यह पहचानना मुश्किल नहीं है कि हंस के सम्पादक के तौर पर राजेन्द्र यादव की

दलित और स्त्री पक्षधरता का जो समकालीन सन्दर्भ है, उनके बीज नयी कहानी आन्दोलन के शिखर कथाकारों के रूप में विकसित हुए लेखक राजेन्द्र यादव में मौजूद रहे हैं? यह इन कहानियों की शक्ति भी है, सीमा भी। ये कहानियाँ बताती हैं कि मूलतः चार-पाँच दशक पुराने कथा-परिदृश्य में विन्यस्त होते हुए भी राजेन्द्र यादव की कहानियों को उस दौर के बाहर जाकर पढ़ा जा सकता है। इन कहानियों में एक बेहद परिपक्व कथा-शिल्प है। राजेन्द्र यादव की किस्सागोई में कोई ढिलाई नहीं है। भाषा और ब्योरों पर उनकी पकड़ भी बेहद मजबूत है। कथा तन्तुओं को जरूरत के हिसाब से फैलाना और सिकोड़ना उन्हें आता है। लेकिन इन सबके बावजूद अगर कोई फाँक इनमें नज़र आती है तो वह एक ऐसी वैचारिक फाँक है जिससे राजेन्द्र यादव लगातार मुठभेड़ करते दिखाई पड़ते हैं।

हर जगह पसरा यह जंगल

संजीव हिन्दी के उन कथाकारों में हैं जिनको समीक्षकीय सहानुभूति ज़्यादा नहीं मिली, मगर जिनका एक व्यापक पाठक वर्ग रहा है। जब उनकी पहली कहानी 'अपराध' छप कर आयी थी तो बताते हैं कि उस पर जितने पत्र आये उतने उस वक्त किसी और कहानी पर नहीं आये थे। इस तथ्य को फिलहाल याद करने का मकसद उनकी लेखकीय उत्कृष्टता साबित करना नहीं है क्योंकि लोकप्रियता उत्कृष्टता का एकमात्र निकष नहीं होती या शायद निकष ही नहीं होती। लेकिन किसी लेखक की लोकप्रियता से यह मालूम होता है कि उसके लेखकीय औजारों में कुछ ऐसा है जो बहुत बड़े पाठक समुदाय तक चीजों को ले जाता है। संजीव बीते दो दशकों से लगातार लिख रहे हैं और इस दौर में उनकी लोकप्रियता में कोई कमी नहीं आयी है। उनकी कहानियाँ लगातार पढ़ी जाती रही हैं, सर्कस, सावधान नीचे आग है तथा धार जैसे उपन्यासों से उन्होंने अपनी लेखकीय प्रतिभा का लोहा मनवाया है।

हम पूछ सकते हैं कि वह कौन-सा तत्त्व है जो उनकी सम्प्रेषणीयता में इतनी धार पैदा करता है। इसके सूत्र 'अपराध' में ही खोजे जा सकते हैं। 'अपराध' में लगभग रूमानियत को छूती हुई जो एक भावनात्मक तीव्रता है—जिसके तहत एक बेचैन युवक अपराध के स्रोतों और कारणों की तलाश में कई बीहड़ों में उतरता है—वह संजीव के लेखक का चुम्बकीय क्षेत्र बनाती है। संजीव की कहानियों की पृष्ठभूमि बदलती रहती है, कथा तत्त्व परिवर्तित होता रहता है, भूगोल खूब बदलता है और उसी के मुताबिक चरित्रों की बोली-बानी और उनका काम काज बदलता है, मगर एक भावनात्मक तनाव पैदा करने की युक्ति हर जगह दिखाई पड़ती है। निश्चय ही इस भावनात्मक तनाव के साथ जुड़ी उनकी राजनीतिक-सामाजिक समझ है जो हाशिए के और दबे-कुचले समुदायों के पक्ष में खड़ी है और इस कारण कभी वाम विचार के साथ दोस्ती करती है और कभी उसके लिए असुविधाजनक सवाल खड़े करती है। जहाँ इन सारी चीजों का मणिकांचन संयोग बनता है, वहाँ हमें कोई

यादगार कहानियाँ मिलती हैं और जहाँ यह संयोग लड़खड़ाता है, वहाँ हम संजीव को एक भावुक जाल बुनता पाते हैं। हालाँकि निश्चय ही ऐसी जगहें बहुत कम हैं।

बीते वर्ष आये संजीव के नये उपन्यास *'जंगल जहाँ शुरू होता है'* से गुजरते हुए इन सारी बातों का ध्यान आना स्वाभाविक है। एक मायने में यह उपन्यास संजीव के अब तक के लेखन का एक तार्किक विकास है। 'अपराध' में अपराध के कारणों की खोज कर रहा नायक *'जंगल जहाँ शुरू होता है'* में अपराध की एक भीषण समस्या—डाकू समस्या-से जूझ रहा है। 'अपराध' ने जिस तरह नायक को बताया था कि अपराध के कारणों की खोज जेलों में नहीं, समाज में जाकर करनी चाहिए, वहीं *'जंगल जहाँ शुरू होता है'* बताता है कि अपराध का जंगल वहीं नहीं होता जहाँ वह दिखाई पड़ता है वह व्यवस्था के उस न दिखाई पड़ने वाले बीहड़ से ही शुरू हो जाता है जहाँ लूटने-खसोटने वाले लोग कानून का संरक्षण पाकर बचे रहते हैं और जिनके कारण सताये हुए लोग जंगलों में जाकर डाकू बनते हैं। *लेकिन जंगल जहाँ शुरू होता है* का वैशिष्ट्य इस जानकारी तक सिमटा हुआ नहीं है। यह सच बताने वाली तो ढेर सारी घटनाएँ और खबरें हमारे सामने रोज आती रहती हैं। लेकिन इन खबरों ने, मोहरसिंह और माधोसिंह से लेकर फूलन देवी तक की बेहद जानी-पहचानी कहानियों ने, इस सच का एक सरलीकृत और स्थूल स्वरूप बना दिया है, जिसमें बेहद भीषण और जटिल यह यथार्थ शोषण की सपाट या विद्रोह की रोमानी कहानी भर दिखाई पड़ता है। इस रोमानीपन की विभिन्न परतें 'मुझे जीने दो' या 'मेरा गाँव मेरा देश' जैसी डाकू समस्या को लेकर बनी पचासों हिन्दी फिल्मों में दिखाई पड़ती हैं। ध्यान दें तो फूलन देवी पर बनी फिल्म 'बैंडिट क्वीन' को छोड़कर इस समस्या के थर्रा देने वाले पहलुओं का चित्रण कायदे से कहीं नहीं हुआ है।

संजीव का उपन्यास यह काम करता है। यह अनायास नहीं है कि इस उपन्यास का नायक समाज में अपराध को खत्म करने का अरमान लिए आगे बढ़ने वाला एक पुलिस अधिकारी है। यह आदर्शवादी और बेचैन किस्म का नायक संजीव के उपन्यासों और कहानियों में चोले, लहजा और पेशे बदलकर हमें कई बार मिलता है। *'जंगल जहाँ शुरू होता है'* में एक बार आशंका यह होती है कि कहीं यह समस्या इस आदर्शवाद की बलि न चढ़ जाये। मगर संजीव सतर्क हैं—या शायद यथार्थ के प्रति इस हद तक प्रतिबद्ध कि उनका नायक पीछे छूटता, कमजोर पड़ता और पराजित होता भी दिखाई पड़ता है और उसकी जगह एक नया नायक बनता है—क्या त्रासदी है कि यह नायक वह डाकू है जिसे पुलिस पकड़ नहीं पायी है। सामाजिक स्थितियों और ताकतवर लोगों के पक्ष में खड़े तन्त्र के दमन ने उसे पीट-पीटकर डाकू बना डाला है।

दरअसल *'जंगल जहाँ शुरू होता है'* की असली कथा वहाँ से शुरू होती है जब बिसराम का छोटा भाई कालीचरण डाकू बनने की ओर धकेला जाता है। उसके पहले डाकुओं के बने-बनाए गिरोह हैं और पुलिस के विशेष कार्यबलों की आजमायी हुई

रणनीतियाँ, जिनमें डकैतों का पीछा करने, और वे न मिलें तो किसी और को मुठभेड़ में मारकर डाकू बताते हुए इनाम लेने जैसी टुच्ची कोशिशें भी शामिल हैं। इस डकैत कथा के कई स्तर हैं—एक तो यह पुलिस के उन अफसरों-जवानों की कथा है जो यह मानकर आते हैं कि वे अपने पराक्रम से यह समस्या दूर कर देंगे और आकर पाते हैं कि इस समस्या के आयाम इतने पसरे हुए हैं कि उन तक उनकी वर्दी और उनके कानून के हाथ पहुँच ही नहीं सकते। सड़ी-गली सामाजिक व्यवस्था के शोषण पहले डाकू बनाते हैं और फिर विकृत राजनीतिक तन्त्र उनसे मदद लेता है और बदले में उन्हें संरक्षण देता है। संरक्षण और मदद के इस पाट में निर्दोष और गरीब लोग और पुलिस अफसर-जवान दोनों पिस रहे हैं। एक तो डकैतों को उनकी जातीय पहचान के आधार पर कुछ संरक्षण मिलता है और कुछ उनसे मदद की उम्मीद में उन्हें हथियार और सूचनाएँ मुहैया करायी जाती हैं। यही खेल पुलिस तन्त्र में भी चलता है। जातिवादी राजनीति अपने उपयुक्त अफसर और उन्हें उपकृत करने के अवसर तलाशती रहती है और एक लुकाछिपी का खेल चलता रहता है जिसमें समस्या के उन्मूलन के लिए नहीं, बल्कि हिसाब बराबर करने के लिए और राजनीति और चुनाव के बदलते समीकरणों के मुताबिक चीजों को दुरुस्त रखने के लिए मुठभेड़ में कुछ डाकू मार गिराये जाते हैं—मगर यह प्रक्रिया कुल मिलाकर इतनी विकृत होती है कि जितने डाकू मरते हैं, उनसे ज़्यादा पैदा होते हैं और दरअसल हम पाते हैं कि डाकू जंगलों में ही नहीं, व्यवस्था के सबसे संरक्षित-संगठित कोनों में भी दाखिल हैं।

संजीव के इस उपन्यास में एक लोकतत्त्व की मौजूदगी भी अपनी प्रखरता के साथ पहचानी जा सकती है। पश्चिम चम्पारण और बेतिया को इसमें बोलता-बतियाता पाया जा सकता है। थारू जनजाति की सांस्कृतिकता और सामाजिकता के बीच संजीव बार-बार आवाजाही करते हैं। इस जीवन की सांस्कृतिक प्यास को ही नहीं, उसके रोज़मर्रा के अभाव और संघर्ष को, बाकी इतिहास और शेष समाज से उसके रिश्ते को, बिहार और चम्पारण में लोकतन्त्र और शासन के नाम पर पसरी हुई सामन्ती निरंकुशता के अंकुश में छटपटाती उसकी आत्मा को संजीव पकड़ने में कामयाब हैं। यहाँ उन्हें पढ़ते हुए रेणु की याद आती है। कुछ छूट लेते हुए यह भी कहा जा सकता है कि उनके शिल्प पर रेणु की छाप है। लेकिन क्या लोकजीवन से जूझता और आंचलिकता को उपजीव्य बनाता कोई उपन्यास रेणु के असर से मुक्त रहकर लिखा जा सकता है? मैत्रेयी पुष्पा का 'चाक' हो या संजीव का *'जंगल जहाँ शुरू होता है'*, ये उपन्यास रेणु के असर की तोहमत झेलने को अभिशप्त हैं। मगर संजीव के गाँव-जंगल रेणु के गाँव-जंगल नहीं हैं। उनके बीच पाँच दशकों का यह फासला है जिसमें जंगल ज्यादा खूंखार हुआ है, गाँव ज्यादा असहिष्णु और विभाजित हुए हैं, सामाजिक जकड़बन्दियों ने राजनीति और अपराध दोनों जगह पाँव पसारे हैं और इन्हें संरक्षण देते हुए उनसे संरक्षण हासिल भी किया है। यह समूची प्रक्रिया कितनी अमानवीय हो जाती है, यह उपन्यास के आखिरी हिस्से तक

आते-आते हम उस चरित्र में देखते हैं जो जीवन भर औरतें बेचता रहा है और अन्त में जिसकी अपनी बेटी विवाह योग्य होने पर उठा ली जाती है। पुलिस उसे पकड़कर कुछ कबूल करवाना चाहती है और वह बताने में अक्षम है तो अपनी सच्चाई के प्रमाण के तौर पर अपना गूँ खाने को तैयार हो जाता है। अमानुषीकरण की इस प्रक्रिया की और भी तहें हैं जो कथाक्रम में बार-बार खुलती हैं और यह भी बताती चलती हैं कि दरअसल इस अमानुषीकरण के दो सिरे हैं—एक सिरे पर अपना गूँ खाने को तैयार बैठा जोगी है और दूसरे सिरे पर वे अफसर-मन्त्री जिनके लिए शासन का मतलब लूटपाट ही है।

सपाट ढंग से देखने पर यह उपन्यास अतिनाटकीय लग सकता है—कहीं-कहीं सिनेमाई नाटकीयता से भी प्रभावित। मगर क्या यह याद दिलाना अब भी ज़रूरी रह गया है कि जिन्दगी नाटकों से भी ज़्यादा नाटकीय होती है—उन प्रदेशों की तो है ही, जहाँ लोकतन्त्र सामन्ती और जातीय समीकरणों में बँधकर अपनी विरूपतम अवस्था में पहुँच चुका है। संजीव ने जो कहानी कही है, उस पर भरोसा करना चाहिए। उन्हें जानने वाले जानते हैं कि आम तौर पर वे अपने कथा-तत्त्व पर खासी मेहनत और ज़रूरत पड़ने पर शोध भी करते रहे हैं। यह उपन्यास लिखने से पहले संजीव ने उन कोनों का खासा जायजा लिया है जहाँ से जंगल शुरू होता है। पुलिस अत्याचार, मुठभेड़ के तरीके, डाकुओं के रहने-सहने, स्वीकृति प्राप्त करने का ढंग, हथियारों की सप्लाई और चुनावों में राजनीति और अपराध का गठजोड़—यह सारा कुछ उन लोगों के लिए नया या अपरिचित नहीं है जो इन जगहों में आते-जाते रहे हैं। इस अंचल से परिचित लोगों को कई घटनाएँ और कई नायक जाने-पहचाने लग सकते हैं। कई साल पहले धनबाद में बैंक डकैतों को पकड़ने की कोशिश में मारे गये बहादुर युवा आईपीएस अफसर रणधीर वर्मा का जिक्र उपन्यास में पहचाना भी जा सकता है। वे इन दिनों केन्द्र में मन्त्रिपद सँभाल रही रीता वर्मा के पति थे और उनकी शहादत और लोकप्रियता को चुनाव में भुनाने के लिए ही भाजपा ने रीता वर्मा को धनबाद से टिकट दिया था। रणधीर वर्मा की शहादत के इस हश्र तक संजीव पहुँचते तो मजा आता। बहरहाल, संजीव ने बहुत एहतियात के साथ इन्हें छुआ है।

संजीव का अपना एक भाषिक मुहावरा है जो कई कहानियों में उनकी ताकत बनता है तो कहीं-कहीं उनकी कमजोरी भी। वे लोगों की बोली-बानी में उस तरह दाखिल नहीं हो पाते जिस तरह रेणु हो जाते थे। वे ज़्यादा से ज़्यादा वह लेखकीय असर पैदा कर लेते हैं जो किसी खास बोली-बानी से पैदा होता है। उनकी भाषा में अपनी एक रोमानियत है—चीजों को सुन्दरता के साथ रखने का आग्रह। यह आग्रह कुछ नुकीली जगहों की स्वाभाविकता को नुकसान पहुँचाता है। जो जंगल संजीव रचते हैं, वह अन्ततः लेखक की आँख से देखा हुआ जंगल ही रह जाता है, लेखक की पकड़ में आने से इनकार करता हुआ वह भीषण-भयावह जंगल नहीं। लेकिन यह जंगल भी इकहरा सूखा जंगल नहीं है। उसमें बदलते मौसमों और पहरों की छाया ही नहीं, जीवन और

समाज के कोलाहल की भी छाप है। जंगल के साथ गाँव और कस्बे हैं जो हमारी व्यवस्था से कितने दूर और अजनबी हैं, यह मालूम होता है।

मगर जिस जंगल में संजीव दाखिल हुए हैं, वहाँ से निकलना उनके लिए भी मुमकिन नहीं हो पाया है। जंगल कहाँ शुरू होता है, यह तो उन्होंने बताया, वह खत्म कहाँ हो सकता है, यह पकड़ में आना रह गया। इसका प्रमाण उपन्यास का अन्तिम हिस्सा है जहाँ एक असमाप्त युद्ध के दो अनायक, कालीचरण और कुमार मिलते हैं और कुमार कालीचरण को मलारी का बच्चा सौंपता है—इस उम्मीद और अर्ज के साथ कि कुमार उसे जंगल से बचाए रखेगा। उस मलारी का, जो कालीचरण की बुआ है और साथ में डाकुओं की मुखबिर, एजेंट आदि-आदि। यह अन्त एक बार फिर *मैला आँचल* के अन्त की याद दिलाता है जहाँ प्रशान्त और ममता एक बच्चा लिए जीवन और भविष्य को निहार रहे हैं। यह स्वप्निल आशावाद हिन्दी कहानी में रेणु से आगे नहीं बढ़ पा रहा तो इसकी वजहें साहित्य में खोजें या समाज में? शिकायत हो सकती है कि संजीव ने अन्त को कमजोर कर दिया। वरना यह कृति और आगे जाती। बीहड़ के भीतर और भीतर उतरते हुए ही उससे बाहर आने का रास्ता मिलता है। पता नहीं क्यों, संजीव के पाँव एक हद तक आकर ठिठक जाते हैं। वे सामाजिक-राजनीतिक यथार्थ की बारीकियों की ठीक से पड़ताल करते हैं, उन कोनों को भी पहचानने से नहीं चूकते जहाँ से बनने वाली दरारें समाजों और मनुष्यों को तोड़ दिया करती हैं, मगर इस उपन्यास के बीच यह हमेशा लगता रहता है कि कुछ विस्तार अपेक्षित था जो छूट गया। मलारी का चरित्र इस कंजूसी का शिकार होता है। वह एक जीवन्त स्त्री है। उसमें बड़ी सम्भावनाएँ दिखाई पड़ती हैं। वह सारी चीजों में लिप्त है, फिर भी उसमें अपने किस्म की एक निर्लिप्तता है—शायद इस यथार्थ की समझ से उद्‌भूत कि इस दुनिया में इसी रूप में वह बच सकती है। ऐसी ही गुंजाइश कई और चरित्रों में रह जाती है जिसका फैलाव हो पाता तो जंगल का ज़्यादा बड़ा रूप हमारे सामने आता। शक नहीं कि कृति की सघनता इससे थोड़ी प्रभावित होती है।

अराजकता और अन्याय के इस घनघोर जंगल में क्या कोई उम्मीद बचती है? उपन्यास में एक चरित्र है मुरली पाण्डे का। कभी शिक्षक रहे और बदलाव में भरोसा करने वाले मुरली पाण्डे ने ग्राम सुरक्षा दल बनाया है। यह वह नक्सली किस्म का प्रयोग है जो शासन से नाउम्मीदी और शोषण से आक्रोश के कारण उपजा है। लेकिन इस प्रयोग को भी यह संक्रामक अराजकता अपनी ज़द में ले लेती है। मुरली पाण्डे हताशा के साथ देखते हैं कि ग्राम सुरक्षा दल के लिए जुटाये गये हथियारों का इस्तेमाल इतर कारणों से हो रहा है। यह दरअसल उन हिंसक और अतिवामवादी आन्दोलनों में अपराध की बढ़ रही घुसपैठ पर एक टिप्पणी भी है जिसके कारण ऐसे आन्दोलनों की साख कमजोर पड़ी है और लोगों का उनसे भरोसा टूटा है।

एक बार ऐसा लगता है जैसे कुमार इस उम्मीद का वाहक बनेगा। मगर वह बनता

नहीं। अन्ततः अपनी निजी ईमानदारी को बचाये रखते हुए भी वह जिस थकान, ऊब और अन्ततः स्खलन का शिकार होता है, उसे गहरे महसूस किया जा सकता है। मलारी के साथ अपने सलूक को लेकर तो उसमें फिर भी अपराध बोध को छूती दुविधा है, मगर उसका एक तान्त्रिक की शरण में चले जाना हताश करता है। अन्ततः वह अपनी सीमित ईमानदारी में सिमटा हुए एक करिअरिस्ट अधिकारी ही रह जाता है। सहसा उन कई अफसरों की याद आ जाती है जो बिहार के जंगल राज को सुधारने का प्रयत्न करते-करते खुद उसी जंगल का हिस्सा हो गये। उन राजनीतिक-सामाजिक उपक्रमों की भी याद आती है जो बिहार की ऊर्वर धरती पर पले-पुसे और जिन्होंने कुछ हलचल और उत्तेजना पैदा की, मगर अन्ततः वक्त के गंदले तालाब में कहीं डूब गये।

अफसोस की बात यह है कि समूची हिन्दी पट्टी में, और खासकर बिहार में, यह जंगल लगातार बढ़ रहा है। सत्ता के अवसरवाद का बढ़ता हुआ दलदल, जातीय जकड़बन्दी के बड़े हो रहे वृक्ष, मजहबी शक और अलगाव के फैलते हुए तालाब इस जंगल के विस्तार के सूचक हैं। संजीव के उपन्यास की खासियत यह है कि यहाँ न कुछ ओझल हुआ है ओर न ही किसी गलत सन्दर्भ में पकड़ा गया है। चीजें बेहद स्पष्ट हैं और पारदर्शी भी। इन खूबियों के कारण अन्ततः सघनता के अभाव की जो शिकायत इस उपन्यास से है, वह पीछे छूट जाती है और फिर हम एक बेहतर उपन्यास पढ़ने के, अपने समाज को ठीक से पहचान पाने के अहसास से भरे, संजीव के शुक्रगुजार के रूप में बचे रहते हैं। एक काफी दुरूह और जटिल विषय को उसकी संश्लिष्टता के साथ पकड़ते हुए संजीव ने इसकी पठनीयता का भी कायदे से निर्वाह किया है। जो उपन्यासकार यथार्थ और समाज को लिखने के नाम पर उपन्यास लिखने की जगह समाजशास्त्र की किताब लिखते प्रतीत होते हैं वे संजीव से एक दिलचस्प उपन्यास लिखने के गुण भी सीख सकते हैं। चरित्रों और स्थितियों की जो विविधता संजीव के पास है, वह अन्यत्र दुर्लभ है।

आजाद भारत की त्रासद कथा

आजादी के बाद नया भारत बनाने और नयी गृहस्थी बसाने का सपना देख रहे इतिहास के शिक्षक मास्टर मोतीलाल की पकड़ से वर्तमान छूटता रहता है। कल्पना में बसी क्रान्तियाँ सबसे पहले घर में विस्थापित होती हैं, फिर गली चौराहे पर। आखिरकार पूरे देश में। आजादी की लड़ाई के दौरान मिले आदर्शों की चमक पर व्यावहारिक ओछेपन का मुलम्मा चढ़ता जाता है। घर के सामने खड़े नीम के पेड़ पर 1857 की लड़ाई के बाद झूले पाँच शहीदों का इतिहास खोज रहे मोतीलाल पाते हैं कि नीम का इतिहास वहीं नहीं ठहरा है, उस पर आने वाले खौफनाक वक्त की निशानियाँ भी चढ़ती चली गयी हैं। वे देखते हैं कि एक नये जीवन के आरम्भ की उनकी कोशिश सबसे पहले उनके घर में बिखरती जा रही है। शिक्षक होने का उनका गर्व बार-बार चूर होता है, यहाँ तक कि पत्नी, बेटी और बेटे तक उनके विरुद्ध हैं और उनका पूरा घर उनकी जर्जर विफलता के सबसे ठोस सबूत की तरह उनके सामने खड़ा हो गया है।

प्रतिष्ठित लेखक संजीव का नया उपन्यास *'आकाश चम्पा'* सिर्फ आदर्शवादी मास्टर मोतीलाल के जीवन और संघर्ष की कहानी भर नहीं है। वह एक तरह से आजादी के बाद बन रहे नये भारत का 'माइक्रोस्कोपिक' वृत्तान्त भी है जिसमें मास्टर मोतीलाल का छोटा-सा लेकिन बेडौल और बदशक्ल यथार्थ हमारे समय की विरूपताओं के साथ व्यक्त हुआ है। आदर्शवादी मोतीलाल मानते रहे कि आजादी के बाद बराबरी आएगी, जातिवाद खत्म होगा, शिक्षा और विकास के साथ एक नया भारत गढ़ा जाएगा। लेकिन यह बराबरी लगातार छलावा साबित हुई, जातिवाद नयी खूंखार शक्लें लेकर बचा रहा और शिक्षा और विकास के सपने को बेईमानी और भ्रष्टाचार की घुन लग गयी।

विद्रूप यह है कि सिर्फ अपने शिक्षक होने के बूते अपने परिवार के लिए ढंग का जीवन न जुटा पाने वाले मास्टर जी की आँखों के सामने उनका बेटा अपने छल-कपट और अपनी अराजक, असैद्धान्तिक राजनीतिक दोस्तियों के सहारे आर्थिक समृद्धि का वह स्तर हासिल करता है जिसका सपना उदारीकरण के इस दौर में हर भारतीय को बेचा

जा रहा है। मास्टर मोतीलाल के बेटे ज्ञान ने इतिहास, भूगोल और साहित्य भले न पढ़ा हो, इस नयी बनती व्यावहारिक दुनिया का असली ज्ञान हासिल किया है, जिसमें एक चालूपुर्जा ओछापन सबसे बड़ी नेमत और बाकी यथार्थ से आँख मूँदना सफलता की गारंटी है।

संजीव ने यह कहानी अपने किस्सागो अन्दाज में कही है। उपन्यास बाँधे रखता है। संजीव की संवेदनशील शैली की छाप हर जगह दिखती है। गौना करा कर पत्नी को घर लाते हुए इक्के पर लौट रहे दृश्य से मास्टर मोतीलाल की कथा शुरू होती है। मोतीलाल के पास जीने और देखने को जमाने भर के सपने हैं, उनकी पत्नी के पास झेलने और सामना करने को मोहल्ले भर का सच। किसी इतिहास की किताब से नहीं, इसी सच से मुठभेड़ के तहत वह जानती हैं कि नीम में सिर्फ पाँच शहीद ही नहीं लटकाये गये, एक छठी देह भी झूली थी और नीम का यह पेड़ आजादी की भावना नहीं, मुहल्ले में अपशकुन का अहसास दिलाता है। यह अपशुकन जैसे पूरे उपन्यास पर तारी है। मास्टर मोतीलाल की बड़ी होती और उनकी हैसियत से बाहर निकलती गृहस्थी, अभाव में पलते पत्नी-बच्चे, कदम-कदम पर छलनी होता आत्मसम्मान, बच्चों को पढ़ाने और नया समाज बनाने का विफल होता सपना, और इन सबसे बढ़कर एक भ्रष्ट और अनैतिक समाज की लगातार मजबूत हो रही बेल—'आकाशचम्पा' जैसे इस डरावने यथार्थ का विश्वसनीय आईना हो जाता है।

सवाल है, आजादी के बाद का भारत ऐसा क्यों होता चला गया? संजीव का उपन्यास इसका कोई सीधा जवाब खोजने की जहमत मोल नहीं लेता। हम चाहें तो चरित्रों के बीच पैठकर यह थाह लेने की कोशिश कर सकते हैं कि कहाँ मास्टर साहब और उनका स्कूल फेल हो गया। इसका कुछ सुराग मास्टर जी का चरित्र और उनके वक्त के हालात देते हैं। मास्टर जी जिस स्कूल में पढ़ाते हैं, उसे एक धन्नासेठ ने बनाया है जिसके अपने बच्चे महँगे अंग्रेजी स्कूल में पढ़ते हैं। मास्टर साहब अंग्रेजों से तो लड़ लिए, इस धन्ना सेठ की चाकरी करने लगे। जाहिर है, आजाद भारत की सत्ता सिर्फ आजादी के लिए लड़ने वालों की नहीं हुई, उनकी भी हो गयी जो गुलामी के दौर में अंग्रेजों की सत्ता के सिपहसालार रहे। अंग्रेज चले गये, अंग्रेजी और अभाव छोड़ गये। अंग्रेजी बड़े लोगों के स्कूलों में बड़ा समाज बनाती रही और अभाव मास्टर जी के स्कूल और मास्टराइन के मोहल्ले में लोगों की जिन्दगी को नयी दलदलों में धकेलता रहा। अभाव, असन्तोष और अफसोस का जो बड़ा कुंठित भारत बनता रहा, वह अपने लोकतन्त्र और अपनी व्यवस्था के साथ वही कर सकता था जो मास्टर जी के वारिस करते रहे।

तो क्या हम पूछ सकते हैं कि आजादी का आन्दोलन एक अधूरा आन्दोलन होकर रह गया? हमने हुकूमत करने वाली गोरी चमड़ी से निजात पा ली, न हुकूमत का अन्दाज बदला न मिजाज। तीसरी दुनिया के औपनिवेशिक अतीत वाले देशों में साम्राज्यवादी हुक्मरानों का छोड़ा हुआ अल्पतन्त्र किस तरह अपने हितों की नुमाइन्दगी और रखवाली

करता है, उसकी कई कहानियाँ हमें सुलभ हैं। संजीव यह कहानी तो नहीं कहते लेकिन इसके नतीजों पर उँगली रखते हैं, और जहाँ कहीं भी यह उँगली पड़ती है वहाँ एक टभकती हुई रग दिखाई देने लगती है।

दूसरा सवाल है, इस प्रक्रिया को मास्टर जी समझ क्यों नहीं पाये? जिसने अंग्रेजों के सामने आत्मसमर्पण नहीं किया, उसने धन्ना सेठ के आगे घुटने क्यों टेक दिये। क्यों कम पैसे लेकर ज्यादा पैसे की रसीद पर दस्तखत करते चले गये? क्या आर्थिक जवाबदेहियों के अहसास ने उससे यह सब करा लिया? या फिर अपने हिस्से का हक माँगने में ऐसा छोटापन महसूस हुआ जिसकी वजह से वे अन्याय सहते चले गये, उसे बढ़ावा देते रहे? यह एक जटिल सवाल है। सोचने पर एक यही जवाब सूझता है कि मास्टर जी जैसे ढेर सारे लोगों के लिए देश को आजादी दिलाने का ख्वाब एक बड़ा ख्वाब था, एक ऐसा आदर्श जिस पर सब कुछ न्योछावर किया जा सकता है। लेकिन एक उदात्त आदर्श के लिए लड़ रहे मास्टर जी और उन जैसे ढेर सारे लोगों ने शायद यह सोचने की कोशिश नहीं की कि आजादी अपने-आप में जितना बड़ा मूल्य है, उसे सार्थक बनाने का संघर्ष भी उतना ही कठिन है। वे जैसे अपने लिए नहीं, किसी और के लिए आजादी की लड़ाई लड़ रहे थे। जो जनेऊ उन्होंने तोड़कर नीम पर टाँगा, वह अनदेखे अनजाने उनके जिस्म, उनके दिमाग पर पड़ा रहा, उन्हें एक शुद्धतावाद से जोड़ता रहा और वे सामने दिख रहे अन्याय को नजरअन्दाज का किसी भव्य अतीत या चमकीले भविष्य में अपने हिस्से की सान्त्वना, अपने हिस्से का सपना खोजते रहे। अपने हक की जायज माँग या अपने सामने हो रहे अन्याय का प्रतिकार उन्हें ऐसी निजी लड़ाई लगने लगा जो उनके उदात्त व्यक्तित्व को शायद उनकी अपनी निगाह में छोटा करता। और इस छोटेपन से बचने के लिए मास्टर मोतीलाल कई दूसरी तरह के छोटेपन के शिकार होते चले गये। या फिर शायद एक अधूरी कैफियत हो। लेकिन इसमें सन्देह नहीं कि मास्टर मोतीलाल की त्रासदी के बीज उनके अपने किरदार में निहित हैं। कह सकते हैं कि जितनी मरणान्तक आजादी की लड़ाई थी, उससे कहीं ज्यादा तीखी आजादी के बाद के सपने को बचाने और सच बनाने की लड़ाई थी जिसमें पुराने योद्धा विफल रहे।

सवाल है, क्या संजीव के उपन्यास में इस यथार्थ से जूझने की इच्छा या इसका रास्ता दिखाई पड़ता है। पहले हिस्से तक काफी कसावट के साथ चलने वाला यह उपन्यास दूसरे हिस्से में कुछ नाटकीयता का शिकार दिखता है और कुछ भटकाव की तरफ भी बढ़ता है। मास्टर मोतीलाल की कहानी जितनी तल्लीनता और गहराई से लिखी गयी है, ज्ञान की कहानी नहीं। बल्कि ज्ञान के आगे बढ़ने की कहानी के साथ जुड़े राजनीतिक-सामाजिक विद्रूप बड़े सरलीकृत और एकरैखिक दिखाई पड़ते हैं।

ऐसी ही नाटकीयता एक इतिहासकार के तौर पर मास्टर मोतीलाल को मिली राष्ट्रीय-अन्तरराष्ट्रीय स्वीकृति में दिखाई पड़ती है। इतिहास की भूलों पर किताब लिख रहे और सत्य और तथ्य और व्याख्या के बीच एक नयी सैद्धान्तिकी की तलाश कर रहे

मास्टर साहब के वास्तविक वैचारिक द्वन्द्वों को कम जगह मिली है, उनकी सफलता को ज्यादा। इस सफलता का लाभ भी ज्ञान ही उठा ले जाता है और मास्टर साहब जैसे जान बूझकर अनजान बने रहते हैं।

और सूली पर लटके पाँच शहीदों की वंशावली खोजने निकले मास्टर मोतीलाल के मानसपुत्र और शिष्य पंकज के हाथ जो सामग्री लगती है, वह भी उतनी ही नाटकीय लगती है। इसी वंशावली को टटोलते हुए संजीव एक और नये किरदार तक पहुँचते हैं जो राजनीति की गर्हित गलियों में साफ-सुथरेपन और बदलाव का प्रतीक है। ये हैं वीरेन्द्र प्रताप सिंह। जाहिर है, 'आकाशचम्पा' जिस अन्धी सुरंग के बीच पाठकों को ले जाता है, उसमें विकल्प की कोई राह खोजे और सोचे बिना संजीव जैसा लेखक उपन्यास छोड़ नहीं सकता। वीरेन्द्र प्रताप सिंह इस संसदीय जनतन्त्र में अपने ढंग से आम आदमी की लड़ाई लड़ रहे हैं। उसमें नेताओं वाला हिंसक दिखावा और भ्रष्टाचार नहीं है। लेकिन वीरेन्द्र प्रताप सिंह को इसकी भी कीमत चुकानी पड़ती है और उसकी हत्या हो जाती है। कहा जा सकता है कि उपन्यास के भीतर यह भी कम नाटकीय नहीं। लेकिन यह नाटकीय चाहे जितना हो, सच का हिस्सा है। जो लोग दक्षिण बिहार के राजनीतिक वर्तमान को जानते हैं, उनके लिए यह समझना मुश्किल नहीं कि वीरेन्द्र प्रताप सिंह के चरित्र पर सीपीएमएल के पूर्व विधायक महेन्द्र सिंह की छाया है। महेन्द्र सिंह बेहद ईमानदार और जुझारू नेता रहे जिनकी अकेली मौजूदगी झारखण्ड और उससे पहले बिहार की विधानसभाओं में अपनी छाप छोड़ती रही। लेकिन उन्हें मार डाला गया। यही नहीं, मास्टर मोतीलाल की इतिहास यात्रा पर भी एक समकालीन इतिहासकार का असर दिखता है।

लेकिन फिर कहना होगा कि एक उपन्यास के तौर अन्त के ये हिस्से उलझ और बिखर ज्यादा गये हैं। जितनी कसावट के साथ उपन्यास शुरू होता है, कितने प्रश्न खड़े करता है, उतने उत्तर खोजता नहीं। ऐसा लगता है, संजीव का ध्यान प्रक्रियाओं से भटक कर घटनाओं और व्यक्तियों पर चला गया। हालाँकि इस राजनीतिक बिखराव के बीच भी चल रही एक निजी प्रेम कथा बड़ी संवेदनशीलता के साथ हमें छूती है। यह है मास्टर मोतीलाल और उनकी पत्नी गौरा देवी की विधवा मामी के बीच के रिश्ते से उभरी प्रेम कथा जो बिल्कुल अन्त में सामने आती है—सिर्फ पाठकों के नहीं, उन दोनों के सामने भी।

बहरहाल, अपनी सारी पठनीयता के बावजूद 'आकाशचम्पा' संजीव के दूसरे और कहीं ज्यादा महत्त्वपूर्ण उपन्यासों के बीच अपनी जगह नहीं बना पाता। यह एक बड़े लेखक का औसत उपन्यास है, जिसमें लेखकीय प्रतिभा की कौंध खूब दिखती है, वह सुनियोजित सम्पूर्णता नहीं जिसके लिए संजीव जाने जाते हैं।

विस्थापित होते समाजों की कथा

आज़ाद भारत के चालीस-पचास साल कई उम्मीदों के टूटने और कई प्रतीक्षाओं के निष्फल होने के साल भी हैं। इन बरसों में विकास की मरीचिका के पीछे दौड़ती इस देश की अधिसंख्य आबादी के हिस्से सिर्फ़ नाउमीदियाँ आयी हैं। विद्रूप यह है कि इन्हीं बरसों में सत्ता और शक्ति के केन्द्रों से जुड़ा एक छोटा-सा समूह इस बड़ी आबादी की सारी ज़रूरतों को रौंदते हुए और उसे हर स्तर पर विस्थापित करते हुए, अपने लिए एक हरा-भरा मरुद्यान बनाने के छल में सफल हुआ है। गाँव और ग्रामीण समाज निरन्तर उजड़ और उखड़ रहे हैं, और उखड़ते हुए देख रहे है विकास के इस दानवी खेल को, जिस में उनकी भूमिका महज आखेट की है।

यह कथा हिन्दी के जिन बेहद गिने-चुने उपन्यासों में पूरी प्रामाणिकता और मार्मिकता के साथ उभरकर आयी है, उनमें युवा उपन्यासकार वीरेन्द्र जैन के दो उपन्यास *'डूब'* और *'पार'* भी हैं। *'डूब'* की पृष्ठभूमि बुन्देलखण्ड अंचल का ग्राम्य समाज है तो *'पार'* की पृष्ठभूमि उसी अंचल का आदिवासी समाज है। *'पार'* एक स्वतन्त्र उपन्यास तो है ही, *'डूब'* का पूरक भी है। ये दोनों समाज उजड़ रहे हैं और इन्हें उजाड़ रही है विकास के नाम पर शुरू की जाने वाली अधकचरी, दृष्टिहीन और बदनीयत योजनाएँ। दिल्ली और भोपाल में बैठे हुए योजनाकारों की मेज़ पर और उन के दिमाग़ में जो नक़्शा पसरा हुआ है, उस में सिर्फ़ बेतवा नदी है, बुन्देलखण्ड स्थित राजघाट है और उससे अधिकतम सम्भव लाभ 'सोख' लेने का प्रपंच है। इस नदी, घाट और अंचल के आसपास रहने वाले लोगों, उनके समाजों, उनकी परम्पराओं, प्राथमिकताओं, ज़रूरतों की जगह इस नक़्शे में नहीं है।

योजनाकारों ने वर्षों पहले इस राजघाट पर बाँध बनाने की एक महत्त्वाकांक्षी योजना बनायी। उसके बाद साल बीतते चले गये, विभिन्न चरणों में योजना बदलती रही और ऊपर से नीचे तक दलालों और साहूकारों की फ़ौज बड़ी होती चली गयी। हाँ, इस इलाक़े के आम आदमी को कुछ हासिल हुआ तो बस बदहाली और विस्थापन का एक न ख़त्म होने

वाला सिलसिला। 'डूब' और 'पार' इसी बदहाली और विस्थापन की व्यथा-कथाएँ हैं जो ये भी बताती हैं कि 'विस्थापन' और 'पुनर्वास' के वही मानी नहीं होते, जो सरकारी शब्दकोशों में दर्ज हैं। विस्थापित समाजों को भटकाव की जो अन्तहीन नियति झेलनी होती है, उसे लड़ैई के माते जानते हैं, उसे राउत खेरे के मुखिया और गुनिया समझते हैं, उसे आदिवासी औरतें जानती हैं, जिन्हें इसी विकास का दलाल निर्मल साव शहर में बेच आया है।

बेतवा, राजघाट और बुन्देलखण्ड के आसपास जो कुछ हो रहा है, वह एक देशव्यापी छल का हिस्सा है। इसलिए एक आंचलिक पृष्ठभूमि पर रचे जाने के बावजूद इन उपन्यासों का परिदृश्य देशव्यापी है, इनकी चिन्ताएँ समूचे भारत की चिन्ताएँ हैं। इन्हें पढ़ते हुए देश के विभिन्न हिस्सों में चल रही दूसरी बड़ी परियोजनाओं की याद आती है और कई तकलीफ़देह सवाल मन को देर तक मथते रहते हैं। आज़ादी के बाद से शुरू होती है *डूब* की कहानी। पूरे देश के साथ-साथ लड़ैई में भी आनी थी, सो वहाँ भी आयी आज़ादी। आज़ादी आयी तो अपने साथ कई भरोसे भी लायी। मगर हुआ उलटा। राजघाट पर बाँध बनने की जो घोषणा वरदान लगी थी, वह लड़ैई के लिए, और उसके साथ के सारे गाँवों के लिए अभिशाप बन गयी। दूसरी और ज़्यादा बुरी बात यह हुई कि चुनावों की आपाधापी ने गाँवों की फ़िज़ा ख़राब कर दी। आधे-अधूरे ढंग से लाया गया प्रजातन्त्र सामन्तवादी ताक़तों के ही काम आया, वह भी लोगों को छलने का उपकरण बन गया। 'विकाास' की इस दौड़ में गाँव उजाड़ का पर्याय होता चला गया। उस का सब कुछ उससे छिनता चला गया।

ऐसा नहीं है कि इस गाँव को सब कुछ चाहिए ही चाहिए था। आज़ादी के बाद विकास की सामूहिक यात्रा में यह गाँव भी सहयात्री होना चाहता था। इसने अपने आप को बदला भी था। मँझले साव के यहाँ अट्टू साव पैदा हुए, ठाकुरों के ख़ानदान से मास्टर जनक सिंह आये, माते खुद बदलते रहे, सावित्री और दीपू के ब्याह को उन्होने पूरे गाँव से मान्यता दिलवायी, अपने पोते अनेका का ब्याह अक्कल से करवाया—यानी गाँव अपने पुराने संस्कारों और जड़ मान्यताओं से मुक्त हो रहा था, अपने आप को खुद बदल रहा था। अट्टू साव और जनक सिंह गाँव की उस नयी चेतना के प्रवक्ता थे, जो सड़े-गले को ख़त्म कर देना चाहती थी, जो शिक्षा और समानता का महत्त्व समझती थी और उसे घर-घर पर पहुँचाना चाहती थी।

तब फिर गड़बड़ी कहाँ हुई? गड़बड़ी यह हुई कि गाँव को विकास का सहयात्री नहीं बनाया गया, उसे साधन भर समझा गया। सत्ता और शहर की इस साज़िश में वह सामन्तवादी शक्तियाँ भी सहयोगी हुईं जो गाँव को अपनी जागीर बनाये रखना चाहती थीं। लोगों की ज़मीन जबरन ले ली गई और मुआवजे के नाम पर भ्रष्ट अफ़सरशाही और बाबूशाही ने साव लोगों के साथ मिलकर इन्हें खूब लूटा। शिखर का नेतृत्व बदलता रहा, बाँध की योजना बदलती रही, डूब क्षेत्र इधर से उधर होता रहा। ठेकेदारों, साहबों और अभियन्ताओं के लिए बँगले और अभयारण्य बनते रहे—और इन सब को झेलता रहा

गाँव, माते को जर्जर और हत्वाक होते देखता गाँव, नसबन्दी के लिए जानवरों का-सा बर्ताव पाता गाँव, अपनी ज़मीन से बेदख़ल किया जाता गाँव, अपने ही मुआवज़े के लिए दुरदुराया जाता गाँव, और चालीस बरसों से तिल-तिलकर टूट-टूटकर अंश-अंश मरता हुआ गाँव, अपने को बचाने के लिए रामदुलारे, अरविन्द पाण्डे और यशस्विनी की राह देखता गाँव।

यह एक बड़ी लम्बी, पेचदार और टीस-भरी कहानी है जिसे वीरेन्द्र जैन ने *डूब* में बहुत गहरे उतरकर हमारे सामने रखा है। माते, गोराबाई, अट्टू साव, जनक सिंह जैसे यादगार चरित्रों के साथ यह उपन्यास देर तक हमारी चेतना में बसा रहता है। मात्र गाँव की सामूहिक चेतना और अभिव्यक्ति का प्रतीक चरित्र है। इस अभिव्यक्ति को कट करने की कोशिश जारी है। मगर दूसरी ओर अट्टू साब के प्रयास भी जारी हैं। अट्टू साब के न रहने पर रामदुलारे इस गाँव की नयी अभिव्यक्ति है। एक स्तर पर यह एक आंचलिक उपन्यास भी है। बुन्देलखण्ड गाँवों का परिवेश और उनकी बोली इस उपन्यास को स्थानिकता का एक गहरा पुट देते हैं। यह उपन्यासकार की ही ताक़त है कि वह इस आंचलिक उपन्यास के सरोकारों को एक व्यापक कैनवास पर पसार देता है।

'डूब' का ही समान्तर विस्तार है *'पार'*। यह इसी क्षेत्र के आदिवासी समाज के उजड़ने की कथा है। आदिवासियों के विकास के नाम पर उजाड़े जा रहे जंगल और राजघाट पर बन रहे बाँध के दानवी विस्तार-क्षेत्र ने धीरे-धीरे आदिवासी समाजों को ही उजाड़ना शुरू कर दिया। यह समाज अपनी सामूहिकता में जीना चाहता है, मगर सामूहिकता में जीवन-यापन की यह इच्छा विकास की नयी मजबूरियों से पैदा हुई ज़रूरतों के आगे नाकाफ़ी है। इस बात को राउत खेरे का मुखिया समझता है। मुखिया एक होने वाले मुखिया दुनिया से कहता है : ''हमें गाँव वालों से किसी चीज़-बसत का सहारा था क्या? तब तो हम अपनी गुजर-बसर इसी डांग से कर लेते थे। अब दिनों-दिन गाँव वालों के आसरे होते जा रहे हैं।'' ''काहे? काहे कि अब डांग में वह बरकत नहीं रही। तू भी तो जाता है डांग में। बता तू ही कि कितना भटकने के बाद जलावन मिलता है। गाद मिलती है। शहद मिलता है। जड़ी-बूटियाँ तो जाने कहाँ समाती जा रही हैं। हम भले ही हरा-भरा रूख नहीं काटते। वह देवता है हमारी निगाह में। हमारा पालनहार। पर फिर भी हरे-भरे रूख बच पाये? हम उनका कटना रोक पाये? रोक पाएँगे कभी?''... ''अब ये शहर वाले नदी पर बाँध बना रहे हैं। तब प्रलय आएगी। जो अब तक बचा है, वह सब भी स्वाहा हो जाएगा। तब हम कहाँ जाएँगे? कैसे जिएँगे?''

मुखिया की यह आशंका धीरे-धीरे सही साबित होती है। मुखिया चाहता है कि गाँव वालों से एक बेहतर रिश्ता हो। राउत खेरे की औरतें गाँवों में अपने सामान बेचने जाती हैं। युवक चुपके से शहर में मजूरी करने का ज़रिया ढूँढ़ते हैं। यह तो उन्हें बाद में पता चलता है कि वे आदमी नहीं रह गये हैं; शहर उन के साथ 'जनावर' से भी ज़्यादा बुरा सुलूक़ कर रहा है।

यानी राउत खेरे की पीड़ा भी वही है, जो लड़ैई और दूसरे गाँवों में रहने वालों की। दोनों उपन्यासों में मौजूद औरतें बड़ी जीवन्तता के साथ हमारे सामने आती हैं। गोराबाई, अक्कल, मुइया, फुलिया आदि के निजी कोने, व्यवहार, उन की आकुलताएँ और प्रतीक्षाएँ बेहद वास्तविक लगती हैं। हाँ, दोनों उपन्यासों में भाषा की जो लय है, वह लेखक की है और यह लय एक तरह की काव्यात्मक तरलता को जन्म देती है। यह तरलता उपन्यासों की संवेद्यता को गाढ़ा करती है।

1994 में ही स्वयं प्रकाश का एक उपन्यास *बीच मे विनय* आया है। स्वयं प्रकाश की मूल ख्याति एक कहानीकार की रही है और वह अपनी पीढ़ी के विशिष्ट कथाकारों में गिने जाते हैं। *बीच में विनय* भारत में साम्यवादी राजनीति की विफलता के कारणों की तलाश का यत्न है। इस तलाश की पृष्ठभूमि है एक क़स्बा, जो शहर की आदतें सीख रहा है। इस क़स्बे में एक कॉलिज है! इसी कॉलिज में स्थानान्तरित हो कर आये हैं प्रोफ़ेसर भुवनेश। अंग्रेज़ी के प्रोफ़ेसर भुवनेश साम्यवादी हैं और शहर में शिक्षक संगठन आदि का काम करने के चलते ही उन्हें स्थानान्तरण झेलना पड़ा है। इसी क़स्बे में एक मिल भी है और वहाँ कामरेड लक्ष्मण माधव की यूनियन है। इन दोनों के बीच है विनय, वह भुवनेश के भी क़रीब है और लक्ष्मण माधव से भी जुड़ा है। मध्यवर्गीय पृष्ठभूमि से आया विनय अपनी आस्थाओं में वामपन्थी और प्रगतिशील है। ज़ाहिर है कि नायक की-सी सदाशय भावुकता उसमें है। कविता लिखता है, कभी पेंटिंग भी की थी, नाटकों में अभिनय किया था, तबला बजाना भी सीखा, मगर मध्यवर्गीय मजबूरियों ने टाइपिस्ट बनाकर छोड़ दिया। अपनी इन्ही मजबूरियों के बीच अपने में बन्द-बन्द विनय बहुत ही कम लोगों के सामने खुल पाता है। इन्हीं में लक्ष्मण माधव और भुवनेश भी हैं। हाँ, भुवनेश की बेटी ऋचा भी है। अठारह वर्षीया उन्मुक्त खिलखिलाहटों वाली, चमकीले झिलमिल करते दाँतों और सुनहरे घने बालों वाली ऋचा—विनय के दबे-दबे-से जीवन में ऐसे खुले विचारों, व्यवहारों वाली लड़की पहली बार आयी है। इन्हीं मुख्य चरित्रों के बीच उपन्यास दो स्तरों पर चलता रहता है। लक्ष्मण माधव और प्रोफेसर भुवनेश एक ही विचारधारा के लोग हैं, एक ही तरह का समाज गढ़ने का सपना दोनों के पास है, लेकिन दोनों के बीच काफ़ी फ़ासला है। बल्कि दोनों एक-दूसरे को नापसन्द और खारिज करते हैं। लक्ष्मण माधव मानते हैं कि प्रोफ़ेसर भुवनेश सिर्फ़ किताबी आदमी हैं और भुवनेश को लगता है कि बिना मार्क्सवाद का सैद्धान्तिक अध्ययन किये लड़ाई में कूद पड़ना एक तरह की अराजकता को बढ़ावा देना है। विनय बार-बार दोनों से बहस करता है, दोनों के तर्कों की काट उसके पास नहीं है, फिर भी उसे लगता है कि कहीं कोई गड़बड़ी ज़रूर है जिस की वज़ह से दोनों साथ काम नहीं कर पा रहे हैं।

बहरहाल, राजनीतिक लड़ाई का अन्त विनय की शहादत में होता है। वह लक्ष्मण

माधव पर होने वाले प्रहारों को खुद झेलता हुआ ख़त्म हो जाता है। और विनय ऐसे समय में ख़त्म होता है जब वह कामरेड लक्ष्मण माधव और भुवनेश को साथ-साथ काम करने के लिए तैयार कर रहा था, जब उसने और ऋचा ने एक नया इंसान गढ़ने के लिए प्राथमिक पाठशालाओं से काम शुरू करने की सोची थी।

निश्चय ही उपन्यास में एक तरह की सहज पठनीयता है। उपन्यास के कई अंश ऐसे हैं जिनमें 'छूने' की ताक़त है। प्रसिद्ध वकील गिरिजा मोहन श्रीवास्तव के तीसरे बेटे विनय मोहन श्रीवास्तव ने सम्पन्नता से विपन्नता देखी। उसके पिता का सारा वैभव धीरे-धीरे सूखता चला गया और उसकी जगह एक निम्न मध्यवर्गीय कचोट ने ले ली। मगर उपन्यास का मकसद जिन मूल सवालों से हमारी मुठभेड़ कराता है, वे न तो पूरी तरह खुलकर हमारे सामने आते हैं और न ही उपन्यास की बुनावट में शामिल हो पाते हैं। उपन्यास की भूमिका में स्वयं प्रकाश लिखते हैं : ''साम्यवादी विचारधारा निर्विकल्प और अडिग है, किन्तु साम्यवादी राजनीति निस्तेज और हतप्रभ। ऐसा क्यों होना चाहिए? आइए, हम सोचें कि ऐसा क्यों हुआ होगा।'' मगर उपन्यास इस प्रश्न का जो उत्तर सुलभ करता है वह अधूरा है, इसलिए थोड़ा भ्रामक भी। साम्यवादी राजनीति की विफलता के बीज साम्यवादी विचारधारा में चली आयी जड़ता में ही अन्तर्निहित हैं। यह जड़ता इतिहास की अन्तिम परिणति के रूप में साम्यवाद पर अडिग आस्था रखते हुए भी मनुष्य को और इस के मूल्य बोध को उसके केन्द्र में नहीं रख पायी। उसने नया सपना तो दिया, मगर नया मनुष्य नहीं बनाया, बल्कि मनुष्य को भी इस मौलिक विकास का उपकरण मात्र मान लिया। यहीं से भुवनेश का भी संकट खड़ा होता है और लक्ष्मण माधव का भी। यह एक तरह की जड़ता ही है कि भुवनेश जीवन के मैदान से हासिल सबकों से ज़्यादा प्रामाणिक मार्क्सवाद की सैद्धान्तिक शिक्षा को मानते हैं। दूसरी ओर लक्ष्मण माधव की चिन्ताओं के केन्द्र में सीधे अपने से जुड़ा हुआ समाज है इसलिए वह सैद्धान्तिक बहसों की नाकाफी पाते है। वैसे यह द्वन्द्व भी उपन्यास में पूरी तरह खुलता नहीं हैं, बल्कि यह लगता है कि मूल संकट दोनों व्यक्तियों के अहं के टकराव का है। अगर उपन्यासकार का अभीष्ट यही है तो साम्यवादी राजनीति की विफलता का इससे भोला सरलीकरण दूसरा नहीं हो सकता। इसके अलावा मार्क्सवादी राजनीति और विचारधारा से जुड़े जो दूसरे सवाल उपन्यास में दिखाई पड़ते हैं, वह उपन्यास के घटनाक्रम से नहीं उभरते, बल्कि भुवनेश और विनय के बीच की बहसों से सामने आते हैं।

और अन्त में एक पाठक को यह पूछने की तबीयत होती है कि विनय की मौत ज़रूरी थी क्या? क्या हासिल होता है? क्या महज़ भावुक अन्त? या उसकी शहादत से लक्षमण माधव और भुवनेश के बीच का अहं गल गया और अब वे मिलकर लड़ेंगे? अगर

हर जगह बीच में पड़ा हुआ विनय ऊहापोह में पड़ी भारत की मध्यवर्गीय चेतना का प्रतीक है तब भी उस की मृत्यु पाठक को, या उपन्यास को क्या देती है?

इस उपन्यास में विस्तार की भरपूर गुंजाइश थी। उत्तर सोवियतकालीन दुनिया में साम्यवादी विचारधारा और राजनीति के सवाल ज़्यादा नुकीले हुए हैं, साम्यवाद की प्रासंगिकता या उस के नये स्वरूप को लेकर ढेर सारे प्रश्न उन लोगों को मथ रहे हैं जो आज की आक्रांता पूँजीवादी और नवसाम्राज्यवादी शक्तियों से दुनिया को निजात दिलाना चाहते हैं, उसे समता और न्याय की ज़्यादा मानवीय राह पर ले जाना चाहते हैं। यह तभी सम्भव है जब साम्यवादी विचारधारा में चली आयी जड़ताओं और सीमाओं तथा साम्यवादी राजनीति की विफलता के कारणों की ठीक-ठीक पड़ताल हो। *बीच में विनय* में यह पड़ताल पूरी नहीं होती। शायद स्वयं प्रकाश को खुद भी इस का अहसास है। इसलिए उन की भूमिका की आख़िरी पंक्तियाँ हैं : ''अन्ततः यह वह रचना नहीं है जो मैं लिखना चाहता था। यह उस की तैयारी है। हमें अपने समय की महागाथा लिखने के लिए एक नये रूपबन्ध की आवश्यकता है जो मुमकिन है ऐसी ही कोशिशों से हाथ लगे।' स्वयं प्रकाश समर्थ लेखक है। उम्मीद की जानी चाहिए कि वह अपने समय की महागाथा लिख सकने लायक़ नया रूपबन्ध रच पाएँगे।

उपन्यासों के आसपास

अब उपन्यास के कलेवर में प्रकाशित दूधनाथ सिंह की लम्बी कहानी 'नमो अन्धकार' जब *हंस* में छपी थी तभी इसने तूफान मचाया था। यह कहानी इलाहाबाद के एक वरिष्ठ लेखक को केन्द्र में रखकर लिखी गयी है और इसके पीछे हिन्दी साहित्य की अन्दरूनी राजनीति काम कर रही है, इस आरोप और इससे पैदा हुए विवाद ने उस जरूरी आलोचना का अवकाश ही नहीं दिया जिसकी ऐसी कृतियों में दरकार होती है। *हंस* के बाद के कई अंकों तक यह फजीहत जारी रही कि कैसे दूधनाथ सिंह ने एक लेखक की हू-ब-हू तस्वीर उतार दी है और किस प्रकार अपनी कुत्सित मनोवृति का परिचय दिया है।

इन पंक्तियों के लेखक को हिन्दी लेखकों के बीच ज्यादा उठने-बैठने का सौभाग्य नहीं मिला है और इसलिए वह उस वक्त यह लम्बी कहानी पढ़ते हुए इतना भर समझ पाया कि इसमें एक प्रतिशोधी आत्मा की भंडाफोड़ प्रवृत्ति तो झाँक रही है लेकिन यह उसे बाद मे विज्ञ लोगों की प्रतिक्रियाओं से ज्ञात हुआ कि यह भंडाफोड़ किस महान लेखक का हुआ है। कहानी को भंडाफोड़ का माध्यम बनना चाहिए या नहीं, इस बारे में भी अपनी एक राय रही है। बहरहाल, यह बता दूँ कि दूधनाथ सिंह का लेखकीय सामर्थ्य मुझे अक्सर प्रभावित ही नहीं करता रहा है, बल्कि विस्मय में भी डालता रहा है। शायद यह बात इलाहाबाद और बनारस से जुड़े कुछ अन्य लेखकों के बारे में भी कह सकता हूँ। अनुभव का खरापन और यथार्थ का खारापन दिल्ली के लेखकों के मुकाबले उनके पास ज्यादा होता है और किस्सागोई का कमाल भी। दिल्ली मूलतः कैफियतों की नगरी है, कहानियों की नहीं। इलाहाबाद और बनारस के चरित्र में ही एक कथा-तत्त्व सक्रिय रहता है। वस्तुतः ये दोनों शहर अपने ढंग से एक असमाप्य कथा ही हैं। दिल्ली भी यह कथा हो सकती थी, मगर वह नहीं है क्योंकि उसका विश्वास अपनी पिछली सारी कहानियाँ मिटा देने पर है। यहाँ जो आधुनिक कहानियाँ बनती हैं, वे हिन्दी लेखकों के जीवन की कुत्सित कथाओं से कहीं ज्यादा कुत्सित और वीभत्स होती हैं। उदय प्रकाश इस शहर के कथाकार हैं और इस वीभत्स को पकड़ने की कोशिशें उनके यहाँ देखी जा सकती हैं।

बहरहाल, किसी जीवन को कथा का विषय बनाया जाये या नहीं, यह सवाल हिन्दी में नया नहीं है। उदय प्रकाश ने जब 'रामसजीवन की प्रेमकहानी' या 'पाल गोमरा का स्कूटर' लिखा था तब भी यह सवाल उठा था। हालाँकि यह सवाल कुछ इस तरह नाक-भौं सिकोड़कर पूछा जाता रहा है जिससे ध्वनि निकलती है कि हिन्दी का लेखक अपने परिचित लेखकों को विषय ही क्यों बनाता है। यह उसका दुच्चापन है, उसकी कुंठा है, उसकी विकृति है, प्रचारित होने का उसका नुस्खा है, इसमें हिन्दी का दिवालियापन झाँकता है, आदि-आदि। लेकिन किसी बहस में यह सवाल नहीं दिखाई पड़ता कि आखिर हिन्दी लेखक के जीवन को विषय क्यों न बनाया जाये। लिखने का वास्ता अगर अपने परिवेश से है तो जो सबसे करीब है, उसके यथार्थ को क्यों न लिखा जाये! डायनें सात घर छोड़ती होंगी, लेकिन लेखक डायनों से ज्यादा अभिशप्त होता है, वह छोड़ेगा तो अपना जादू छोड़ बैठेगा। जीवन-भर बचने की कोशिश करने वाले श्रीकान्त वर्मा को यह लिखना तो पड़ा ही था कि जो बचेगा वह रचेगा कैसे।

फिर दुनिया-भर में अपने आसपास, अपने परिवेश और अपने साथी लेखकों को विषय बनाकर महान रचनाएँ लिखी गयी हैं। दुनिया के सर्वाधिक चर्चित उपन्यासों में एक जोनाथन स्विफ्ट के *गुलीवर ट्रैवेल्स* में भी वह वस्तुनिष्ठता नहीं है जो उसके गठन में दिखाई पड़ती है। बताते हैं कि जोनाथन स्विफ्ट का उस वक्त के इंग्लैंड की महारानी से झगड़ा हो गया था और उसने लिलिपुटियन्स की जो रानी बनायी थी, वह इंग्लैंड की महारानी का ही कैरीकेचर थी। इसी तरह लिलिपुट में प्रचलित कानूनों का वर्णन करते हुए वह ब्रिटेन के तत्कालीन कानूनों का मजाक उड़ाता है। हो सकता है, स्विफ्ट की इन बातों के लिए बड़ी आलोचना हुई हो, लेकिन *गुलीवर ट्रैवेल्स* पढ़ते हुए आज इसका ध्यान भी नहीं जाता और अगर जाता भी है तो हम उसके अर्थ की एक और तह से परिचित ही होते हैं। इसी प्रकार *एन एपिसल टू डॉक्टर आरबर्टनॉट* उस समय अंग्रेजी के साहित्यकारों के आपसी झगड़े का ही परिणाम था। हाल ही में वी.एस. नायपाल के मित्र पाल थिरू ने उन पर करीब पाँच सौ पृष्ठों की जो तीखी किताब लिख मारी, वह *सर विदियाज हाउस ऑव फेम* अपने ढंग से एक पठनीय पुस्तक साबित हुई है। हिन्दी में भी बहुत सारे लोग यह बताने वाले मिल जाएँगे कि अमुक कहानी या उपन्यास के केन्द्र में अमुक लेखक या उसका जीवन रहा है।

कहने का मतलब यह नहीं कि अपने हमपेशा लोगों को विषय बनाकर कोई रचना की ही जाये। बस यह है कि यदि कोई ऐसा करता हो तो उस पर एतराज करने की जगह यह देखा जाये कि यह चुनौती उठाते हुए वह अपने लेखकीय दायित्वों का निर्वाह कर पाया है या सिर्फ अपनी निजी खुन्नसों का शिकार होकर रह गया है। कई बार यह भी सम्भव है कि लेखक जान-बूझकर खुन्नस न निकाले, वह अनजाने ही अवचेतन में बसे किन्हीं पूर्वग्रहों का शिकार हो जाये। दरअसल यह समझना जरूरी है कि लेखन जितनी बाह्य प्रक्रिया है उतनी ही अन्दरूनी भी। कोई रचना कागज पर आने से पहले कितने

लम्बे समय तक हमारे मन की आँच में पकती रहती है, यह हमें मालूम नहीं होता। कई बार ऐसा भी होता है कि हमें पता तक नहीं चलता कि किसी रचना के बीज पहली बार हमारे भीतर कब पड़े हैं। निश्चय ही इस प्रक्रिया के उल्लेख का मकसद लेखन को कोई रहस्यमय-सी चीज बनाना नहीं है, बल्कि यह बताना है कि लेखक का दर्जा अगर ईश्वर का दर्जा है तो इसलिए भी कि वह जो मूरतें गढ़ता है, उनमें न जाने कहाँ-कहाँ की माटी मिली होती है। बल्कि लेखक का काम इस मायने में जयादा जटिल है कि जो दुनिया ईश्वर से छूट जाती है, वह लेखक रचता है।

नमो अन्धकार नाम का विश्व रचते हुए दूधनाथ सिंह को और इससे गुजरते हुए उनके पाठकों को अगर सिर्फ ईश्वर के बनाये कुछ चरित्रों और इन चरित्रों द्वारा दी गयी जीवन-स्थितियों की याद आती है तो इसे क्या मानेंगे? कह सकते हैं कि किसी रचना में किसी लेखक की छवि खोजना और वह दिख जाना उसका प्रथम पाठ मात्र है, अगला अपरिहार्य पाठ नहीं। दूधनाथ सिंह भी चाहें तो कैफियत दे सकते हैं कि *नमो अन्धकार* में सिर्फ एक लेखक और उसकी स्थितियों को खोजना-पहचानना इसका सरलीकृत पाठ-भर है। 'रामसजीवन की प्रेमकहानी' के सन्दर्भ में उदय प्रकाश मानते ही हैं कि यह गोरख पाण्डेय की नहीं, उनकी अपनी भी कहानी है और इसी दृष्टि से इसे पढ़ा जाना चाहिए। क्या दूधनाथ सिंह भी कहना चाहेंगे कि *नमो अन्धकार* में वे सिर्फ एक चरित्र की तरह उपस्थित नहीं हैं, बल्कि हर चरित्र में मौजूद हैं और इसका एक व्यापक लेखकीय सरोकार है?

दुर्भाग्य से यह सरोकार दिखाई नहीं पड़ता। अपनी शुरुआत से ही यह उपन्यास विकृति में रस लेता प्रतीत होता है। गुरु की कहानी जिस तरह शुरू होती है, उसमें एक चरित्र की आंगिक भंगिमाओं को पकड़ने की जितनी कोशिश दिखाई देती है, उतना उसके मानस में उतरने की नहीं। कथा कभी ऐसा लगता है जैसे संकेतों में बढ़ रही है और कभी अतिरिक्त संकेत दे रही है। यानी कथाकार की दिलचस्पी ब्योरों के माध्यम से पात्रों की पहचान कराने में ज्यादा है और उस चरित्र की अन्दरूनी गुत्थियों को खोलने में कम, जो उसने रचा है। इसका एक परिणाम तो यह होता है कि गुरु नाम का जो नायक उपन्यास के केन्द्र में है, वह एक खल पात्र भर दिखता है। ऐसा लगता है जैसे वह जो कुछ भी कर रहा है, सिर्फ अपने स्वार्थ से अन्धा होकर और किन्हीं कुत्सित लालसाओं के तहत कर रहा है। ऐसा खल चरित्र कहीं ज्यादा कुशलता और प्रगाढ़ता से मनोहर श्याम जोशी ने *हमजाद* में रचा है। यह अनायास नहीं है कि *नमो अन्धकार* के गुरु को पढ़ते हुए *हमजाद* के टोपन की याद आती है।

इस कथा-दृष्टि की सर्वाधिक मार स्त्री चरित्रों पर पड़ी है जिनका समूचा पक्ष अनकहा रह गया है। गुरु के अड्डे से बाहर निकल गया देवनाथ अपना स्कूटर जिस स्त्री के घर खड़ा करता है, वह व्याभिचारिणी है, शहर की अन्य आधुनिकाएँ और आध्यापिकाएँ पाखण्डी हैं, ननें सिर्फ अपनी दमित कुण्ठा की शिकार हैं, और इन सारी

स्थितियों का अपने चातुर्य के साथ इस्तेमाल करता हुआ एक गुरु है जो शव के बगल में लेटकर भी किसी स्त्री के साथ सम्बन्ध बना सकता है। वह इतना शक्तिशाली है, ऐसी सर्वव्यापी पहुँचवाला है कि उससे निजात नहीं है। नियुक्तियाँ उसके इशारे पर होती हैं, अस्पताल में भर्तियाँ उसके कहने से होती हैं, महिला संगठन उसके इशारे पर प्रस्ताव पारित करते हैं, जो उससे बगावत करते हैं, उनकी नियति देवनाथ सरीखी हो जाती है और इसके अलावा कोई चारा नहीं रह जाता कि वे दुबारा गुरु की शरण में जायें। क्या हमजाद के टोपन और *नमो अन्धकार* के गुरु में कोई फर्क है?

निश्चय ही दूधनाथ सिंह के किस्सागो मिजाज ने यह कहानी खूब रस लेकर कही है। इसमें दिलचस्पी का तत्त्व भरपूर है। मगर इस दिलचस्पी के बावजूद उपन्यास में वह कौन-सी चीज छूट जाती है जिसका अभाव इसे एक बड़ी रचना नहीं होने देता? शायद यह गुरु के चरित्र में निहित वह व्यापक सम्भावना है जिसका ठीक से दोहन करते दूधनाथ सिंह तो एक सपाट खल चरित्र की जगह एक मानवीय विडम्बनाओं से युक्त ऐसा चरित्र सामने आता जिस पर पाठक देर तक सोचने को विवश होता। अभी गुरु के व्यक्तित्व के जो पेचोखम हैं, वे बेहद स्पष्ट हैं। उनके उतार-चढ़ाव, उनकी मुद्राएँ सब कुछ जैसे एक सुनियोजित खल-योजना को आकार देने से बनी हैं। कोई द्वन्द्व उन्हें घेरता हो, ऐसा दिखता नहीं। उनके जोगियों को कभी-कभी शंका होती है, लेकिन अन्ततः गुरु का अड्डा उनकी सारी शंकाओं को दूर कर डालता है।

क्या यह सपाटपन इसलिए आया है कि दूधनाथ सिंह के दिमाग में कोई एक चरित्र इतना स्पष्ट था कि उसकी बाहरी गतिविधियों की रूपरेखा खींचने में मगन वे भूल बैठे कि एक साहित्यिक पात्र इस सपाट चरित्र से कहीं ज्यादा गहनता से रचा जा सकता है? अगर ऐसा हुआ है तो यह एक परिचित चरित्र पर लिखने का जोखिम है जिसकी ओर लेखक को ध्यान देना चाहिए। अन्ततः वास्तविक चरित्र एक सीमित चरित्र में बदल जाता है क्योंकि उसकी वास्तविकता तो सिर्फ उतनी-भर प्रगट होती है जितना बाहर से देखा और महसूस किया जा सकता है।

यह शक इसलिए होता है कि जो कुछ प्रसंग और चरित्र इस गुरु कथा में सहायक प्रसंगों और चरित्रों की तरह आये हैं और शायद जिनका अस्तित्व भी रहा हो तो जिनका वास्तविक चित्र उतारने में लेखक की दिलचस्पी न रही हो, वे ज्यादा मार्मिक और विश्वसनीय बन पड़े हैं। खलीफा ऐसा ही चरित्र है। *नमो अन्धकार* में अपने ढंग की जो घुटन और रुग्णता पाठक को घेरती है, उसके बीच वास्तविक दुख और यन्त्रणा के अतल अफसोस में हमें छोड़ जाता पात्र। उसकी निरीह आँखें जैसे देर तक हम पर टिकी रहती हैं।

लेकिन *नमो अन्धकार* जिस अन्धकार का नमन है, वह लेखक का पैदा किया हुआ भर नहीं, हमारे समाज में पैठा हुआ अन्धकार भी है। अपने चरित्रों को लगभग जीवित कर देने की जो क्षमता दूधनाथ सिंह में है, वह कम लेखकों में है। *नमो अन्धकार* अगर पठनीय कृति से गुजरते हुए एक तरह की रुग्णता का बोध हमें क्यों घेरे रहता है? क्या

इसलिए कि इसमें व्यक्त यथार्थ हमारे लिए कुछ इस तरह का अखाद्य है कि हम उसे सहजता से ग्रहण नहीं कर पाते? या इसलिए भी कि लेखक यथार्थ के वीभत्स खोल को तोड़कर एक बड़ी रचना रचने की जगह उसी खोल में आनन्द लेने लगता है? आधुनिक हिन्दी साहित्य के एक बड़े लेखक को इस खोल में बैठे देखना दुखद है। इस खोल से बाहर आकर वे *नमो अन्धकारं* रचते तो नमो दूधनाथं (या दूधनाथाय?) कहने की इच्छा पैदा होती।

पिछले दिनों प्रकाशित और *नमो अन्धकारं* की तर्ज पर ही *कथादेश* में पहले से छप गयी उनकी कृति *निष्कासन* को पढ़ते हुए एक बार फिर दूधनाथ सिंह की वही सीमाएँ और वही सम्भावनाएँ स्पष्ट होती हैं जो *नमो अन्धकारं* में दिखाई पड़ी थीं। *निष्कासन* के सन्दर्भ में भी दूधनाथ सिंह पर यह आरोप है कि उन्होंने इलाहाबाद के एक सुपरिचित दम्पती को अपनी कथा के केन्द्र में रखा है। *निष्कासन* भी एक तरह का *नमो अन्धकारं* ही है, अलबत्ता अच्छी बात यह है कि लेखक यहाँ अन्धकार के साथ नहीं है। उसकी सहानुभूति उन चरित्रों के साथ है जो अन्धकार से लड़ रहे हैं। *नमो अन्धकारं* में न ऐसी लड़ाई है और न ही ऐसी पक्षधरता। इस उपन्यास में एक महिला छात्रावास में रहने आयी दलित बहनों के बहाने उस क्रूर प्रपंच-तन्त्र पर कठोर प्रहार किया गया है जो महिला छात्रावासों को चकलाघरों में बदलने पर उतारू है। यह काम छात्रावास की वह वार्डन करती है जो मार्क्सवादी छात्र नेता की पत्नी है। उसके साथ छात्राओं के यूनियन की लीडर भी हैं। इन लोगों के तन्त्र के आगे किसी की भी नहीं चलती। जो दलित युवती वार्डन के दबाव में किसी के आगे बिछने से इनकार करती है, उसे छात्रावास से निकालने की कोशिश होती है। लड़की दलित है और इसलिए गरीब भी है। उसके खिलाफ आसानी से यह चार्ज बनता है कि वह छात्रावास का भुगतान नहीं कर रही। अलबत्ता वह एक सहानुभूतिशील छात्र नेता की मदद से पैसे लेकर अपना यह संकट दूर करती है। लेकिन लड़ाइयाँ उसे और भी लड़नी हैं और वह लड़ने के लिए प्रयत्नशील भी है। इस लड़ाई में छात्रावास, विश्वविद्यालय कुलपति और राज्यपाल तक घसीट लिए जाते हैं। लेकिन प्रपंच का तन्त्र इतना अभेद्य और मजबूत है कि अन्ततः लड़की को समझ में आता है कि तात्कालिक सहानुभूति के अलावा उसे कुछ और नहीं मिलना है। वह आत्महत्या को विवश होती है।

इस स्थूल और कई सन्दर्भों से कटे कथासार में कई और पेच भी हैं जिन्हें दूधनाथ सिंह की कलम ने करीने से रखा है। भारतीय राजनीति की किसिम-किसिम की विडम्बनाओं को वे करीने से रखते हैं। मार्क्सवाद के लचीलेपन से लेकर गाँधीवाद के लिजलिजेपन और दलितवाद के निकम्मेपन तक पर उन्होंने प्रहार किये हैं। इन प्रहारों में अपनी विश्वसनीयता है और स्थितियों का समर्थन भी। महिला छात्रावासो में इतनी सड़ाँध भले न हो, लेकिन वह है और नारी संरक्षण गृहों के नाम पर चलने वाले आश्रमों और संस्थानों में तो भरपूर है। इस समय ने स्त्री को कितने कुरूप ढंग से एक

उपभोक्ता-उत्पाद में बदला है, उसकी कई दास्तानें और मिसालें हमारे सामने हैं। *निष्कासन* भी एक ऐसी ही मिसाल है।

लेकिन, एक लेकिन की गुंजाइश यहाँ भी रह जाती है। उपन्यास के प्रारम्भ में ही समझ में आ जाता है कि इसकी इतिश्री कहाँ होनी है। हालाँकि कथा-विन्यास में आश्चर्य या अप्रत्याशित का तत्त्व कोई बहुत महत्त्वपूर्ण चीज नहीं रह गयी है और हम आज के दौर में ज्यादातर की गयी शुरुआतों के अन्त से भी परिचित होते हैं। लेकिन दलित युवती के पत्र के बाद कुलपति से लेकर राज्यपाल के घर तक और विभिन्न राजनीतिक संगठनों में जो हलचल-सी बनती है, उसके दोहन की और भी गुंजाइश थी जिससे राजनीति के खोखलेपन और उसकी विवशताओं के कुछ और आख्यान प्रगट होते। इसके अलावा यह अन्ततः राजनीति पर डाली गयी मध्यवर्गीय दृष्टि ही साबित होती है—यह बेबस और थका हुआ प्रलाप कि राजनीति की सड़ाँध में कुछ भी भरोसेमन्द नहीं रह गया है, यह गुंडों, उचक्कों और पाखंडियों की जगह रह गयी है। इस दृष्टि का दोष बस इतना है कि सतह पर बुरी तरह पसरी इस सड़ाँध के भीतर जो चुपचाप बदलाव चल रहा है, वह इसे दिखाई नहीं पड़ता। एक दलित लड़की छात्रावास में रहने आ गयी है, वह अपनी शिकायतें लेकर कुलपति और राज्यपाल तक जा सकती है और उसके मददगार निकल सकते हैं, यह तथ्य अनदेखा करने योग्य नहीं है। हालाँकि कहा जा सकता है कि अन्ततः उसका हासिल क्या है, वह एक ज्यादा बड़े दुष्चक्र में ही फँस रही है। फिर भी यह जो बदलाव है, वह अपने-आप में चिह्नित किये जाने योग्य हैं।

दूसरी बात यह कि यह मध्यवर्गीय दृष्टि भाजपा जैसी दक्षिणपन्थी या कांग्रेस सरीखी मध्यमार्गी पार्टी के साथ सहानुभूति से पेश आती है, मगर मार्क्सवादी पार्टियों को कोई रियायत देने को तैयार नहीं होती। फिर कहा जा सकता है कि मार्क्सवादी पार्टियों को रियायत क्यों दी जाये और आखिर जिनसे उम्मीद है, उनकी ही आलोचना होगी। लेकिन दूधनाथ सिंह के दोनों उपन्यासों के जो मुख्य खल चरित्र हैं, वे मार्क्सवादी संगठनों से आते हैं, यह उनकी वैचारिक पक्षधरता का मामला है या मार्क्सवाद से उनकी निजी खुन्नस का, यह स्पष्ट होना बाकी है। यह कहना इसलिए जरूरी है कि वे भारत के सन्दर्भ में मार्क्सवाद की सैद्धान्तिक या व्यावहारिक राजनीति के अन्तर्विरोधों को जितना नहीं रखते, उससे ज्यादा उस व्यक्तिगत पाखण्ड को रखते हैं जो सबसे आसानी से पकड़ा जाने योग्य और समझ में आने योग्य है। इस कसौटी पर वामपन्थियों से पहले दूसरे दलों और विचारों के लोग लुढ़ककर गिरेंगे।

एक छोटी-सी बात दूधनाथ सिंह की भाषा के एक पक्ष के सन्दर्भ में। उनके पास बेहद समर्थ भाषा है, बहुत सारे रंगों और विन्यासों में आसानी से ढल जाने वाली है और इसलिए चरित्रों की भाषा बन जाने वाली। लेकिन इसमें एक चमक पैदा करने का मोह वे छोड़ नहीं पाते। नतीजे में भाषा कहीं-कहीं गढ़ी हुई लगती है और इसके अलावा

चरित्रों और स्थितियों को दर्शनीय ज्यादा बनाती है, उन्हें महसूस करने योग्य कम रहने देती है।

इन स्थूल आलोचना के बावजूद ये दोनों उपन्यास पठनीय हैं और हमारे समय की कई कड़वी सच्चाइयों पर उँगली रखते हैं। इनमें आये चरित्र अगर वास्तविक चरित्र हैं तो यह दुर्भाग्यपूर्ण है कि वे समाज में हैं और इस तरह से राजनीति और विचारधारा का इस्तेमाल कर रहे हैं। अगर वे नहीं भी हैं और लेखक ने अगर व्यक्तिगत खुन्नस में उनका कुछ गलत चित्रण किया है तो भी ये कहानियाँ एक वैचारिक पृष्ठभूमि के अन्तर्विरोध को ही सामने रखती हैं। अलबत्ता उपन्यास में व्यक्ति महत्त्वपूर्ण हो गये हैं और मुद्दे गौण, यह खयाल लेखक को होता तो हमें ज्यादा बड़े उपन्यास पढ़ने को मिलते।

तुझसे नाराज़ नहीं ज़िन्दगी हैरान हूँ मैं...

'कलिकथा वाया वाइपास' और *'शेष कादम्बरी'* जैसे उपन्यासों के साथ अलका सरावगी ने अपनी जो विशिष्ट पहचान बनाई है, उसका निर्वाह वह अपने तीसरे उपन्यास *'कोई बात नहीं'* में भी करती हैं। निश्चय ही इस उपन्याास का फलक पिछले उपन्यासों के मुकाबले छोटा है, लेकिन एक स्तर पर वह कहीं ज्यादा सघन और जटिल है। इसमें शिल्प के प्रयोगों की वैसी गुंजाइश नहीं है जैसी अलका अपने पिछले दोनों उपन्यासों में पैदा करती रही हैं, इसकी जगह एक प्रीतिकर ठहराव और तल्लीन कथा-सूत्र पाठक को मूल विषय-वस्तु से जोड़े रखता है। यह कहानी एक ऐसे बच्चे के इर्द-गिर्द बुनी गयी है जिसके लिए 'मन्दबुद्धि' शब्द समाज में प्रचलित है। अलका सरावगी ने इस बच्चे की कहानी पहली बार नहीं लिखी है। 'दूसरी कहानी' नाम से लिखी उनकी एक कहानी का पात्र वही बच्चा है—लेकिन तब वह कमउम्र है। वह कहानी नौ से पन्द्रह साल के अन्तराल में लिखी और बदली जाती रही। उस कहानी में एक माँ और बच्चा बड़ी ज़िद और हौसले के साथ अपनी दुनिया बनाने और बाकी दुनिया की चोटों से उसे बचाने की कोशिश करते हैं। इस कोशिश से निकलती है एक बेहद मार्मिक कहानी।

'कोई बात नहीं' तक पहुँचकर वह बच्चा बड़ा हो गया है। पिछली बार माँ ने कही थी कहानी, इस बार बच्चा कह रहा है। वह भी अपने पुराने दिनों में लौटता है, लेकिन नये दिनों से सवाल ज़्यादा उलझाने वाले हैं—वह दुनिया भी, जो उसे मन्दबुद्धि मानती है लेकिन उसकी जिज्ञासु प्रतिभा और प्रखर सवालों के आगे खुद मन्दबुद्धि लगती है। यहाँ भी उसकी माँ उसकी उँगली थामे हुए है जिसे वह बीच-बीच में झटक डालता है और कभी-कभी कसकर पकड़ भी लेता है। हाथ झटकने और पकड़ने के इस त्रासद नाटक के बीच बेबसी, बेगानापन, खुद पर किया गया भरोसा, दूसरों से मिली चोट और माँ-बेटे के बीच का अदृश्य धागा जैसे अभिनेताओं की तरह मंच पर आते-जाते हैं।

पूरे उपन्यास में जैसे अलका सरावगी इस अदृश्य धागे को खोजती रहती हैं और उसे एक व्यापक मानवीय और सामाजिक सूत्र में बदल डालती हैं। नियति ने बेटे के

रूप में जो दिया है, वह माँ को मंजूर नहीं है। वह इस नियति को अपने निश्चय से चुनौती-सी देती है। शुरुआत बेटे को छोटी-मोटी दैनिक क्रियाओं, यानी ब्रश पकड़ने से लेकर कोई शब्द बोलने के अभ्यास से होती है, धीरे-धीरे उसके पहले स्कूल की खोज तक जाती है। हर तरफ़ हराने वाली स्थितियाँ हैं—लेकिन इनसे जो टकरा रहा है वह हारने वाला मन नहीं है। बेटे की सीमाओं के बेहद स्पष्ट अहसास के बावजूद उनमें न बँधने की ज़िद से बनती है यह कहानी। शशांक को उसके स्कूल मिलते हैं, दोस्त मिलते हैं, जीवन के ढेर सारे अनुभव मिलते हैं। वह हर लिहाज से एक सामान्य बच्चा है—बल्कि सामान्य से ज़्यादा प्रखर बच्चा। नियति ने जो शरीर दिया है, जिन हालात में उसके जीते रहने की विवशता दी है, उसमें हर मुमकिन मानवीय बदलाव शशांक और उसकी माँ का जैसे मिशन है। इस सबको लगभग साँस रोककर देखते पिता, बड़ी संवेदना के साथ महसूस करती आरती मौसी, अपने सारे आशीर्वादों और अफ़सोसों के बीच कहानियाँ सुनाती दादी, शशांक की मुश्किलों में पूरे जतन और लगन से सहारा देते चाचा-चाची और शशांक के छोटे भाई-बहन अनन्त, अदिति और जया वह पारिवारिक वितान रचते हैं जिसके बीच धीरे-धीरे बड़ी हुई है यह कहानी।

इस पारिवारिक वितान के बाहर *कोई बात नहीं के* आसमान और भी हैं—वे जो शशांक का सामाजिक पर्यावरण बनाते हैं। जतीन दा हैं, जो शशांक को विक्टोरिया मेमोरियल में शाम की सैर के दौरान मिले—जिनके पास मनुष्यता और इतिहास की अपनी एक पूरी सैद्धान्तिकी है और जो शशांक को जीवन चाण्डाल की कहानी कुछ इस तन्मयता से सुनाते हैं जैसे वे खुद जीवन चाण्डाल हों जो उसकी बीमारी के वक़्त सहसा एक दिन उसके बिस्तर के पास आ बैठते हैं। शशांक के सामने जतीन दा जीवन की कई पहेलियों की तरह एक पहेली ही हैं—वे कितने जतीन दा हैं, कितने जीवन चाण्डाल, यह वह समझ नहीं पाता, न यह जान पाता है कि वे उसके परिवार से परिचित हैं या अनजान। शशांक का दोस्त अमित है जो स्कूल लाने-ले जाने में लगभग छाया की तरह लगा रहता है। स्कूल में साथ पढ़ने वाला आर्थर है जिसकी शायद आहत और हताश ऐंग्लो-इंडियन मजबूरियों के बीच शशांक से दोस्ती एक ऐसा सच है जो शशांक को कभी सकून भी पहुँचाती है, कभी चोट भी। क्लास का दयनीय टीचर जोसेफ है जो उस पर दया करना चाहता है जो शशांक को मंजूर नहीं है। इन सबके बीच आते-जाते, कभी शशांक का मज़ाक़ उड़ाते और कभी उस पर दया करते ढेर सारे लोग हैं जिनके बीच ज़िन्दगी की अच्छाइयाँ-बुराइयाँ अपने सभी रंगों के साथ खुलती हैं।

और ज़िन्दगी के हादसे भी। वायरल की शक्ल में आया वह बुखार जो माँ-बेटे दोनों के क़रीब डेढ़ दशक की तपस्या और साधनों को एक पल में बुहार देता है। उपन्यास के बीच में होता है यह विस्फोट—अपनी सीमाओं से बँधी ज़िन्दगी के बीच अपनी सम्भावनाएँ टटोलता शशांक अचानक पाता है कि एक बार फिर वह चलने-फिरने बोलने लायक तो दूर, उठने-बैठने लायक भी नहीं रह गया है। टेढ़े-मेढ़े रास्तों पर

टेढ़ी-मेढ़ी चाल के साथ जो ज़िन्दगी विक्टोरिया मेमोरियल से लेकर सेंट जोसेफ स्कूल तक पसरी हुई थी, जिसमें माँ का सकून, पिता की तसल्ली, मौसी का साथ, दादी की कहानियाँ, अमित का सहारा और जत्रीन दास की दोस्ती के ढेर सारे रंग शामिल थे—वह एक झटके में सिमटकर बिस्तर पर चली आती है—हर बात, हर काम के लिए सहारा लेने को लाचार।

यहाँ से शुरू होती है नयी लड़ाई, नये इम्तिहान, और नयी कहानी। पहला शब्द, पहली हँसी, पहला झगड़ा, पहला सच, पहला प्रतिवाद, पहली हिंसा, पहली दया, पहला वादा, पहली प्रार्थना, पहला रोना, पहली सुलह, पहली चोरी, पहला इलहाम, पहली गाली, पहली स्मृति और पहला ज्ञान। बहुत धीरे, बहुत मेहनत से, जैसे एक क़दम उठाना एक पहाड़ को फलाँगने के बराबर हो, कुछ इस तरह माँ-बेटे फिर शुरू करते हैं ज़िन्दगी का ककहरा नये सिरे से—वर्ड बोर्ड, व्हील चेअर, टाइपराइटर और दोस्तों के ज़रिए—नज़र के सामने बस फ़िलहाल सिर्फ़ एक क़दम भर है—यह पहाड़ जैसा क़दम रख ले तो शशांक अगले क़दम की सोचेगा। अपने आधे-अधूरे अन्तों वाली कहानियों से सन्तुष्ट रहने वाली और यह सारी कहानी कह-लिख रही आरती मौसी लेकिन इस कहानी को उसकी पूर्णता तक पहुँचाना चाहती है। शशांक चाहता है, मौसी इसे भी अधूरा छोड़ दे। ज़िन्दगी जहाँ तक पहुँची है, वहाँ तक का सफ़र भर।

अलका सरावगी जिस मनोयोग से अपनी सारी रचनाएँ लिखती-सँवारती हैं, उतना ही मनोयोग इसमें भी दिखाई पड़ता है। बेतरतीबी कहीं नहीं, कथा कहने का ऐसा सधा हुआ कौशल, जिसमें एक वाक्य भी फालतू या अनियोजित नहीं। चरित्र एक योजना में आते-जाते हैं और कथा सहज प्रवाह के साथ बढ़ती है। लेकिन उपन्यास की असली ताक़त वह द्वन्द्व है जो अपना-अपना युद्ध लड़ते माँ-बेटे के सामने कई रूपों में आता है। माँ जितना बेटे को बना रही है, बेटा भी उतना माँ को बना रहा है। एक कमज़ोर बेटे के लिए मजबूत माँ चाहिए और माँ जब कमज़ोर पड़ती दिखे तो बेटे को मजबूत हो जाना चाहिए—जैसे यह सूत्र दोनों ने अपनी-अपनी ज़िन्दगी के लिए विकसित किया है और जहाँ ज़रूरत पड़ती है, वहाँ एक-दूसरे को अपनी अँगुली बढ़ा देते हैं—ज़्यादातर यह अँगुली माँ को ही बढ़ानी पड़ती है, बल्कि सिर्फ़ अँगुली नहीं, उसे अपने बेटे को अपने पूरे वजूद का सहारा देना पड़ता है। इस अर्थ में यह उपन्यास शशांक की कहानी कहता है, लेकिन शशांक की माँ की कहानी बन जाता है। यह न हारने वाली माँ, तिल-तिल गलाकर और तिनका-तिनका जोड़कर अपने बेटे को उसके पाँवों पर खड़ा करने की ज़िद में किसी की न सुनने वाली माँ एक यादगार चरित्र है।

वैसे उपन्यास में सबसे ज़्यादा सरोकारों और सवालों के केन्द्र में शशांक ही रह जाता है। यह भरोसा करना आसान नहीं है कि अपनी शारीरिक क्षमताओं में आम बच्चों से कोसों पीछे रह जाने वाला यह लड़का अपने मानसिक विकास में इतना आगे हो सकता है। उसकी विश्लेषक दृष्टि, उसका सूचनात्मक ज्ञान और उसका विवेक जैसे

किसी प्रखर लेखकीय और बौद्धिक व्यक्तित्व का आभास कराते हैं। वह जैसे उपन्यास के भीतर लेखक का प्रतिनिधि है, ऐसा चरित्र जिसके ज़रिए लेखक बोलता है। जितना माँ ने इस शशांक को बनाया है, उतना ही लेखिका ने भी इसे गढ़ा है। उसकी चाल चाहे जितनी भी टेढ़ी-मेढ़ी हो, उसकी शारीरिक मजबूरियाँ चाहे जितनी भी अवश हों, उसके सोचने, महसूस करने के ढंग में जो स्पष्टता है, वह चकित करती है। वह छोटा-मोटा स्टीफन हॉकिंग लगता है—मानव मन और समाज के ब्लैक होल्स की थाह लेने में समर्थ एक बौद्धिक। इस लिहाज से माँ जितनी वास्तविक है बेटा उतना ही औपन्यासिक है।

लेकिन यह उपन्यास के पाठ का एक ढंग है—किसी रचना से एक यथार्थवादी खाँचे और विश्वसनीय चरित्रों की माँग करने और उसे रचना की विश्वसनीयता की कसौटी बनाने वाला ढंग। अलका सरावगी ज़्यादातर इस यथार्थवादी खाँचे के भीतर रहती हैं, लेकिन ज़रूरत पड़ने पर इसे तोड़ने में हिचकती भी नहीं हैं। *कलि कथा वाया बाइपास* और शेष कादम्बरी में इसके कहीं ज़्यादा प्रचुर प्रमाण हैं। कोई बात नहीं का शशांक इस यथार्थवादी प्रविधि के बाहर का नायक है, जिसके निर्माण में लेखिका की अपनी मिट्टी और अपना जल भी लगे हैं, यह समझकर हम उपन्यास को ज़्यादा उदारता से पढ़ सकते हैं और इसकी मार्फत खुलने वाली ज़्यादा बड़ी सच्चाइयों तक पहुँच सकते हैं—ठीक उसी तरह जैसे माँ और बेटा कई बार पहुँचते हैं। ऐसे ही एक अहसास के बीच माँ और बेटे के बीच यह संवाद दिखाई पड़ता है।

''तुम्हें नहीं लगता शशांक, हम लोग कितने भाग्यशाली हैं?''माँ ने सोते समय रात को पूछा 'किस तरह?'—शशांक ने सोचा, शायद इसलिए कि इतना बीमार पड़ने के बाद वह स्कूल जा पाएगा। उसने माँ की तरफ़ देखा—''इसलिए कि हमने—मैंने तुम्हारे कारण और तुमने अपनी प्रॉब्लम के कारण—जिन्दगी में कई बार एकदम साक्षात अच्छाई के दर्शन किये हैं—आदमी की आत्मा की पवित्रता के दर्शन। लोग तो पूरी-पूरी जिन्दगी काट देते हैं, पर एक बार भी ऐसा अनुभव उन्हें नहीं होता। तुम समझ रहे हो मेरी बात?''

शशांक ने हँसकर एक अँगुली दिखाई। हाँ, एकदम समझ गया है वह माँ की बात। लेकिन माँ न जाने हर बात को बोलना क्यों चाहती है? बिना ज़रूरत के अक्सर!

उपन्यास में आने वाले कई दूसरे चरित्र भी अपने यथार्थवादी खाँचों का अतिक्रमण करते हैं। शशांक की ज़िन्दगी में जतीन दा जिस तरह आते-जाते हैं, वह लेखिका की योजना का हिस्सा ज़्यादा लगता है, उपन्यास में निहित ज़िन्दगी की अपनी स्वाभाविकता कम। वे जिस तरह के किस्से सुनाते हैं—जीवन चाण्डाल से लेकर जैक्सन तक के—वे उपन्यास का कुछ फलक विस्तार अगर करते भी हों तो भी शशांक और उसकी माँ की कहानी में ज़्यादा कुछ नहीं जोड़ते। वे शायद यह सामाजिक ऐतिहासिक परिपार्श्व जोड़ने के लिए इस्तेमाल किये गये हैं जो शशांक की नितान्त व्यक्तिगत कहानी को एक ज़्यादा व्यापक सन्दर्भ में देखने का आधार जुटा सकें।

इस व्यापक सामाजिक सन्दर्भ में गुँथी हुई हैं कुछ निजी कथाएँ भी—शशांक की दादी

की कथाएँ—उनकी अपनी आपबीती और वह जगबीती जो वे शशांक के साथ साझा करती हैं। दादी कातरता, दुख, उम्मीद और डर की प्रतिमूर्त्ति जैसी हैं—ईश्वर की ऐसी भक्त जिसका ईश्वर उसके साथ तरह-तरह के खिलवाड़ करता है। इस परम्परा प्रसूत दादी के समानान्तर माँ है जो ऐसे किसी ईश्वरीय विधान के आगे आसानी से सिर झुकाने को तैयार नहीं हैं। दादी और माँ और शशांक के बीच एक आशंकित पिता हैं, जिन्हें कुछ उम्मीद शायद अपनी माँ की प्रार्थनाओं से है कुछ भरोसा अपनी पत्नी के प्रयत्नों पर, कुछ शिकायत अपनी किस्मत से, कुछ तसल्ली अपने बेटे की समझ से है। दरअसल चाचा-चाची और तीन भाई-बहनों समेत शशांक के पिता, दादी और माँ मिलकर वह संयुक्त परिवार बनाते हैं जो शशांक की सम्भ्रान्त सामाजिक पृष्ठभूमि रचता है।

निजी और सामाजिक के बीच इस आवाजाही के बीच और भी स्तर हैं जहाँ अलका सरावगी के उपन्यास के कई गहरे अर्थ उद्घाटित होते हैं। दुख और विडम्बना की एक अन्तःसलिला इस समूचे उपन्यास की तह में महसूस की जा सकती है। लेकिन इस तह के ऊपर यह उपन्यास शशांक के निजी अनुभवों के ज़रिए ही वे सामाजिक, आर्थिक और जातीय पूर्वग्रह भी खोलता चलता है जो हमारी दुनिया में कई रूपों में विद्यमान हैं और एक बेहतर दुनिया बनने की इसकी कशमकश को तीखा करते हैं। शशांक की क्लास में बँटी तीन जातीय सरहदें, बची-खुची ऐंग्लों इण्डियन ऐंठ और मायूसी से बनने वाले दुराग्रह, जीवन चाण्डाल की दास्तान से लेकर रामा की हक़ीक़त के बीच पसरी हुई नाइंसाफियाँ और बेबसियाँ, अश्वेत वाइस प्रिंसिपल फ्रेडरिक का प्रतिशोधीय गुस्सा, और ढेर सारी अन्य परतें—इन सबको यह उपन्यास एक ऐसा सघन अनुभव संसार बनाता है जिसमें माँ और बेटा दुनिया से लड़ते भी हैं, उसकी सहानुभूति पर चिढ़ते भी हैं, उसकी बेरुखी पर मायूस भी होते हैं, लेकिन सबसे बढ़कर उसकी अच्छाइयों और उसकी कमीनगी—दोनों से बार-बार रू-ब-रू होते हैं। शायद इस तसल्ली या उम्मीद के साथ कि जब भी कोई कमीनगी शशांक का रास्ता रोकेगी, कोई अच्छाई हाथ बढ़ा देगी, या शायद इस ज़्यादा तटस्थ समझ के साथ कि जीना इन दोनों स्थितियों के बीच होगा—कभी अच्छाई सामने आएगी, कभी नीचता से वास्ता पड़ेगा।

और अन्त में आरती मौसी—वही यह सारी कहानी बार-बार लिख और फाड़ रही है—जतीन दा की तरह जिसकी चिन्दियाँ समय के जलाशय में डालती हुई। अन्त तक आते-आते वह एक ऐसा इन्द्रधनुष खोज ही लेती है ''जो आज तक इस पृथ्वी पर कभी देखा नहीं गया। इसमें न दुख के रंग थे न सुख के रंग थे। यह उसी तरह अद्भुत पूर्ण और रहस्यमय था, जैसा कि खुद जीवन होता है और उसे जीने वाली तमाम कथाएँ होती हैं।'' लेकिन यह इन्द्रधनुष धूपछाँही सफ़र के एक लम्बे दौर के बाद बना है, इसे बताने की किसी को ज़रूरत नहीं रह जाती।

कारपोरेट कथा वाया बाइपास

भारत में नयी आर्थिक नीतियों के असर और भारतीय समाज में उदारीकरण के प्रभावों को लेकर बहस इतनी तीखी है कि उदारीकरण अक्सर एक प्रवृत्ति की तरह दिखाई पड़ता है, ठोस परिणति की तरह नहीं। हम इस उदारीकरण की आसान आलोचना कर लेते हैं, क्योंकि यह अन्देशा वैध मालूम होता है कि उदारीकरण नव उपनिवेशवाद के ख़तरे लेकर आया है और देश को गरीबी, गैरबराबरी और बौद्धिक गुलामी की तरह धकेल सकता है। लेकिन उदारीकरण बस एक आर्थिक प्रक्रिया नहीं है जो बाहर से चली आयी है, इसका एक सामाजिक और मानसिक विन्यास भी है जिसका काफी रिश्ता उस मध्यवर्गीय पूँजीवादी दिमाग से है जो अन्ततः भारतीय समाज की जातिगत और मनोगत संरचनाओं के घोल से ही तैयार हुआ है। इसका प्रमाण यह तथ्य है कि उदारीकरण की सारी वैध आलोचनाओं को समझते हुए और इसके अन्देशों को देखते हुए भी इसकी तरफ बढ़ने और इससे पैदा हुए अवसरों को लपकने में एक बड़े भारतीय तबके को कोई हिचक नहीं होती। इस उदारीकरण से बन रहे नये भूमण्डलीय आसमान में अगर भारतीय मध्यवर्ग ऊँची उड़ान भर रहा है तो यह सिर्फ एक आर्थिक करिश्मा नहीं है, इसके पीछे एक सामाजिक यथार्थ भी है।

अलका सरावगी का नया उपन्यास 'एक ब्रेक के बाद' इस सामाजिक यथार्थ को समझने की कोशिश है, यह कहना उपन्यास और उपन्यासकार दोनों के साथ एक अन्यायपूर्ण और लगभग हास्यास्पद सरलीकरण होगा। लेकिन उपन्यास पढ़ते-पढ़ते यह बात अलक्षित नहीं रह जाती कि हिन्दी में सम्भवतः पहली बार एक ऐसी रचना सामने आयी है जिसमें उदारीकरण का लाभ उठाने वाले और उसे अंजाम तक पहुँचाने वाले प्रतिनिधि वर्गों और चरित्रों के जरिए इस भूमण्डलीय दौर में बन रहे भारतीय समय और समाज की मनोरचना को उसकी महत्त्वाकांक्षाओं और उसके अन्तर्विरोधों के साथ बेहद क़रीब से समझा जा सकता है। कुछ सरलीकरण का सहारा लें तो कहा जा सकता है कि यह कारपोरेट इण्डिया का उपन्यास है जिसमें इस दौर का बदलता हुआ अर्थशास्त्र

और समाजशास्त्र दोनों झलकते हैं। यहाँ चेन्नई में पैदा हुए केवी शंकर अय्यर हैं जो बदलती हुई दुनिया के रस्मो-रिवाज पर बड़ी पैनी नज़र रखते हैं और जिन्हें मालूम है कि भारत के साढ़े सोलह करोड़ घरों में हिन्दुस्तान लीवर किसी न किसी रूप में घुसा हुआ है। वे उदारीकरण से पैदा हुए आर्थिक अवसरों को भी पहचानते हैं और उसकी विडम्बनाओं को भी। उन्हें भरोसा है कि इक्कीसवीं सदी में भारत का हाथी खड़ा होने जा रहा है और उसके आर्थिक उछाल ने नौकरी और रोज़गार के पुराने तौर-तरीक़े बदलकर रख दिये हैं।

इस नये बनते भारत में स्थायी नौकरी और काम के घंटों की पुरानी शर्तें बेमानी हो चुकी हैं और आज के नौजवान कुछ अपनी काबिलियत और कुछ अपनी बेसब्री की वजह से कपड़ों की तरह नौकरियाँ बदल रहे हैं। इस दुनिया में एक बड़े तबके के पास ढेर सारा पैसा आया है और वह कुछ भी खरीदने को तैयार है—बस उसे भरोसा होना चाहिए कि यह सामान उसे ज्यादा चुस्त-दुरुस्त और स्मार्ट बनाएगा या समाज में नयी हैसियत दिलाएगा।

यहाँ भट्ट है जो चेन्नई के एम्बर स्टोर्स में रविकान्त नाम के एक अभिनेता के जन्मदिन पर उसका मुखौटा लगाये 50 लोगों को खड़ा कर देता है और एक दिन में पाँच करोड़ का सामान बेच लेता है। 'ओनली टीयर्स फ्रॉम एल्सव्हेयर'—यानी आँसू को छोड़कर आप बाकी कुछ इस एक छत के नीचे खरीद सकते हैं—यह भरोसा दिलाता हुआ भट्ट ग्लैमर, खुशी, हैसियत और पैसे के मिक्स से एक ऐसी कामयाबी बनाता है जो इस कारपोरेट भारत के लिए अध्ययन और ईर्ष्या का विषय है। बाद में वह एक दूसरी कम्पनी का नुमाइन्दा है और दूध के पैकेट और पाउच भारत के गली-कस्बों में बिकवा रहा है। आखिरी दौर में वह अपने पिता की एक पुरानी दुकान का कायाकल्प करता है और कला का एक शानदार बाज़ार खोज निकालता है जहाँ अपने नये चमचमाते फ्लैट्स की सूनी दीवारों पर अनूठी पेंटिंग्स टाँगने की लालसा में लोग दूर-दूर से आते हैं।

लेकिन यह केवी शंकर अय्यर ही ठीक से समझते हैं कि बिक्री का यह खेल भट्ट का करिश्मा नहीं है—भट्ट की प्रतिभा बस इस बात में छुपी है कि वह लोगों की ज़रूरतों और हसरतों को बिल्कुल ठीक-ठीक पढ़ पा रहा है और उसके हिसाब से अपनी 'मार्केटिंग स्ट्रेटेज़ी' बना ले रहा है। असल करिश्मा तो उस 'इकोनॉमिक बूम' का है जिसने भारत के विशाल मध्यवर्ग को रातों-रात एक ताकतवर उपभोक्ता वर्ग में बदल डाला है। इस वर्ग को ढेर सारे बाज़ार, ढेर सारे मॉल और ढेर सारा सामान चाहिए। जितनी खुशी पैसों से खरीदी जा सकती है, वह खरीदने को तैयार है, यह अलग बात है कि अक्सर इस खुशी के भंगुर होने या भाप बनकर उड़ जाने का उसे भी पता नहीं चलता, क्योंकि वह तब तक किसी दूसरी खरीददारी में लग जाता है।

'एक ब्रेक के बाद' अगर इस जाने-पहचाने यथार्थ तक सिमटकर रह जाती तो शायद वह एक इकहरी कृति होती। लेकिन इतिहास या अपने समय पर अलका

सरावगी की अचूक पकड़ ऐसी किसी असावधानी की शिकार नहीं होती। उपन्यास के भीतर नये-पुराने का, पारम्परिक-आधुनिक का टकराव इतने स्तरों पर विद्यमान है कि वह चरित्रों की गुत्थियाँ तो खोलता ही है, हमें अपने समय की, अपनी आधुनिकता की कहीं बेहतर पड़ताल के लिए भी तैयार करता है। उपन्यास की शुरुआत ही केवी शंकर अय्यर के साठ साल पूरे होने पर की जा रही पूजा के जिक्र से होती है, जिसमें केवी की शैंपेन से अलसायी आँखें हैं, पण्डितों का शुद्ध मन्त्रोच्चार है, और 'ड्यू पॉन्ट' की उस महँगी कलम का इन्तज़ार है जो उन्हें उनका बॉस दफ़्तर में भेंट करने वाला है।

केवी शंकर अय्यर के चरित्र में दरअसल यह पारम्परिकता और आधुनिकता सबसे मुखरता के साथ टकराती है। अपने ब्राह्मणत्व का गर्व ही उन्हें यह भरोसा दिलाता है कि इस नये ज़माने में भी वे तरक्की करते रहेंगे। उनकी व्यावहारिकता दूर तक देखती है, और सिर्फ वहीं आँख मूँदती है, जहाँ मूँदना चाहती है। हालाँकि ऐसा नहीं है कि वे अपने फैसलों में अपने ब्राह्मणत्व के पार नहीं जाते। अपने घर वालों के घनघोर विरोध के बावजूद यह शाकाहारी तमिल ब्राह्मण एक माछ खाने वाली बंगाली कायस्थ कन्या से विवाह करता है और जीवन भर निभाता है। लेकिन यह किसी लक्ष्मणरेखा का उल्लंघन नहीं है, अपने ब्राह्मणत्व के दर्प से ही उपजी यह प्रतीति है कि इतनी स्वतन्त्रता पाने का उन्हें अधिकार है। उनकी आस्थाएँ अन्ततः उनके ब्राह्मणत्व में ही बद्धमूल हैं जिसकी श्रेष्ठता ग्रन्थि कभी पत्नी के 'शूद्र जैसे तौर-तरीकों' पर दिखने वाली खीज के तौर पर सामने आती है तो कभी किसी अन्य रूप में। विडम्बनाओं को वे पहचानते ज़रूर हैं, लेकिन विडम्बनाएँ उन्हें छूती नहीं। मार्केटिंग में स्काई शॉप जैसी नयी अवधारणा लाने वाले केवी को इसीलिए जन्तर मन्तर और ताबीज बेचते भी कोई दुविधा नहीं व्यापती। दरअसल समाजशास्त्र जिसे 'फ्यूडल कंटीन्यूटी' बताता है, वह सामन्ती निरन्तर एक बदले हुए रूप में इस भूमण्डलीकृत भारत में मौजूद है, यह समझने के लिहाज से केवी शंकर अय्यर का चरित्र बेहद दिलचस्प और विश्वसनीय माध्यम बन सकता है।

उपन्यास का सर्वाधिक जटिल चरित्र गुरु है—गुरुचरण जिसका ठीक-ठीक सुराग जैसे लेखिका तक नहीं दे पाती। उपन्यास में गुरु के जितने ब्योरे हैं, उनसे पता चलता है कि जीवन को किसी और धरातल पर जीने वाला गुरु किसी बहुराष्ट्रीय कम्पनी में काफी ऊँचे ओहदे पर है, लेकिन जिसकी मूल दिलचस्पी नौकरी और तरक्की में नहीं, पहाड़ों, नदियों और घाटियों के आरपार आते-जाते जीवन की उन नयी पगडंडियों की तलाश में है, जहाँ से वापस न आना पड़ता हो। गुरुचरण ढेर सारे सवाल उठाता है, ढेर सारे संशय भी पैदा करता है। वह इस कारपोरेट कथा की एक उपकथा है—एक अवान्तर या समान्तर प्रसंग, जिसकी कहानी उपन्यास में साथ-साथ चलती रहती है। उसके व्यक्तित्व के दो छोर बेहद स्पष्ट हैं—कारोबार की दुनिया में वह जैसे केवी शंकर अय्यर का शिष्य है, उनकी एक-एक बात ध्यान से सुनता है, नोट भी करता चलता है और अपनी कम्पनी की बैठकों में दुहराता तक है। लेकिन वही गुरुचरण जब दूसरे छोर पर

कम्पनी के कामकाज से दूर पहाड़ों और नदियों के सफर पर भट्ट के साथ होता है तो एक अलग शख्स होता है। तब यह वाकई भट्ट का गुरु बन जाता है—उसे जीवन, यात्रा प्रेम, रिश्तों और उद्देश्यों के बारे में नये-नये विचारों से अवगत कराता हुआ।

लगभग दार्शनिक स्तर पर जी रहा यह गुरु ही इस उपन्यास की सबसे उलझी हुई गुत्थी है। कारपोरेट दुनिया के आसपास घूमते एक उपन्यास में लेखिका इस चरित्र को क्यों 'इंट्रोड्यूस' करती है? एक मोटा जवाब यह दिखाई पड़ता है कि गुरुचरण इस कारपोरेट दुनिया की सीमाओं को पहचानता एक ऐसा व्यक्तित्व है जो इनका अतिक्रमण करके अपनी एक अलग दुनिया बनाना चाहता है। निजी तौर पर उसे यह दुनिया फूलों, पहाड़ों, वनस्पतियों और अपनी महिला मित्रों से पूरी होती लगती है, लेकिन शायद गुरु को यह निजी और सुरक्षित बाड़ेबन्दी मंज़ूर नहीं। एक स्तर पर उदारीकरण की वह विडम्बना उसे मथती है जिसे अय्यर जैसे लोग पहचानते तो हैं, लेकिन जिसको महत्त्व नहीं देते, क्योंकि इससे उनकी अपनी दुनिया प्रभावित नहीं होती।

लेकिन गुरुचरण केवी शंकर अय्यर से, अपने वक्त से, अपने वक्त के लोगों से शायद अलग है। इसलिए जब उसकी कम्पनी मध्य प्रदेश मे किसी ऐसी परियोजना की रिपोर्ट उसे तैयार करने को देती है जिसमें गरीबों को उजड़ना है तो अचानक वह अपनी छुपी हुई, छापामार-सी लड़ाई शुरू कर देता है।

लेखिका न इस लड़ाई के बारे में बताती है, न गुरुचरण के इरादों के बारे में। हमारे सामने केवी शंकर अय्यर की ही तरह बस अखबार की एक कतरन सामने होती है जिससे पता चलता है कि गुरुचरण गायब हो गया है। उसके बाद एक कुरियर से उसकी डायरियाँ जब केवी के पास पहुँचती हैं तब कथा के कुछ और सूत्र हाथ लगते हैं—लेकिन बस सूत्र ही, पूरी कहानी नहीं, जिनसे हम कुछ अनुमान भर लगा सकते हैं। गुरुचरण की डायरियों से यह सुराग मिलता है कि मध्य प्रदेश में उसकी कम्पनी ने अपनी खदानों के लिए पुलिस की मदद से छह सौ से ज्यादा घर उजाड़ दिये और गाँव वालों को—बच्चों, बूढ़ों, महिलाओं सहित—जेल भिजवा दिया। गुरुचरण ने गाँव वालों की लड़ाई लड़ी और शायद जीत ली—यह बात भी सीधे नहीं, डायरी में लिखी एक कविता की मार्फत सामने आती है—'लो सोनचिड़ी, वायदा हुआ पूरा, रहेगी जमीन, रहेगा पानी, आसमान आँगन।'

कलिंगनगर से काशीपुर तक और महेश्वर से सिंगुर तक जो लोग भारत में बेदखली की कथाओं को पढ़ते रहे हैं और विस्थापन की इस प्रक्रिया में निजी और सरकारी तन्त्र की अवैध साझेदारी को करीब से देखते रहे हैं, उन्हें मध्य प्रदेश की इस कहानी में कुछ भी अजब नहीं लगेगा। सिवा इसके कि इसमे एक गुरुचरण अजबदास है जो अपने पैसा, अपना प्रॉविडेंट फंड और अपनी बचत लगाकर यह लड़ाई लड़ता दिखता है।

लेकिन यह सवाल फिर ध्यान खींचता है कि लेखिका गुरुचरण को काफी जगह

देने के बावजूद हमेशा संकेतों में क्यों बरतती हैं? क्यों एक झीना-सा परदा उसके चरित्र के चारों तरफ खिंचा हुआ हैं? क्या इसलिए कि कहीं वह गुरुचरण दास से कोई सांकेतिक लक्ष्य हासिल करना चाहती है? लेखिका चाहती तो मध्य प्रदेश के किसी गाँव में किसी खदान को लेकर चल रही इस लड़ाई को कुछ ज्यादा स्पष्ट कर सकती थी और विस्तार दे सकती थी—इसमें गुरुचरण के नायकत्व के नये सिरे से खिलने की कहीं ज्यादा गुंजाइश होती। लेकिन लेखिका यह सब नहीं करती। क्या इसलिए कि अभी तक उदारीकरण के खिलाफ चल रही ज्यादातर लड़ाइयाँ ठोस नहीं सांकेतिक—बल्कि काफी कुछ काल्पनिक हैं? क्या गुरुचरण जितना ठोस है, उतना ही सांकेतिक भी है—जो खो जाता है तो जैसे केवी शंकर अय्यर भी कहीं खो जाते हैं, गुमसुम से हो जाते हैं? या जो कहीं चला जाता है तो भट्ट गहरी उदासी में डूब जाता है? क्या गुरुचरण भट्ट और केवी शंकर अय्यर के हिस्से की वह कल्पना है जो वे जी नहीं सके? क्या वह उनके हिस्से का अधूरापन है जो अपनी डायरियों में उनसे बात करता है? और क्या इसीलिए केवी से बात करने वाला गुरुचरण कोई और होता है और भट्ट को साथ लेकर घूमने वाला गुरु कोई और?

गुरु से जुड़े सवाल यहीं खतम नहीं होते। जीवन, मुक्ति और प्रेम सम्बन्धी उसकी धारणाएँ नितान्त मौलिक हैं जिनमें न बन्धन की जगह है न बोझ लेकर चलने की कोशिश। उसके प्रेम में ईर्ष्या का, परायेपन का निषेध है—यह बात भी उसकी प्रेमिकाओं में एक रुक्मिणी का पति बताता है। हाड़मांस के इस आदमी की प्रेम सम्बन्धी धारणाएँ जितनी दिलचस्प हैं, उससे कम दिलचस्प यह तथ्य नहीं है कि उसे फिर भी प्रेमिकाएँ मिलती जाती हैं, जिनका उस पर भरोसा बना रहता है। यहाँ यह गुरुचरण वाकई अजबदास लगता है जो जितना हाड़मांस का है, उससे कहीं ज़्यादा कल्पना का। फिर पूछने की इच्छा होती है—यह कितना असली है कितना सांकेतिक?

उपन्यास इस सवाल का जवाब नहीं देता। उल्टे जिस सहज पठनीयता के साथ वह बढ़ता है, वह अन्त आते-जाते दुरूह हो उठती है और पाठक को बेचैन करने लगती है। पाठक कहीं यह शिकायत भी करना चाहता है कि इस अफसाने के कई सिरे खुले रह गये हैं। वह गुरुचरण के बारे में और भी जानना चाहता है। वह गुरुचरण के प्रति भट्ट की भक्ति का भी ठीक से भाष्य नहीं कर पाता। कथानक के स्तर पर वह समझ नहीं पाता कि आखिर गुरुचरण की डायरियाँ किसने केवी शंकर अय्यर तक भिजवायीं। बहरहाल, इन सवालों के बावजूद यह सच्चाई बची रहती है कि 'एक ब्रेक के बाद' हमारे कारपोरेट समय की वह कथा है जो जितनी गहराई से उसकी युक्तियों, उसके छल छद्मों और उसके विद्रूपों पर रोशनी डालती है उतनी ही मार्मिकता से उन छोटे-छोटे सवालों पर भी, जिन्हें भूण्डलीकरण का चक्का कुचल रहा है। इस भूमण्डलीय दुनिया में अपनी छोटी-छोटी महत्त्वाकांक्षाओं में अपनी सार्थकता ढूँढ़ रहे लोगों के पास कोई बड़ा सपना नहीं है, यह गुरु याद दिलाता हुआ जाता है।

'कलि कथा : वाया बाइपास' से अपने औपन्यासिक लेखन की शुरुआत करने वाली अलका सरावगी लगातार अपने लेखन में नयी जमीन तोड़ती रही हैं। अक्सर लेखक अपनी पहली सफलता के जाल से निकल नहीं पाते। वे एक ही कथा एक ही शैली में दुहराते रहते हैं। लेकिन अलका सरावगी जैसे बहुत सचेत होकर हर बार एक नयी कहानी उठाती हैं, और उसे उसके ढेर सारे ब्योरों और सन्दर्भों के साथ इस तरह रख देती हैं कि पाठक के भीतर अपनी असहमतियों और प्रश्नों के बावजूद समृद्ध होने का एक अहसास बचा रहता है। 'कलि कथा' मे दिखाई पड़ने वाला लेखिका का इतिहास बोध 'एक ब्रेक के बाद' में समकालीन संसार को समझने की उनकी सामर्थ्य के रूप में सामने आता है। वे बड़ी सहजता से देश-विदेश में हो रहे बदलावों को रेखांकित करती चलती हैं। बिल्कुल अखबारी लगते ब्योरे भी पूरी सटीकता और सहजता से रचना का हिस्सा बन जाते हैं।

उपन्यास के बड़े कथ्य और सरोकारों की चर्चा में यह बात भुलायी नहीं जा सकती कि छोटे-छोटे ब्योरों में लेखिका की भाषिक सजगता और दृष्टिसम्पन्नता कौंधती है। ज़िन्दगी में दौड़ते भागते भट्ट की पत्नी और पिता, केवी शंकर अय्यर की पत्नी, केवी का दोस्त रंगनाथन और गुरुचरन की संगिनियाँ, निर्मला, शीरी, रुक्मिणी या राजेश्वरी—जैसे आते-जाते चरित्र उपन्यास को समृद्ध बनाते हैं। चरित्रों के आपसी संवाद और अन्तर्द्वन्द्व भी कृति की बहुपरतीयता में योगदान करते हैं। कुल मिलाकर एक ऐसी रचना से हमारा साबिका पड़ता है जो देर तक हमारे भीतर बनी रहती है और दूर तक देखने की इच्छा पैदा करती है।

मृत्यु के बाहर स्त्रियाँ

'हमारा शहर उस बरस' के बाद 'तिरोहित' सुपरिचित लेखिका गीतांजलि श्री का नया उपन्यास है। यह उपन्यास उस लेखकीय वैशिष्ट्य को एक बार फिर रेखांकित करता है जिसके कई प्रमाण गीतांजलि श्री ने अपने पहले उपन्यास में सुलभ कराये थे। उनका गद्य अपने निरे अनगढ़ और अनौपचारिक स्थापत्य के बावजूद—या शायद इसी वजह से—बेहद सघन और तरल है। छोटे-छोटे ब्योरों के साथ दृश्यों को बुनने और चरित्रों को सजीव और संवादों को विश्वसनीय बनाने में उनका कोई सानी नहीं है। इन ब्योरों में वे इतनी सहजता भरने का प्रयत्न करती हैं कि कभी-कभी असहजता-सी महसूस होती है। 'तिरोहित' में ऐसे ब्योरे बहुत हैं। उनसे गुजरते हुए कई बार ऐब्सर्ड नाटकों के संवादों की याद आती है। अपनी बुनावट में यह जटिल उपन्यास है तो इसकी एक वजह यह भी है कि इसकी भाषिक त्वरा अपने भीतर दाखिल होना चाहने वाले पाठक से अतिरिक्त एकाग्रता की माँग करती है। हालाँकि इस भाषिक जटिलता के तार जीवन की वक्रता से भी जुड़े हैं और इसलिए इस वक्रता के बावजूद जो सरलता जीवन में हुआ करती है वही इस उपन्यास में भी है।

निश्चय ही जो जीवन इस उपन्यास में उपस्थित है, वह अपने-आप में जटिल है। सम्बन्धों के त्रिकोण की पारम्परिक रोमान कथाएँ अपने यहाँ इतनी हैं कि अब उन्हें याद रखना सम्भव नहीं। विद्रोही या वर्जित सम्बन्धों की गर्वीली गाथाएँ भी कम नहीं। इन दिनों या पहले भी जिसे हम समलैंगिक सम्बन्ध कहते रहे हैं, उसकी सरलीकृत और रसभरी दोनों कथाएँ भी सुलभ हैं। 'तिरोहित' में भी सम्बन्धों का यह कैनवास है, बहुत सरल ढंग से कहना चाहें तो कह सकते हैं कि शायद यह हिन्दी में समलैंगिकता पर किसी महिला द्वारा लिखा गया पहला उपन्यास है। सतह पर यह एक सनसनीखेज बात भर लग सकती है लेकिन एक संवेदनशील लेखक इस सम्बन्ध के भीतर भी कितने सारे सम्बन्ध और कितनी गुंजाइशें निकाल सकता है, यह उपन्यास पढ़ते हुए ही महसूस होता है। बल्कि इन्हीं गुंजाइशों के कारण यह कहना ज्यादा उचित और जरूरी लगता है

कि यह दो ऐसी स्त्रियों की कहानी है जिनके बीच आत्मीयता के तार कई स्तरों पर झंकृत होते हैं और देह उनके लिए एक ऐसा वाद्य हो जाती है जिसे छेड़कर वे मनचाहा राग पैदा करती हैं।

इस राग का एक श्रोता है–वह बिटवा, जिसकी एक चच्चो है और एक ललना–वे दो स्त्रियाँ जिनमें से एक ने उसे जन्म दिया और दूजी ने गोद लिया। वह चच्चो से प्रेम करता है, ललना को सहन नहीं कर सकता। ललना की एक छवि उसकी निगाह में वह है जो मुहल्ले वालों की निगाह ने बनायी है–एक नौकरानी जैसी औरत जो घर में घुस बैठी और चच्चो का जिन पर अधिकार था, उन चाचा पर कब्जा कर बैठी। उपन्यास जहाँ शुरू होता है, वहाँ चच्चो नहीं है, ललना है। चच्चो की सिर्फ याद है और ललना सिर्फ व्यवधान है। बिटवा बड़ा हो गया है और बड़ी बेबसी से यह महसूस करता है कि जहाँ-जहाँ और जैसे-जैसे चच्चो है, वहाँ-वहाँ और वैसे-वैसे ललना है। फिर अपनी नाराजगी और कुट्टी के बावजूद सिर्फ वही जानता और समझता है इस सम्बन्ध को जो चच्चो और ललना के बीच है, चाचा और ललना के बीच नहीं। लेबरनम हाउस की वह आड़ी-तिरछी, ऊँची-नीची, विशालकाय छत–जिसके नीचे कई घर हैं, कई दीवारें, कई आँखें, कई कान, कई दृश्य, कई अदृश्य, कई फुसफुसाहटें, कई सूचनाएँ और कई अफवाहें–अपने-आप में एक पूरा मुहल्ला है जो चुप-चुप बतियाता है और वही देखता है जो देखना चाहता है। उसे कुलीन, अच्छे घर की सुशील बहू चच्चो कहीं नहीं दिखती और कुलच्छनी, किसी की छोड़ी हुई अभागन ललना हर जगह दिख जाती है। मगर ललना ऐसी अभागन नहीं है। पिटती हुई ललना को बचाकर चच्चो ने उसके भीतर की औरत को जिन्दा कर दिया है और उसी के जरिए अपने भीतर की स्त्री को भी जगा लिया है। फिर ये दो स्त्रियाँ किसी की परवाह नहीं करतीं–बिटबे की भी नहीं और छत को अपना आसमान, अपनी पतंग, अपना ओढ़ना-बिछौना सब बना डालती हैं।

बड़े महीन ढंग से यह कहानी कही गयी है। बिटवा की स्मृतियों के छन्ने में छानकर। ये दो स्त्रियाँ आम स्त्रियाँ नहीं हैं। ऐसी खास स्त्रियाँ भी नहीं हैं जो मिसाल या टाइप बन सकती हों। वे बस स्त्रियाँ हैं और अपना वह दमित स्त्रीत्व उन्होंने खोज निकाला है जो उन्हें उनका व्यक्तित्व लौटाता है–वह व्यक्तित्व जो न आक्रामक है, न आग्रही, न कोई वक्तव्य देता है, न उदाहरण बनता है, बस अपनी शर्तों पर अपने जीने का रास्ता चुनता है जिसके साथ कोई प्रत्याशा नहीं जुड़ी हुई है न यह जरूरत कि इसे कोई 'अप्रूव' करे।

यह गीतांजलि श्री का अपना नारीवाद है–सुचिन्तित और बहुत सावधानी से गढ़ा गया। कथा कहने का ढंग जितना भी अनगढ़ हो, कथा के मकसद सुनिर्धारित हैं। वे संयत और समझदार लेखिका हैं, विद्रोह की अतिरंजित मुद्राओं की व्यर्थता और घिसेपिटेपन को समझती हैं। कम से कम शब्दों में ज्यादा से ज्यादा परतें बनाने का उनका अपना एक ढंग है। यह ढंग अपनी कई पूर्वकालीन लेखिकाओं से उन्हें आगे ले

जाता है और समकालीनों के बीच अलग बनाता है।

फिर नितान्त निजी कथाओं का यह कोलाज एक सामाजिक परिवेश का भी निर्माण करता है। समाज वह तीसरी, बल्कि बिटवा और चाचा के बाद पाँचवीं उपस्थिति है जो इन दो चरित्रों के बीच झाँकने की कोशिश करता है और दोनों में किसी को समझ नहीं पाता। लेबरनम हाउस की छत वह समाज बनाती है। इस समाज का चित्रण बहुत ही प्यारी कलम के साथ किया गया है। भाषा यहाँ खिलन्दड़ी हो उठती है, जैसे किसी नासमझ बच्चे की हरकत पर लोटपोट हो रही हो : ''पर छत तो पूरे मुहल्ले की है, मार भीड़भाड़, शोर-शराबा, चाँद की तरह ताकाझाँकी। चुपके-चुपके सहला-सहली। हवा की तरह शरारतें। कहीं मुँडेर पर सुराही रखी है कि रात को उठकर सोंधी मिट्टी की महक का पानी पी लो। कहीं खाट पर कोरी चादरें बिछी हैं तकियों को गोल मरोड़कर मसनद बना डाला है, ठहाके लग रहे हैं। जरा अलग किसी ने अंगीठी भी जला ली है और परात से नर्म लोइयाँ लेकर बेल रहा है, गर्म-गर्म फुल्के सेंक रहा है। गिलहरी सोते-सोते जग गयी है और उम्मीद नहीं छोड़ पा रही कि आटे में उसके नाम भी हिस्सा है, दो कदम आगे डर-डर के, बीस कदम पीछे और डर के।''

जो एक अन्य परत इस उपन्यास में खुलती है, वह जीवन-मृत्यु, अतीत और वर्तमान के बीच आवाजाही करती मानवीय संवेदना की है। बीते वर्षों में दो उपन्यास ऐसे आये थे जिन्हें हड़बड़ी में मृत्युबोध का उपन्यास कहा गया था। एक था, निर्मल वर्मा का 'अन्तिम अरण्य' और दूसरा, कृष्णा सोबती का 'समय सरगम'। जबकि ये दोनों उपन्यास मृत्यु या आसन्न मृत्यु के सामने अपने जीवन को नये सिरे से परिभाषित करने की इच्छा के उपन्यास थे। वस्तुतः मृत्युबोध एक अस्पष्ट शब्द है। इसके कई आशय हो सकते हैं। एक आशय मृत्यु के प्रति जीवन के नजरिए या जीवन पर मृत्यु की छाया से जुड़ा है। यानी जो मर जाते हैं, वे भी जीवन में दाखिल-शामिल होते हैं, हो सकते हैं, बल्कि कुछ इस तरह हो सकते हैं कि उनके बिना जीवन अधूरा लगे या जीवन लगे ही नहीं। या फिर हम सबके जीवन के अनिवार्य सत्य की तरह मृत्यु सिर्फ आखिर में ही नहीं आती, मौत का एक दिन भले मुअय्यन होता है, लेकिन उसका सफर काफी पहले शुरू हो चुका होता है और कई बार जीती हुई देह को भी पता नहीं चलता कि कैसे मृत्यु उसकी आत्मा में समा गयी है।

इन आशयों की ओर 'तिरोहित' पढ़ते हुए बार-बार ध्यान जाता है। चच्चो नहीं है लेकिन सबसे ज्यादा वही है। उस भतीजे के जीवन को आकार देती हुई जो बिटवे के रूप में अपनी माँ से ही दूर-दूर भागना चाहता है और जितनी यह कोशिश करता है, उतना ही ज्यादा पाता है कि मरी हुई चच्चो हाथ पकड़कर उसे ललना के पास लिए जा रही है। वर्जीनिया वुल्फ का 'टु द लाइटहाउस' एक नितान्त भिन्न उपन्यास है—मिसेज रैमसे भी चच्चो नहीं हैं। मगर मरी हुई चच्चो की इस कदर जीवन्त उपस्थिति से उस मिसेज रैमसे की ही याद आती है जो नहीं रहीं, लेकिन उपन्यास के तीसरे खण्ड में सबको जैसे

यात्रा पर ले जाने वाली वही हो। लेबरनम हाउस की छत सारी फुसफुसाहटों को जिन्दा करती है, बचपन की शरारतों और शैतानियों को भी, मगर सबसे ज्यादा चच्चो और ललना के उस सम्बन्ध को जो किसी को दिखाई नहीं पड़ता था।

चच्चो बाद में मरी थीं। पहले चाचा मरे थे—वे चाचा जो हांगकांग और जाने कहाँ-कहाँ से कैसी-कैसी चीजें लाते थे और चच्चों को उनसे नहला देते थे। मगर न चाचा वे रहे न चच्चो। जब चच्चों को पति की जरूरत थी तब चाचा को फुरसत नहीं थी और जब उन्हें पत्नी का ख़याल आया तो चच्चो बदल चुकी थीं। नितान्त निजी क्षणों में एक-दूसरे से नफरत-सी महसूस करने वाले इन दो चरित्रों को मृत्यु भी एक सम्बन्ध से जोड़ती है। शुगर के मरीज चाचा डॉक्टर की लापरवाही से कोमा में दाखिल हो जाते हैं और जीवित होते हुए भी मृत सरीखे पड़े इस शव-शरीर का चच्चो और ललना जैसी ठण्डी क्रूरता से देखभाल करती हैं, वैसा विवरण अन्यत्र दुर्लभ होगा। यहाँ आते-आते उपन्यास सिहराने लग सकता है। शर्त यह है कि इस सिहरन के अहसास तक पढ़ने का मनोयोग बना रहे। जीवन और मृत्यु के बीच का तनाव यहाँ नितान्त भिन्न ढंग से उभरता है।

दरअसल जीवन के भीतर और चेतना के स्तर पर जीवन की परतें खोलने वाले लेखन में एक दुरूहता अनिवार्यतः होती है जिसे थोड़ी-सी लापरवाही अपठनीय बना डालती है। गीतांजलि श्री ऐसी लापरवाही की शिकार नहीं हुई हैं, मगर कलम उनकी बीच-बीच में फिर भी हिल-हिल जाती है। इस नितान्त अनूठे उपन्यास की सीमा यहीं से शुरू होती है। बहुत ज्यादा स्मृतियों पर आश्रित और उनमें कोई नकली अन्विति पैदा न करने की जिद के साथ लिखा गया उपन्यास कभी-कभी अतिरिक्त अराजकता की ओर जाता लगता है। जैसे किसी बड़े जलाशय के बहुत ज्यादा हिल रहे जल में हम कुछ अक्सों को पहचानने की कोशिश कर रहे हों। ये काँपते हुए बिम्ब इतने संकेतात्मक हो उठते हैं कि उन्हें दुबारा और कुछ अवसरों पर तीसरी बार पढ़ने की जरूरत पड़ती है। इस छोटी-सी आपत्ति के बावजूद यह उपन्यास हिन्दी के समकालीन लेखन में एक सुखद और सशक्त हस्तक्षेप है। बीती सदी के आखिरी दशक में जो बेहद सम्भावनाशील कुछ लेखिकाएँ सामने आयी हैं—स्त्री लेखन के पारम्परिक चौखटे को नाकाफी बताती हुई और इसके बावजूद स्त्री-संवेदना और सोच के हस्तक्षेप का दायरा बढ़ाकर सारी दुनिया और सारे विषयों को उसमें शामिल करती हुई, गीतांजलि श्री उनमें से एक हैं, 'तिरोहित' इसका एक अन्य प्रमाण है।

एक उपन्यास उस बरस

बहुत खून बहा था उस बरस, हनीफ चुटकुले सुनाना भूल गया था, शरद को हनीफ से बात करने में घबराहट होने लगी थी, दद्दू के ठहाकों से हिलते और गुब्बारा हो जाते दीवान की हँसी सहेजती श्रुति आशंकित रहने लगी थी और जो लोग साम्प्रदायिकता के दानव से लड़ने के लिए निकले थे, उन्होंने अचानक पाया था कि उनके भीतर भी वह दानव घर बनाये बैठा है जो यूँ तो दिखाई नहीं पड़ता या साधु के कपड़े पहने रहता है, लेकिन जहाँ पहचान का सवाल तीखा होता है, वहाँ बड़ी तेजी से सिर उठाता है।

यह गीतांजलि श्री का उपन्यास है : 'हमारा शहर उस बरस'। बीते बरस छपा था और उस बरस जितनी चर्चा इसे मिलनी चाहिए थी, उतनी हासिल नहीं कर पाया था। हाल के वर्षों में देश में फैलाये गये साम्प्रदायिक उन्माद पर जो सबसे विश्वसनीय रचनाएँ आयी हैं उनमें यह उपन्यास भी एक है। अमूमन धार्मिक पाखण्ड या साम्प्रदायिक उन्माद को विषय बनाकर जो उपन्यास लिखे जाते हैं, वे कुछ बँधी-बँधायी सारणियों में सिमट जाते हैं। एक तो धर्मों में निहित अच्छाइयों का वर्णन करते हुए बताते हैं कि किस तरह कुछ एजंटों ने धर्म का रूप बिगाड़ दिया है और उसका वास्तविक स्वरूप कितना सच्चा, कितना प्रेममय है। दूसरे, वे साम्प्रदायिक दंगों के दौरान उजड़ने वाले परिवारों, मरने वाले मर्दों, लुटने वाली औरतों और जलाये जाने वाले मकानों-दुकानों की कथा सुनाते हुए इसकी भयावहता के प्रति सचेत करते हैं। उनकी अपनी अहमियत है। वैसी रचनाएँ भी एक स्तर पर हमारे समय का इतिहास दर्ज करती हैं। लेकिन गीतांजलि श्री का उपन्यास इन दोनों स्थितियों के उपयोग के लोभ से बचता है और बड़ी संजीदगी से, संवेदना और तटस्थता के साथ भी वर्तमान और इतिहास के सन्दर्भों से हम सबके भीतर छुपी हुई न दिखाई पड़ने वाली साम्प्रदायिकता को भी उजागर करता है।

उपन्यास के केन्द्रीय चरित्र चार हैं—दद्दू, उनका बेटा शरद, उसका दोस्त और उसके मकान में रह रहा हनीफ और उसकी पत्नी श्रुति। बल्कि एक पाँचवाँ चरित्र भी

है। वह लड़की जो देखती है कि अपने-अपने कोलाहल और असमंजस से घिरे ये लोग नहीं लिख पा रहे तो कलम और स्याही लेकर खुद पिल पड़ती है, कि जो भी कहा-सुना जा रहा है, उसे उतार लेगी और बचा लेगी जो भी मुमकिन होगा। वह शायद लेखिका खुद है, उपन्यास में मौजूद और उपन्यास से बाहर। लिखती भी है और डरती भी है, फिर भी हिम्मत करके लिखती है। हनीफ और शरद विश्वविद्यालय में इतिहास पढ़ाते हैं—प्रगतिशील हैं। अपने समय के साम्प्रदायिक उन्माद को समझने की कोशिश करते हैं। देखते हैं कि किस तरह उग्र हिन्दुत्व के ध्वजधारी उनके शहर में अपनी पताकाएँ फहरा रहे हैं। किस तरह उनके मठ और मेले लग रहे हैं, किस तरह एक मिथ्या इतिहास प्रचारित किया जा रहा है। उनका विभाग भी उनके साथ है। विभागाध्यक्ष प्रगतिशील हैं। वे भी समझते हैं कि यह साम्प्रदायिक उन्माद गलत और घातक है।

उपन्यास के शुरुआती हिस्सों में लगता है कि यह साम्प्रदायिकता का और इन वर्षों में पैदा हुई राजनीतिक समस्याओं का दूर से देखा जा रहा आकलन है, कि तीन बुद्धिजीवी किस्म के जोशीले लोग बाहर से चीजों की व्याख्या और पड़ताल कर रहे हैं। लेकिन उसके बाद अचानक हम पाते हैं कि बड़ी सहजता से बाहर की हवा में घूम रही यह साम्प्रदायिकता भीतर चली आती है। जो उसे दूर से देख रहे हैं और उसकी व्याख्या कर रहे हैं वह उनमें भी दाखिल हो जाती है, उनको भी उलझा देती है। अचानक पता चलता है कि शरद हिन्दू होता जा रहा है और हनीफ मुसलमान—हालाँकि दोनों अपने हिन्दू-मुसलमान से लड़ने की कोशिश कर रहे हैं, और यह भी कि विभाग की राजनीति में भी यह साम्प्रदायिकता चली आयी है, कि वह दिखाई नहीं पड़ रही, लेकिन उसे सबके सब महसूस कर रहे हैं। यहीं से हम जानना शुरू करते हैं कि दरअसल साम्प्रदायिकता या धर्म की राजनीति महज विचार ही नहीं है, वह एक ऐतिहासिक और सांगठनिक प्रक्रिया भी है। इस प्रक्रिया में अनजाने में धँसे संस्कारों का भी योगदान होता है, बाहर मठ चलाने वालों और अखबार निकालने वालों का भी और विश्वविद्यालय में पढ़ाने वालों का भी।

गीतांजलि श्री के इस उपन्यास में हालाँकि सांकेतिकता कुछ ज्यादा है और कहीं-कहीं लगता है कि इसे विस्तार मिलता तो शायद उपन्यास का असर और गाढ़ा होता। छोटे-छोटे अनुच्छेदों के जरिए खींचे गये चित्र लांग शॉट सरीखे लगते हैं। हाँ, उनमें कुछ क्लोज अप्स भी हैं। शहर की बदलती हुई फिजाँ का अहसास कराने के लिए उन्हें बड़े और जटिल दृश्यों की जरूरत नहीं पड़ती। हालाँकि दृश्यों का गीतांजलि काफी बारीकी से चित्रण करने की क्षमता दिखाती हैं। हर दृश्य अपनी सम्पूर्णता में आता है। वह असहज नहीं लगता। उसमें चाय भी पी जा रही होती है, बहस भी की जा रही होती है, चिड़िया भी देखी जा रही होती है। यानी वह एक मुकम्मल दृश्य लगता है। उपन्यास की योजना को आगे बढ़ाने भर के लिए ठूँसा गया नहीं लगता है। इन्हीं दृश्यों से गुजरते हुए हमें इन चरित्रों के आपसी रिश्तों का पता चलता है। उनके बीच की शुरुआती

उनमुक्तता और ऊष्णता का, बाद के दिनों में पैदा हुए दिखाई न पड़ने वाले मगर कहीं से चुभते रहने वाले तनाव का, और बदलते हुए रिश्तों के बीच बदलती हुई भाषा का। शहर का माहौल, विभागीय राजनीति, साम्प्रदायिक राजनीति की बारीकियाँ और भोंथरापन, इन सबको यह उपन्यास कई स्तरों पर पकड़ता है।

गीतांजलि श्री की भाषा खास तौर पर ध्यान खींचती है। यह एक समृद्ध, समर्थ और अपने ढंग की ताजगी से भरी हुई भाषा है, कतई बोझिल नहीं, अपने आस-पास के दृश्यों का करीने से मुआयना करती और उन्हें उतने ही करीने से सँजोती हुई। यह कथा भाषा भी उपन्यास को पठनीय बनाती है। संवादों और स्थितियों को बेहद सहजता से रखती हुई यह भाषा नितान्त अनौपचारिक-सी लगती है। दरअसल यह उस दृष्टि का हिस्सा है जो उपन्यास को साम्प्रदायिकता विरोध की पूर्व योजना से आगे ले जाकर एक सहज जीवन कथा की तरह पढ़ने को प्रेरित करती है। निश्चय ही यह पठनीय उपन्यास हमारे समय के कई महत्त्वपूर्ण सवालों को संजीदगी के साथ रखता है। खास बात यह है कि किन्हीं बार-बार दुहराये जा रहे मुहावरों का सहारा लिए बिना, बल्कि एक स्तर पर उनकी भी पड़ताल करते हुए। इसे पढ़ा जाना चाहिए।

इन कहानियों में एक स्त्री रहती है

गीतांजलि श्री की कहानियाँ एक जटिल पाठ बनाती हैं—उन्हें ध्यान से पढ़ना पड़ता है। ये कहानियाँ जैसे पास बुलाती हैं और फिर दूर चली जाती हैं, आप उनके कुछ करीब जाते हैं, वे कुछ और दूर चली जाती हैं। कई बार सन्देह होता है कि पता नहीं, इनसे कुछ हासिल होगा भी या नहीं, लेकिन कहानियों के शिल्प के साथ गुँथा हुआ जो पर्यावरण है, वह यह आश्वस्ति देता चलता है कि आप जो कुछ पढ़ रहे हैं, उसमें कहानी के अलग-अलग रेशे हैं जो अन्ततः आपको कहीं पहुँचाएँगे। इन कहानियों में एक तरह की बहुरैखिकता मिलती है जो एक धुरी तक पहुँचती है—यह अलग बात है कि वह धुरी कई बार आसानी से पकड़ में नहीं आती।

लेखिका के नये संग्रह 'यहाँ हाथी रहते थे' में कुल ग्यारह कहानियाँ हैं। पहली कहानी उस शहर की है जो आधुनिकता की दौड़ में पुरानी सारी निशानियाँ मिटाता जा रहा है। कुछ दिन पहले हुए साम्प्रदायिक दंगों ने उसका काम आसान कर दिया है क्योंकि उसके बाद नदी के आरपार चीज़ों और समुदायों की जगह तय और नियत हो गयी है। पुराना शहर घिचपिच और खिचखिच से भरा था—बेडौल, घुमावदार, और बहुत सारी नक्काशियों का आईना—जो लगातार खत्म हो रही पुरानी इमारतों में भी दिखता है—नये शहर में अपनी तरह का साफ-सुथरापन है, सलीका है, तेज़ दौड़ने की कुवत है और पीठ पर स्मृति का बोझ नहीं है। इस नये बनते सुसंगत शहर के सुस्पष्ट विन्यासों के बीच दिख रही, बार-बार आ-जा रही, किसी अनिश्चित उपस्थिति-सी, एक प्रेतछाया सी मौजूद एक वृद्धा जब अपने वास्तविक रूप में प्रकट होती है तो एक चुपचाप घटित हो रही त्रासदी का बहुत मार्मिक चेहरा हमारे सामने आ जाता है। फिर यह खयाल आता है कि जो साम्प्रदायिकता हमारे शहरों की संस्कृति बनती जा रही है, वह कहाँ-कहाँ तक मार कर रही है और कैसे हम उसके आगे घुटने ही नहीं टेक रहे, उसके मददगार भी हो जा रहे हैं।

हिन्दुस्तान के बदलते शहरों की कहानी नयी नहीं है। लेकिन गीतांजलि श्री की

कहानी को दो चीजें नयी बनाती हैं—एक, उनकी वह बारीक दृष्टि जो बदलाव को छोटी-छोटी निशानियों को भी बड़ी सहजता से लक्ष्य कर पाती है और उसके बड़े आशयों तक पहुँचती है, दूसरी, उनकी भाषा, जो बड़ी अनगढ़ अनौपचारिकता के साथ जैसे बोलती-बतियाती हुई किस्सा बयान करती है। इस बयान में न किस्सा ओझल होता है और न ही संवेदना धुँधली पड़ती है।

संग्रह की दूसरी कहानी का वास्ता भी साम्प्रदायिकता से जुड़े अनुभव से है—उससे पैदा होने वाली असहायता और अकेलेपन से है जिसमें अपना घर, अपना यकीन तक पराये लगने लगते हैं। अपने ही घर में चोर की तरह दाखिल होना पड़ता है और अपनी स्मृतियों की पोटली बनाकर चुपचाप निकल जाना पड़ता है। 'आजकल' नाम की इस कहानी में कथाकार अपने दोस्त के घर लौटा है—याद करता हुआ कि सम्प्रदायों की बाड़ेबन्दी से दूर इस मिले-जुले मोहल्ले में अलग-अलग पेड़ों की बारादरी वाला घर कितनी खोजबीन के बाद उसने खरीदा था। लेकिन जलते हुए शहर की आँच इस घर के क़रीब भी है और कथाकार शायद इसे बचाने की उम्मीद में पहुँचा है—सेमल, कचनार, नींबू और नीम के पेड़ों को देखता हुआ और याद करता हुआ कि इन्हें हमने नहीं, हमें इन्होंने गोद ले लिया है—ममता हमसे नहीं, इनसे फल-फूल रही है। इसी के बीच वह एक साया आता है और लेखक काठ हो जाता है। घर की चारदीवारी, वृक्षों की शाखाओं और पिछले हिस्से से होते हुए घर के भीतर एक साये की हरकत जैसे उसे बेजान करती जाती है और इस पूरी कवायद के बाद जिस लम्हा दोनों की नज़र मिलती है, एक हालात की विडम्बना जैसे अपने पूरे भोंडेपन के साथ प्रकट हो जाती है।

पिता की मौत को लेकर लिखी गयी 'इति' अपने ढंग से अलग और अनूठी कहानी है। यह बूढ़े और सनकी होते पिता की बेबसी और कातरता की कहानी नहीं है, बल्कि पूरे परिवार से उनकी दैनन्दिन मुठभेड़ की कहानी है जो अलग-अलग शहरों और मकानों में रहता है और जहाँ बूढ़े माँ-पिता कभी अपनी इच्छा और कभी उनकी ज़रूरत के हिसाब से आते-जाते रहते हैं। बरसों-बरस एक-दूसरे से अलग-थलग पड़े भाई-बहन-बेटियाँ अगर बँधे हैं तो उन्हीं के सिलसिले से। इन घरों में पिता अपनी घड़ी, अपना बैग, अपना पैसा, अपना स्वाद और अपनी बची-खुची वासना तक खोजते और इन सबके बीच खेलते हुए जैसे अपनी दूसरों को झुँझला देने वाली, उनकी बँधी-बँधायी दिनचर्या के अस्त-व्यस्त कर देने वाली उपस्थिति के साथ बचे रहते हैं। नहीं, यह कहीं से उन बुढ़ाते और पीछे छूटते पिताओं की भावुक कहानियों में से नहीं हैं जो बड़ी मार्मिकता से हिन्दी से कुछ कथाकारों ने लिखी हैं। गीतांजलि श्री के लेखकीय स्वभाव और शिल्प में न ऐसी भावुकता की जगह है न कसक-कचोट के बीच पैदा होते धिक्कार-भाव की।

संग्रह की कई कहानियों के केन्द्र में स्त्रियाँ हैं। 'चकरघन्नी' की नायिका सुबह टहलने निकली है और टहलती ही जा रही है। सुबह के बाद दोपहर भी हो गयी फिर शाम भी, लेकिन टहलना खत्म नहीं हो रहा। लेखिका कहीं नहीं बताती कि उसकी

नायिका अवसाद में डूबी है, यह भी नहीं पता चलता कि इस अवसाद की वजह क्या है, लेकिन इस नायिका के साथ चलते-चलते अचानक बहुत सारे रेशे पकड़ में आते हैं। चाहें तो कह सकते हैं कि इस न रुकने वाली स्त्री के भीतर 'वहाँ हाथी रहते थे' की आती-जाती बुढ़िया भी दिखती है और 'इति' की ठहरी हुई माँ भी। 'तितलियाँ' कहानी में यही औरत केरल में दुख और उल्लास के धूपछाँही माहौल में मिलती है और हवा और हरियाली मे कुलांचे भरती खुशियों और बार-बार दस्तक दे रहे, एक ठहरे और थिर शोक के बीच अपनी कहानी की छतरी खोलती है। लेकिन दुख की इस छतरी के भीतर आने को तैयार नहीं हैं वे 17 लड़कियाँ, जो वहाँ इसलिए लायी गयी हैं कि अपनी लम्बी बीमारी में अपनी ही साज सँभाल सीख सकें। यह कहानी जिस मोड़ पर ख़त्म होती है, अचानक वहाँ जैसे न थमने वाली बारिश के बीच खिलखिलाती-नाचती लड़कियों के पाँवों से उल्लास के झरने फूट रहे होते हैं। 'माँ, मार्च और साकुरा' में फिर से दिखता है यह उल्लास, जिसकी अभिव्यक्ति एक स्त्री के जीवन में न जाने कब से स्थगित थी।

गीतांजलि श्री साहित्य या कहानी के दिये हुए मुहावरों में नहीं फँसतीं, न शिल्प के स्तर पर और न ही विचार के स्तर पर। वे भाषा और शिल्प का भी अपना ही मुहावरा बनाती हैं। संवेदना या विचार उनकी कहानियों में अलग से खानों में नहीं मिलते—कहानियों से गुजरते हुए ज़रूर हमारे संवेदन और विचार तन्त्र को छूने और उन पर अपनी छाप छोड़ने वाली स्थितियाँ मिलती हैं। 'लौटती आहट' में अखबार को लेकर जो बिन्दास वैयक्तिक टकराव दिखता है, वह दरअसल स्त्री की बराबरी और उसके अधिकार की सहज अभिव्यक्ति से आकार लेता है। अगर ध्यान से देखें तो जैसे उनकी सारी कहानियों में एक स्त्री रहती है जो उनकी आत्मा बुनती है।

यह स्त्री कभी चुप-सी लगा जाती है, कभी बातूनी हो उठती है, कभी कुछ छुपा लेती है, कभी कुछ बता देती है, लेकिन कहानी में कुछ फेंटती नहीं। बिल्कुल बेलौस, बेतरतीब और अनायास ढंग से गीतांजलि श्री पूरे माहौल को रचती और रखती हैं—और जो रखती हैं, वह अपनी निर्मम और अचूक दृष्टि की वजह से जितना पारदर्शी होता है उतना ही मानवीय भी।

कहानी लिखती स्त्रियाँ

महिला लेखन का सवाल हिन्दी में अक्सर दो अतिवादी ध्रुवों के बीच झूलता रहा है। एक ध्रुव यह मानने से इनकार करता है कि लेखन में महिला और पुरुष जैसा कोई विभाजन सम्भव है। उसे लगता है कि जो लोग और समूह लेखन को इस तरह के वर्गों में बाँटने की कोशिश कर रहे हैं, वे साहित्य के साथ एक किस्म की साजिश कर रहे हैं। साहित्य में वर्ग और खाने नहीं चलते, अनुभूतियाँ और संवेदनाएँ चलती हैं जो अपनी निर्वैयक्तिकता से अर्जित की जाती हैं—इस भोली मान्यता के समान्तर दूसरा ध्रुव किसी भी लेखिका के भीतर वे तत्त्व खोजने पर आमादा रहता है जिनकी खुर्दबीनी शिनाख्त से वह बता सके कि हाँ, उसका लेखन 'जेन्युइन' है। उसके हिसाब से स्त्री ही स्त्री-अनुभवों की सच्ची वाहक हो सकती है और अगर वह अपने अनुभव को रचने की जगह कुछ और रचती है तो दरअसल पुरुष-वर्चस्व की साहित्यिक-राजनीतिक व्यवस्था की शिकार हो जाती है। आम तौर पर स्त्रीवादी मूल्यों के सच्चे वकील के तौर पर इस दूसरे ध्रुव ने महिला लेखकों की बाकायदा ऐसी फेहरिस्तें भी बना रखी हैं जिनकी रचनाओं में स्त्री-अनुभव झाँकते हैं। इसके लिए वे एक अलग, और अगर उदार नहीं तो अतिरिक्त संवेदनशील समीक्षा-दृष्टि की माँग भी करते हैं।

हिन्दी की लेखिकाओं का नजरिया भी इन ध्रुवों से प्रभावित हो, यह स्वाभाविक है। उनकी रचनात्मक प्रक्रियाओं और प्रतिक्रियाओं पर इसका असर बहुत साफ दिखाई पड़ता है। एक छोर पर लेखन में स्त्री-पुरुष विभाजन को कृत्रिम और अवांछित बताने वाली कृष्णा सोबती हैं जिनका लेखन, मगर, उनके कहे की ही तस्दीक नहीं करता। यानी *मित्रो मरजानी, डार से बिछुड़ी, सूरजमुखी अँधेरे के, जिन्दगीनामा, ऐ लड़की और समय सरगम* तक पसरी अपनी विस्तृत औपन्यासिक यात्रा में सोबती की कलम बार-बार यह याद दिलाती है कि यह एक स्त्री का ही लेखन है और कोई पुरुष इस विश्वसनीयता और बारीकी से नहीं लिख सकता। निश्चय ही इस लेखन को स्त्री का उत्पाद मानने का मतलब उसे अपेक्षाकृत कमजोर लेखन मानना नहीं है, जो अक्सर कई लेखिकाओं को लगता है। यह एक अलग किस्म का लेखन है जिसका आस्वाद समग्रता में तभी लिया जा सकता है जब हम यह समझें कि उसकी

रचना-प्रक्रिया में किस किस्म के संवेदनात्मक आवेगों का हाथ रहा है।

दूसरी ओर स्त्री-लेखन का मिथ तोड़ने के नाम पर कई ऐसे विचित्र प्रयास भी हुए हैं जिनमें स्त्रियों ने पुरुषों की तरह लिखने की कोशिश की है। पुरुषों की तरह लिखने का मतलब भी उनकी निगाह में सपाट 'बोल्ड' लेखन रहा है—यानी ऐसा लेखन जिसमें आने वाले यौन प्रसंगों के चित्रण में स्त्री किसी झिझक का अनुभव न करे। बहरहाल, बावजूद इस पुरुषवादी कोशिश की विफलता के और इस बात के विरोध के कि स्त्री-लेखन का कोई अलग आयाम हो सकता है, यह मान्यता निरन्तर पुष्ट होती रही है कि स्त्री के संवेगात्मक धरातल भिन्न होते हैं और जिस तरह समाजों की मातृमूलकता होती है, उसी प्रकार रचनाओं की भी होती है। यही नहीं, यह मातृमूलकता न्याय और शील की अवधारणाओं पर पुनर्विचार करती है और स्त्री को उसका स्त्रीत्व लौटाने की गरिमामय कोशिश करती है।

समकालीन महिला-लेखन के परिदृश्य में अलका सरावगी और गीतांजलि श्री दो ऐसी लेखिकाओं के नाम हैं जिन्हें इन कसौटियों पर रखकर देखना समीचीन हो सकता है। इन दोनों लेखिकाओं का साहित्य एक मायने में स्त्री-लेखन के सन्दर्भ में उपर्युक्त दोनों ध्रुवों की अपर्याप्तता को रेखांकित करता है। यह साहित्य बताता है कि रचनात्मक अनुभव न तो अपरिहार्यतः लैंगिक होता है, न ही लिंग सम्बन्धी पूर्वग्रहों से पूरी तरह मुक्त। इन दोनों के साहित्य में कई कोने-अँतरे ऐसे आते हैं जहाँ पुरुष-वर्चस्व की बनी-बनायी सरणियाँ ही नहीं टूटतीं, बल्कि उसके समूचे जीवन-दर्शन से निकली हुई मान्यताएँ भी मुँह की खाती हैं और कई बार अनायास, बिना किसी प्रयत्न के हम एक वैकल्पिक जीवन-मूल्य को आकार लेता हुआ देखते हैं। अलबत्ता यह बहसतलब हो सकता है कि वह जो वैकल्पिक मूल्य-संसार है, उसे किसी लैंगिक दायरे में रखकर देखना, सीधे-साधे कहें तो पुरुष-वर्चस्व के बरक्स एक मातृमूलक सभ्यता-दृष्टि के रूप में पहचानना उचित होगा या नहीं।

अलका सरावगी के उपन्यास *कलि कथा वाया बाइपास* ने बीते दशक में हिन्दी-साहित्य की सिमटी हुई-सी दुनिया के भीतर भी जो धूम मचायी, उसकी तुलना इस दशक के तीन अन्य उपन्यासों वीरेन्द्र जैन के *डूब*, सुरेन्द्र वर्मा के *मुझे चाँद चाहिए* और मैत्रेयी पुष्पा के *चाक* से ही की जा सकती है। गीतांजलि श्री के उपन्यास *हमारा शहर उस बरस* को निश्चय ही वैसी चर्चा नहीं मिली, लेकिन साम्प्रदायिकता के चरित्र को केन्द्र में रखकर लिखी गयी वैसी कृति हिन्दी में दूसरी तत्काल याद नहीं आती। बल्कि यह सन्दिग्ध है कि साम्प्रदायिकता के सांगठनिक और ऐतिहासिक स्वभाव और चरित्र को इस तरह पकड़ने वाली कोई रचना हमारे पास है भी या नहीं।

लेकिन इन दोनों लेखिकाओं की लेखकीय समग्रता का सुराग ये उपन्यास नहीं, उनकी कहानियाँ देती हैं। इन्हीं कहानियों से गुजरते हुए यह समझा जा सकता है कि स्त्री लेखन—जैसी कि मान्यता-सी बना दी गयी है, कुछ नियत विषयों तक ठिठका हुआ

लेखन नहीं है, बल्कि उसमें सारी दुनिया शामिल है और एक स्त्री आँख इस दुनिया की परिभाषाएँ बदल रही हैं। इस बदलाव में अनिवार्यतः कोई क्रान्तिकारी मुद्रा काम कर रही हो, यह जरूरी नहीं हैं बल्कि वह सबसे कम है, यानी एक सहज-स्वाभाविक और स्वतन्त्र नजरिए से स्त्री की दुनिया अपने नैतिक प्रतिमानों, अपनी अन्तर्भूत विविधता को रच-पकड़ और स्वायत्त कर रही है। गीतांजलिश्री के कथा-संग्रह *वैराग्य* को लें। एक छोटी-सी कहानी है 'नाम'। इस छोटी-सी कहानी की नायिका एक व्यक्ति से अपने संसर्ग के दौरान अपने पति का नाम ले लेती है। हालाँकि उसे मालूम है कि यह नाम उसने अभ्यासवश लिया है, इसलिए नहीं कि वह उसे याद कर रही थी। लेकिन यह कैफियत देने की जरूरत महसूस किये बिना वह बाद में अपने मोपेड पर घर लौट रही है। यहाँ उसका पति और बच्चा उसकी प्रतीक्षा में हैं। वह बिस्तर में घुसती है। और याद रखती है कि इस बार गलती से किसी और का नाम न ले लें। इस कहानी में नैतिकता सम्बन्धी बहुत सारी बहसें खड़ी हो सकती हैं। स्त्रीवादियों के अपने तर्क हो सकते हैं और परम्परावादियों के अपने। मगर लेखिका ऐसे किसी तर्क का सहारा नहीं लेती। उसके लिए यह एक कथा, बस एक कथा है। न तो उसकी नायिका कोई कैफियत देने की कोशिश करती है और न ही लेखिका उसे कोई नैतिक आवरण पहनाना चाहती है। आप उसमें नाराज हों, उसकी सहजता को प्रश्नांकित करें, मगर उसके स्वतन्त्र व्यक्तित्व में कुछ ऐसा है जो बिना हमला किये आपकी पारम्परिक नैतिकता को कुंठित करता है। उससे ज्यादा कुंठा इस बात पर होती है कि इस स्वेच्छाचारी किस्म के आचरण के बावजूद नायिका की चमक धुँधलाती नहीं। निश्चय ही बहुत कम बोलने वाली, बहुत कम क्रान्तिकारी तेवर दिखलाने वाली, कुछ साबित करने की बेचैनी से बेपरवाह इस नायिका से कहानी में वह प्रस्थान-बिन्दु दिखता है जो इसे कई सबल किन्तु वाचाल, व्यक्तित्वों वाली कथा के आगे की चीज बनाता है।

इसी तरह संग्रह की शुरुआती तीन कहानियाँ *चौक, दहलीज* और *दिशाशूल* कई ऐसे चरित्रों से हमारा परिचय कराती हैं जिन पर जीवन और समाज के उन संस्कारों का दबाव सबसे कम है, जिनके होने की अपेक्षा मौजूदा व्यवस्था अपनी शीलवान स्त्रियों से करती है। जरूरी नहीं कि इन चरित्रों में कोई वैचारिक विद्रोह दिखे—अमूमन वह दिखता भी नहीं—गीतांजलिश्री का भाषिक मिजाज और किस्सागो अन्दाज ऐसा कोई विद्रोह दिखाने के दबाव से परे है। लेकिन उनकी कहानियों की स्त्रियाँ मुक्त स्त्रियाँ हैं। अपने स्त्रीपन के प्रति न चौकन्ना, न उसे हथियार बनाने को उद्धत, बस अपने जीवन के सहज अन्दाज में उन ग्रन्थियों को अपनी राह में आने नहीं देतीं जो स्त्री शुचिता की इकतरफा और हवाई अपेक्षा की उपज हैं। *दिशाशूल* की अपाला सिंह और गुरप्रीत की बातचीत इस लिहाज से पढ़ने लायक है। एक लेखिका और एक समीक्षिका। गीतांजलिश्री के किरदार किस मासूमियत और बेपरवाह सहजता के साथ आपस में बतियाते हैं, यह बताने के लिए एक समूचे प्रसंग को उद्धृत करना अगर पर्याप्त न भी

हो तो उल्लेखनीय हो सकता है। यह प्रसंग गुरप्रीत और अपाला की बातचीत का ही है :

"कि...त...ना सुन्दर है।" गुरप्रीत ने नैथानी से निबटते ही रट दोहराई।

"बहुत आसान सुन्दरता है। सुन्दरता में 'सरप्राइज' होने चाहिए, अचानक झलक पड़ने वाली सुन्दरता। कोई गरम चाय मुँह तक ले जाये और एकदम से होठ चौंक के हिलें और दिख जाये उनके हरकत भरे कटाव में, हाय कितने सुन्दर!"

"ले! आजकल तो होठों पर जोर है।"

"और क्या! ये नहीं होना चाहिए कि मैदान के सिरे पर पहुँचे और पूरा बाग दिख गया—सपाट, सुन्दर, खत्म! कोई झुरमुट हो जिसके पीछे ताल छिपा मिले, झाड़ियाँ हों जिनकी ओट में जंगली फूल दिख जाये।"

"वनमानुष न लें जायें, जहाँ हो, वहीं बालों के नीचे सुन्दर?"

"मत मानो। नैथानी को एक बार देखो, हजार बार देखो, वही थकाऊ सुन्दरता।"

"रहने दो, मैं हर बार नये सिरे से देखकर जख्मी हो जाती हूँ। शादी कर डाली गधे ने, पर देख लेना चलेगी नहीं"

"बिल्कुल चलेगी नहीं, पर सुन्दर तो भी नहीं!"

"सो सैक्सी।"

"साँड़ जैसा, तैरने आता है तो मर्दानापन यों चुआता है कि जैसे पानी हो।"

"क्या बात करती हो? उसकी टाँगों पर तो असल फिदाई है मेरी।"

"घोड़े की रानों जैसी।"

"तो तुम्हीं बता दो क्या सैक्सी है?"

"जो किसी अनसैक्सी अदा में अचानक झाँकने वाला सैक्सीपन हो, जैसे कोई मच्छर उड़ाने को सिर झटके तो गरदन पर नजर जाये और वहाँ हड्डियाँ उभर आयें और मन करे उसकी कॉलरबोन पर उँगली फेरने का। जैसे नाक से चश्मा सरके तो उसे यों बिठाने में यों आँख उठा के देखे कि दिल में कुछ होने लगे।"

यह प्रसंग असल में गीतांजलिश्री की एक अन्य खूबी की ओर भी इशारा करता है। वह है भाषा। एक अनगढ़ मगर बेहद सहज और प्रवाही भाषा। स्थितियों और चरित्रों को स्पष्ट, बल्कि जीवन्त करने वाली ऐसी अनायास भाषा कि लगे कहानी नहीं पढ़ रहे हों, बल्कि दो लोगों की बातचीत सुन रहे हों। कम शब्द, बेखबर संवाद और कहीं यह अदा नहीं कि यह सोचा हुआ है। लेकिन इस प्रसंग में एक खतरा यह निहित है कि गीतांजलिश्री के लेखन को 'बोल्ड' महिला लेखन का उदाहरण मात्र न मान लिया जाये जिसकी यौन सम्बन्धी उन्मुक्त मान्यताएँ पुरुष-पूर्वग्रहों को चिन्तित करती हैं।

वस्तुतः गीतांजलिश्री का लेखन इस अर्थ में महिला-लेखन है कि उनके यहाँ जीवन और विचारों की बँधी-बँधायी पितृमूलक सरणियों को अपदस्थ कर एक मातृमूलक और वैकल्पिक जीवन-दृष्टि उभरकर आती है। *वैराग्य* नामक संग्रह की कहानियों में यह वैकल्पिक जीवन-दृष्टि एकाधिक जगहों पर पहचानी जा सकती है और बहुधा ऐसे

कोनों से आती है कि हमें कुछ चौंकने पर मजबूर करती है। मसलन, एक कहानी है, *अरे गोपीनाथ।* इस कहानी के नायक जैसे नायक हमारे आसपास ढेर सारे मिल जाएँगे। बहुत बोलनेवाले, खुद को कई विषयों का ज्ञाता माननेवाले, लगातार योजनाएँ बनाने वाले, मगर किसी पर अमल न करने वाले, कुछ अराजक, कुछ कुंठित और कुछ आत्ममुग्ध। अक्सर ऐसे चरित्रों को हम असफल और कुंठित व्यक्तित्व मानते हैं। उनके बड़बोलेपन का उपहास करते हैं जिसमें अपनी संयत दिनचर्या और योजनाबद्ध सफलताओं पर एक छुपी हुई शाबाशी का भाव भी हमारे भीतर होता है। यह कहानी बढ़ती कमोबेश इसी ढर्रे पर है। मगर एक पार्क में पति-पत्नी के झगड़े के बीच इस बड़बोले चरित्र के कूद पड़ने के साथ लेखिका कथा की एक नयी सीवन खोल देती है। उसके साथ-साथ अचानक यह बोध हमें भी घेर लेता है कि सफलता के जो मानदण्ड हमने बना रखे हैं, उनमें कितनी कृत्रिमता है, उनमें कई संघर्षों से बचकर, कई टकरावों को चुपचाप अनदेखा करते हुए आगे बढ़ने की बेहया चुप्पी है। एक बार यह समझने के बाद यह समझना भी आसान हो जाता है कि जिन्हें दरअसल हम असफल मानते हैं, वे हो सकता है, वैसे लोग हों जिनके सरोकारों की तीव्रता उन्हें जीवन की किसी एकरैखिक यात्रा पर टिकने न देती हो।

यह अकेली कहानी नहीं है जो इस अनुभव तक ले जाती है। कई कहानियाँ हैं जिनमें जीवन अपनी छोटी-छोटी आकुलताओं, व्याकुलताओं और चिन्ताओं के साथ धड़कता है और हमारे लिए एक दिलचस्प अनुभव में ढल जाता है। *भार* कहानी में अपने मोटापे से परेशान और अपने पति-पुत्र के तानों से रुँआसी चाची एक यादगार चरित्र बन जाती हैं। उनका बदन जितना फैलता जाता, आत्मविश्वास उतना ही सिकुड़ता जाता है। अन्ततः अपने मोटापे का राज जानकर यह आत्मविश्वास जिस तरह लौटता है, उससे एक दिलचस्प कहानी की रचना होती है। ऐसी ही कई कहानियाँ हैं, कई चरित्र हैं, कई स्थितियाँ हैं जो हमारे रोजमर्रो में अगर बहुतायत में न भी दिखाई पड़ें तो भी पर्याप्त नजर आ जाती हैं, मगर जिनके कुछ पक्ष फिर भी अनजाने-अनदेखे रह जाते हैं और जब गीतांजलिश्री की स्त्री-दृष्टि लेकर हम उन्हें देखते हैं तो समझ पाते हैं कि दरअसल सम्पूर्णता में देखने के लिए यह दृष्टि क्यों जरूरी है।

हालाँकि गीतांजलिश्री की कई कहानियों में एक हड़बड़ी या आधा-अधूरापन दिखाई पड़ता है। कभी-कभी यह भी महसूस होता है कि लेखिका हर अनुभव को कहानी में बदल डालने को बेताब है। निश्चय ही हर अनुभव में एक कहानी होती है, और जहाँ अनुभव नहीं होता वहाँ भी कहानी हो सकती है। लेकिन उसको बरतने में जो धीरज चाहिए, उसका अभाव किसी अनुभव को आधा-अधूरा और नाकाफी छोड़ सकता है, यह अहसास शायद उन्हें नहीं है। इसी तरह उनकी भाषा में अपनी जो सहजता और गति है, वह आकृष्ट भी करती है और विषयों को सम्प्रेषणीय भी बनाती है। मगर यह अनायासपन वहाँ अगर खटकने नहीं तो अटकाने जरूर लगता है जहाँ शब्द और वाक्य

एक-दूसरे के ऊपर दौड़ते-से लगते हैं। हालाँकि इन बहुत स्थूल किस्म की आलोचनाओं के बावजूद गीतांजलिश्री बेहद सम्भावनाओं से भरा और उर्वर कथा-परिदृश्य रचती हैं।

गीतांजलि की ही समकालीन हैं अलका सरावगी जिनके कहानी-संग्रह *दूसरी कहानी* से गुजरते हुए एक बार फिर समकालीन महिला-लेखन के बहुत मर्मस्पर्शी सामर्थ्य से साबिका होता है। अलका सरावगी और गीतांजलिश्री में बहुत कुछ समान हो, ऐसा नहीं है। हालाँकि दोनों का रचना-वृत्त खासा बड़ा और व्यापक है और इसमें स्वाभाविक तौर पर इस बात की गुंजाइश है कि कई साझा विषय और अनुभव मिल जायें। इसके अलावा समकालीनता अपने आपमें एक ऐसा तत्त्व होती है जो दो लेखकों के बीच कुछ साझा अनुभव बाँट देती है। मगर अलका सरावगी और गीतांजलि श्री के बीच अलग-अलग रेखांकित किये जा सकने वाले बिन्दु साझा दिखने वाली रेखाओं से कहीं ज्यादा हैं। गीतांजलिश्री की स्वतःस्फूर्तता और हर अनुभव को कहानी में ढाल लेने की बेताबी अलका सरावगी के यहाँ आकर एक सतर्क शिल्पित कथा-प्रयत्न में ढल जाती है। निश्चय ही न वह बेताबी कच्ची है और न ही यह सतर्कता कमजोरी; लेखन के दो भिन्न रास्ते एक जैसी उत्कृष्टता और उत्कटता के साथ कहानी लिख-कह सकते हैं, यह अलका सरावगी की कहानियाँ बताती हैं। मसलन जिस कहानी से इस संग्रह का शीर्षक बना है, उस *दूसरी कहानी* का जिक्र समीचीन होगा। यह वह कहानी है जो अपर्णा पिछले पन्द्रह वर्षों से लिखने की कोशिश कर रही है। हर बार यह कहानी बदल जाती है। पहली बार यह नवें वर्ष में लिखी गयी थी। फिर पन्द्रहवें वर्ष में लिखी जा सकी। बीच के छह वर्षों में अतीत के बीते नौ वर्ष भी शामिल हैं, जब अपर्णा का मानसिक तौर पर अविकसित बेटा सुदर्शन बड़ा हो रहा है। यह माँ और बेटे के बीच की कहानी है, कम-से-कम लेखिका बड़े जतन से इसे माँ-बेटे के बीच की कहानी बनाये रखना चाहती है, इसमें उस दुनिया को दाखिल होने से रोकने की हरचन्द कोशिश करती है जो लगभग हर जगह अपनी पूरी संवेदनहीनता के साथ दाखिल होने के लिए धक्कामुक्की करती है। माँ-बेटे की इस कहानी में दुख को सबसे कम जगह दी गयी है, हालाँकि उनके बीच सबसे ज्यादा वही पसरा हुआ है। यह दुख जितना सिकुड़ता जाता है, उतना ही घना और गाढ़ा होता जाता है। मगर यह कथा के प्रभावी बनाने की युक्ति नहीं है, एक माँ की अवश कोशिश है अपने और अपने मानसिक रूप से अपाहिज बेटे के बीच दुख और और दुनिया को न आने देने की। बेटे को सँभाल-सँभालकर चलना, खाना, मुँह पोंछना, बात करना सिखाती माँ देखकर दंग रह जाती है कि नौवें वर्ष तक आते-जाते अपनी ही कहानी—जिसमें माँ के संघर्ष शामिल हैं—बेटे को कितनी रास आती है। और, पन्द्रहवें साल तक दुनिया से अपने लिए बराबरी के बरताव की उम्मीद और इच्छा रखनेवाला बेटा असल में माँ को सँभालता है, बताता है कि हमें दुनिया की परवाह नहीं करनी चाहिए।

यह एक बेहद मार्मिक कहानी है। हिन्दी की सबसे संवेदनशील कहानियों में एक। अलका सरावगी ने इसे जिस तरह लिखा है, वह सावधानी बरबस हिला जाती है।

अगर ऐसी नहीं तो कई दूसरी तरह की मार्मिक कहानियाँ इस संग्रह में और भी हैं। संग्रह की आखिरी कहानी है, 'कन्फेशन।' एक पिता के विवाहेतर सम्बन्धों पर ठिठकी हुई इस कहानी से गुजरते हुए यह अहसास बार-बार होता है कि सम्बन्ध कितने स्तरों पर उलझते-उलझाते हैं। इसमें गलत या सही को जाँचने-परखने से अलग एक अनुभव के नितान्त निजी आयामों को समझने की कोशिश की गयी है।

संग्रह में एकाधिक कहानियाँ ऐसी हैं जिनमें जीवन और रिश्तों का सवाल बड़े बारीक ढंग से आवाजाही करता है। निजी मनःस्थिति या जातीय मनोविज्ञान की गाँठें भी दिलचस्प ढंग से खुलती हैं। 'वाइल्डफ्लावर हॉल' सम्बन्धों के तनाव, उनमें चले आने वाले बासीपन, उनकी कृत्रिमता और वास्तविकता की कई स्तरों पर शिनाख्त करने वाली कहानी है। 'रिपन स्ट्रीटेर परवीन अख्तर' एक दिलचस्प कहानी है जिसमें परवीन अख्तर नामक एक लड़की हमेशा अपने लिए किराए का एक मकान खोजने की जुगत में लगी रहती है। यह कह देना सपाटबयानी होगी कि इसमें अल्पसंख्यकों का एक मनोविज्ञान झाँकता है, लेकिन यह जरूर है कि जीवन और समाज की जटिलताएँ उनके भीतर कैसी-कैसी ग्रन्थियाँ पैदा कर सकती हैं, इसकी बिना भावुक हुए एक अच्छी पड़ताल कहानी में है। ऐसी ही एक अच्छी कहानी है 'पार्टनर'। एक लड़की से अनायास हुई मैत्री के बाद एक किशोर लड़के की दुनिया बदल ही जाती है। वह प्रकृति को, चीजों को, सम्बन्धों को बिल्कुल नयी रोशनी में पहचानने लगता है। मगर यह कहानी इस बदलाव से ज्यादा उस आकर्षण की कहानी है जो अनकहा भी रह गया और पहचाना भी न जा सका, यह कहानी के बिल्कुल अन्त में मालूम होता है।

अलका सरावगी का कथा-वैविध्य कई जोखिमों से भी भरा है। एक कहानी है 'आक एगारसी'। भविष्य की कल्पनाओं पर टिकी कहानी। यह कहानी इस अर्थ में बासी कही जा सकती है कि इक्कीसवीं या बाईसवीं सदी की कल्पनाओं पर टिकी कई कहानियाँ लिखी गयी हैं। लेकिन इस कहानी की खूबी वह धवल आशावाद है जिसके आईने में लेखिका भविष्य को देखती है। फिर इतना भर ही नहीं, उसकी कल्पना में एक बात यह भी आती है कि रोग, शोक और दुख से मुक्त वह मनुष्य जाति को आघात सहने योग्य रह जाएगी भी या नहीं। अपने ढंग से यह एक दिलचस्प कहानी है जिसमें इक्कीसवीं सदी के सौ साल कई पीढ़ियों के मर-खप जाने के काल भी होंगे क्योंकि उनमें हमारे समय की कई त्रासदियों का हिसाब लिखना होगा।

हालाँकि कई बार यह लगता है कि अलका सरावगी की कहानियों में उनके लेखक की घुसपैठ कुछ अतिरिक्त हो गयी है। यह बात अचरज में इसलिए डालती है कि सिद्धान्ततः अलका सरावगी मानती हैं कि उनके चरित्र ही कथा-भूमि और कथा-विस्तार का निर्धारण करते हैं। जरूरी है, वे इस बात के प्रति सजग रहें कि उनका लेखक उनकी कहानियों से न झाँके। मगर उनकी कई कहानियों का प्रभाव कुछ इस वजह से कम हो जाता है कि उनकी भूमिका या उनके साथ के ब्योरे काफी लम्बे हो जाते हैं। इनमें

कुछ कटौती कुछ कसावट पैदा कर सकती थी। इसके बावजूद यह कहना जरूरी होगा कि उनकी अधिकतर कहानियाँ कसी हुईं, लगातार बाँधे रखने वाली और अनुभवों के अपेक्षाकृत नये इलाकों में ले जाने वाली कहानियाँ हैं।

अलका सरावगी और गीतांजलिश्री, दोनों में एक और तत्त्व कुछ अर्थों में बहुत साझा है—यह है दोनों का प्रखर इतिहास-बोध। *कलिकथा वाया बाइपास और हमारा शहर* उस बरस इस इतिहास-बोध के बहुत स्पष्ट प्रमाण रहे तो *दूसरी कहानी और वैराग्य* की कई कहानियों में भी इस बोध की छाप दिखाई पड़ती है।

एक महत्त्वपूर्ण बात और। यह जोड़ना जरूरी होगा कि गीतांजलिश्री और अलका सरावगी, दोनों ऐसी कई कहानियाँ लिखती हैं जिनके विन्यासों के बीच हम ठिठककर सहसा सोचने को मजबूर होते हैं कि क्या ये किसी स्त्री की लिखी हुई कहानियाँ हैं। इस लिहाज से उनकी लेखिका स्त्रीवादी लेखन के आमफहम मुहावरों को क्षतिग्रस्त करती है। अलका सरावगी खुद भी मानती रही हैं कि रचनात्मक अनुभव का लैंगिक विभाजन अनुचित है। लेकिन यह मान्यता इस गुत्थी को हल नहीं करती कि रचनात्मक अनुभव की कोई पृष्ठभूमि भी होती है या नहीं या वह किस रूप में किसी स्त्री या पुरुष तक आता है। इतना जरूर है कि इन लेखिकाओं की कहानियाँ पढ़ते हुए स्त्रीवादी समीक्षा के औजारों की अपर्याप्तता बारम्बार दिखाई पड़ती है। यह समझना मुश्किल नहीं है कि उन्हें इस चौखटे में रखना उनके लेखन के साथ अन्याय करना है। फिर भी यह सवाल तंग करता रहता है कि इन लेखिकाओं में जो पार्थक्य है, समकालीन लेखन से अलग जो एक तत्त्व है, चीजों को देखनेवाली जो वैकल्पित दृष्टि है, प्रचलित के पार जाने का जो श्रम है, उसे किस संज्ञा में व्यक्त किया जाये। क्या यह वह मातृमूलकता नहीं है जो पुरुष-विरोधी न होते हुए भी पुरुष-वर्चस्व की विरोधी है और जीवन और समाज के वैकल्पिक सूत्रों, प्रचलनों और मान्यताओं के पक्ष में स्वाभाविक रूप से दिखाई पड़ती है। इस मातृमूलकता के साथ ये दोनों संग्रह यह जरूर समझाते हैं कि स्त्री की अपनी जो भी दुनिया होगी, वह पुरुष की दुनिया से निहायत पृथक नहीं होगी, उसके मूल तत्त्व और रेशे समान होंगे, हाँ, उसकी निर्मितियाँ अलग हो सकती हैं, शैली और विन्यास में वह समानता और न्याय के लिए ही नहीं, जीवन की सहज त्वरा के लिए अपेक्षाकृत ज्यादा गुंजाइश निकालेगी। *वैराग्य* और *दूसरी कहानी* पढ़ना समकालीन हिन्दी लेखन की दो बेहद उज्ज्वल सम्भावनाओं से खुशगवार ढंग से परिचित होना-भर नहीं है, अपनी दुनिया को नए ढंग से सिरजे-समझे जाते हुए देखना भी है।

वस्तु से व्यक्ति होने की औपन्यासिक यात्राएँ

भारतीय भाषाओं के साहित्य में ऐसे नारी चरित्रों की कमी नहीं है जिन्हें हम अविस्मरणीय मानते रहे हैं। शरतचन्द, जैनेन्द्र कुमार, इलाचन्द्र जोशी, यशपाल और कई दूसरे लेखकों की विद्रोही, प्रश्नाकुल, साहसी और उलझी हुई या खोई हुई नायिकाएँ हमारी स्मृति में दूर तक और देर तक गड़ती हैं। लेकिन आम तौर पर यह अविस्मरणीयता इन चरित्रों ने स्त्री की अपनी स्वायत्त चेतना से अर्जित विश्वासों या अनुभवों के चलते हासिल नहीं की है, बल्कि यह उन्हें उन मानकों और अनुशासनों पर ज्यादा से ज्यादा खरी उतरने के चलते मिली है, जो इस पुरुष-प्रधान समाज में उनके लिए निर्धारित किये जाते रहे हैं। उनमें विद्रोह का भी जो तत्त्व है, वह उस बड़े विद्रोह का ही हिस्सा है जो पुरुषवादी आधुनिकता या प्रगतिशीलता, पुरुषवादी परम्परा या कठमुल्लेपन के खिलाफ करती है। उनका संघर्ष भी पुरुषवादी आग्रहों से ही संचालित होता रहा है। इसलिए ये स्त्रियाँ प्रश्न तो पूछती हैं, पुरुष को कभी-कभी शर्मिन्दा भी करती हैं, स्वाधीन होने का विश्वास भी पालती हैं, मगर मर्यादा की लक्ष्मण रेखा आते ही कदम खींच लेती हैं, आधुनिकता या प्रगति के नाम पर वे ऐसा कुछ नहीं करतीं जिससे उनके स्त्रीत्व की गरिमा खण्डित हो। यह भी नहीं पूछतीं कि स्त्री के लिए गरिमा की ये बेड़ियाँ किस समाज ने निर्मित की हैं।

वस्तुतः जिस तरह राजनीति में हमने सामन्तवादी संस्कारों को बड़ी चालाकी से एक लोकतान्त्रिक जामा पहना दिया है, उसी तरह एक दौर के भारतीय लेखन ने भी सामन्ती संस्कारों में ढाली गयी भारतीय स्त्री को बड़ी सहूलियत और सफाई से आधुनिक स्थापत्य वाले घर के आँगन में उतार दिया। यही वजह है कि इन स्त्रियों का विद्रोह भावुक उच्छवास या आह्लाद से ज्यादा कुछ नहीं जगाता। वे आकर्षित तो करती है, मगर जितना अपने विद्रोह से नहीं, उससे ज्यादा इस सुकून से कि इस विद्रोह के बावजूद उन्होंने अपनी स्त्री-छवि को सुरक्षित और बेदाग रखा है। बाद के दौर में भी यह स्त्री छवि लेखकों की प्रेरणा और पाठकों की आस्था का सम्बल बनी रही। हालाँकि इसके

समानान्तर एक पगडण्डी उस तरह के लेखन की बनी, जिसमें हाड़-मांस की स्त्रियाँ अपने दैनन्दिन अनुभवों को अभिव्यक्त करती रहीं और अपनी बेशर्मी के लिए उन लोगों का गुस्सा झेलती रही, जो समाज को साफ, आदर्श, संस्कारवान और सच्चा देखना चाहते थे। यह अलग बात है कि उनकी कोशिशों के बावजूद समाज वैसा ही रहा, जैसा वह अपनी प्रकृति में था।

महत्त्वपूर्ण यह है कि यह असली विद्रोही लेखन, टेढ़ी भौहों को आमन्त्रित करने वाली कलमों का दुस्साहस ज्यादातर लेखिकाओं की ही मार्फत आया। ऐसा सबसे पहला झटका इस्मत चुगताई ने दिया था, जिसकी कहानी 'लिहाफ' क्या आयी, भारतीय भारतीय कहानी की दुनिया थरथरा-सी गयी। तमाम लोगों की निगाह में यह एक अश्लील कहानी थी और खुदा का कहर यह कि यह कहानी एक औरत ने लिखी थी। लेकिन आलोचनाओं की इस बाढ़ में भी इस्मत चुगताई के पाँव डिगे नहीं। वे लगातार लिखती रहीं और उनकी कहानियाँ बताती रहीं कि खाँटी नारी-अनुभव क्या होते हैं और वे किस तरह पुरुष के समाज को बेचैनी से भर देते हैं।

आधुनिक भारतीय लेखन में स्त्री के स्वायत्त अनुभवों का शायद यह पहला हस्तक्षेप था, जिसने काफी उद्वेलन पैदा किया। स्त्रियाँ वस्तु या कठपुतलियाँ नहीं रहीं, बल्कि हाड़-मांस की असली औरतें बन गयीं, जिनकी अपनी इच्छाएँ भी हो सकती हैं, जिनके अपने अज्ञात और गोपन कोने भी हो सकते हैं। इस लिहाज से स्त्री को पहली बार स्त्री बताने का श्रेय इस्मत चुगताई को जाता है। वैसे, इस परम्परा को एक दूसरी साहसी लेखिका अमृता प्रीतम ने आगे बढ़ाया और नारी अनुभवों के कुछ निजी कोने खोले। हालाँकि उनकी रचनाओं पर उनके जीवन की तरह ही रूमानियत की छाप बेहद गहरी रही, लेकिन उनके बीच-बीच वह कौंध हमेशा दिखती है, जिसे स्त्री के अपने जगत से पैदा हुई कौंध के अतिरिक्त कोई दूसरी संज्ञा नहीं दी जा सकती। मसलन अपनी आत्मकथा 'रसीदी टिकट' में उन्होंने एक प्रसंग का उल्लेख किया है। उनके बेटे ने एक बार उनसे पूछा कि "क्या यह सच है कि मैं साहिर का बेटा हूँ, माँ?" उन्होंने जवाब दिया "इतना सच जरूर है कि जब तू होने वाला था, तो मैंने लगातार तीन दिनों तक कामना की थी कि तेरा चेहरा साहिर जैसा हो।" क्या यह स्वीकृति भी समाज के विधानों पर एक हथौड़े की तरह नहीं पड़ती?

हिन्दी में यह हथौड़ा सबसे कारगर ढंग से किसने उठाया है? निश्चय ही शुरुआती दौर में कृष्णा सोबती ने। 'डार से बिछुड़ी', 'मित्रों मरजानी', 'ऐ लड़की' और 'सूरजमुखी अँधेरे के' की स्त्रियाँ स्त्री के रूप में अपने बजूद को कायदे से पहचानती हैं, और इसलिए इन बन्धनों को बेमानी भी बनाती हैं जो समाज ने उनके स्त्री होने के दण्ड में उनके लिए बना रखे हैं। ये स्त्रियाँ अपने लिए कोई रियायत नहीं चाहतीं, अपने जीवन के फैसलों में कोई दखल नहीं चाहतीं, हालाँकि इसी के चलते ताने भी सुनती हैं और कोड़े भी सहती हैं। सही मायनों में सोबती ने स्त्री को उसका अपना व्यक्तित्व लौटाया।

कृष्णा सोबती के अलावा इस सिलसिले की कई दूसरी लेखिकाओं ने भी आगे बढ़ाया। मन्नू भण्डारी, ममता कालिया, मृदुला गर्ग, चित्रा मुद्गल, मैत्रेयी पुष्पा, उषा प्रियंवदा, मंजुल भगत, मृगाल पाण्डे आदि से लेकर प्रभा खेतान, लवलीन, जया जादवानी और कई अन्य युवा लेखिकाओं के लेखन में इस परम्परा का एक क्रमिक विकास भी मिलता है और उसके बहुत सारे रूप भी उद्घाटित होते हैं। इस बीच कई पुरुष लेखकों ने भी स्त्री प्रश्नों और स्त्री चरित्रों की समझने की कोशिश की, लेकिन यह उस लेखन के सामने नहीं टिकता, जो महिलाओं द्वारा अपने अनुभवों को पूरी प्रामाणिकता और साहसिकता के साथ रखने के दौरान किया गया है। इन दो-एक दशकों से तस्वीर पूरी तरह बदली हुई नजर आती है। हिन्दी साहित्य में अब तक हाशिए पर रहे दो समूह दलितों और महिलाओं ने इन दशकों में अपनी स्वायत्त अभिव्यक्ति के अधिकार को समझा है। महिला लेखन इस लिहाज से दो तरह की दृष्टियों के साथ विकसित हुआ है। एक दृष्टि पारम्परिक पुरुष-लेखन और उसकी उन्मुक्तता को चुनौती देती हुई खुद को उसी रूप में ढालने का यत्न करती है। मानो यह जाहिर करते हुए कि हम औरतें किसी से पीछे नहीं हैं और यहाँ तक कि देह के अनुभवों को भी हम उसी उन्मुक्तता के साथ रख सकती हैं। इससे स्त्री को एक आजादी भी मिली और एक जाल भी मिला। आजादी यह कि अब वह अपना वृत्तान्त स्वयं रखने लगी। उसकी देह भी उसकी अपनी सम्पत्ति बनी, जिसका वह मनचाहा इस्तेमाल कर सकती है, लेकिन इसी मनचाहे इस्तेमाल में वह अनचाहा जाल भी छुपा था, जिसने स्त्री को एक स्त्री-विरोधी संस्कृति का ही उपादान बना डाला। यह जनसंचार के दूसरे लोकप्रिय माध्यमों में ज्यादा हुआ और साहित्य में कम। उसकी स्वतन्त्र देह अन्ततः उसी के खिलाफ इस्तेमाल की जाने लगी।

लेकिन साहित्य में महिला-लेखन की एक समानान्तर धारा भी रही जिसने नारीवादी आन्दोलनों के मुहावरों का इस्तेमाल किये बिना स्त्री-अभिव्यक्ति और अनुभवों के नये क्षितिजों का सन्धान किया। बल्कि यह कहना ज्यादा सही होगा कि उन्होंने सामाजिक यथार्थ को उन कोणों से प्रस्तुत किया, जहाँ से अब तक अदृश्य रही महिलाएँ अचानक प्रकाश में आ गयीं। 'वूमन इम्पावरमेंट' जैसा कोई मुहावरा इस आशय के थोड़ा करीब है, लेकिन उसके सभी अर्थों को प्रस्तुत नहीं करता, क्योंकि स्त्री के अधिकार सम्पन्न होने की प्रक्रिया कोई ऐसी इकहरी प्रक्रिया नहीं है, जिसे समाज की बाकी प्रक्रियाओं की तरह अलग से पहचाना जाये। वह समाज को पुनर्व्याख्यायित करने के उपक्रम का भी हिस्सा है। या यह कहें कि स्त्री की समुचित भागीदारी से बनते-बदलते समाज को पहचानने का भी प्रयास है। बंगला में महाश्वेता देवी का लेखन इस प्रक्रिया की एक बेहतरीन मिसाल है। 'हजार चौरासी की माँ', 'जंगल के दावेदार', 'अग्निगर्भ' और उनके दूसरे उपन्यास सामाजिक जीवन या राजनीतिक संघर्षों में हाशिए पर पड़े समहों की भूमिका और स्थिति, उनके विद्रोह और उनके दमन को

रेखांकित करते हैं। महाश्वेता देवी मानती भी हैं कि स्त्री की अपनी भूमिका और आजादी की लड़ाई अलग से नहीं लड़ी जा सकती, वह कई मोर्चों पर चल रही एक बड़ी लड़ाई का ही एक मोर्चा है।

इस तरह पहले स्त्री वस्तु से व्यक्ति में बदलती है। अपना मनचाहा जीने की कोशिश करती है, कई तरह की आजादियों का स्वाद चखती है—प्रेम करने की आजादी भी हासिल करती है और धोखा खाने की भी, लेकिन इस प्रक्रिया के बाद वह अपना व्यक्तित्व भी हासिल करती है। वह ज्यादा बड़े सवालों से—उन सवालों से भी, जो अब तक पुरुष वर्चस्व के अधीन और उसकी सामर्थ्य के हिस्से ही माने जाते रहे हैं—टकराती है। निश्चय ही इस यात्रा को सिर्फ महिला लेखकों ने सम्भव नहीं बनाया है, बल्कि इसमें जैनेन्द्र कुमार, यशपाल, भगवतीचरण वर्मा आदि से शुरू होकर मंजूर एहतेशाम, पंकज बिष्ट और सुरेन्द्र वर्मा जैसे समर्थ उपन्यासकारों का भी योगदान रहा है। कुछेक साल पहले प्रकाशित सुरेन्द्र वर्मा का उपन्यास 'मुझे चाँद चाहिए' स्त्री की स्वाधीन महत्त्वाकांक्षा के चरम विस्फोट की तरह सामने आया, जिसमें वर्षा वशिष्ठ अपने नाम से लेकर अपना भविष्य तक तय करने की लगभग उच्श्रृंखल हदें छूती नजर आती है। इस उपन्यास ने कथ्य के साथ-साथ अपने शिल्प की चमक से भी पाठकों के चमत्कृत किया था।

वस्तुतः एक जीवित और सक्रिय सामाजिक इकाई के रूप में अपना व्यक्तित्व हासिल करने की इस स्त्री-यात्रा के मोड़ पर दो लेखिकाएँ खड़ी हैं जिनके लेखन में स्त्री की अधिकार-सम्पन्नता के प्रश्न और प्रक्रिया को उसके समूचेपन में खिलते-खुलते देखा जा सकता है। एक हैं प्रभा खेतान और दूसरी मैत्रेयी पुष्पा। अपने पिछले उपन्यास 'इदन्नमम' से एक नयी प्रतिष्ठा अर्जित करने वाली मैत्रेयी पुष्पा का ताजा उपन्यास 'चाक' निश्चय ही हिन्दी की सबसे अच्छी कृतियों में स्थान पाने का दमखम रखता है। सच पूछा जाये, तो प्रेमचन्द और रेणु के बदले हुए भारतीय गाँव की दशा-दिशा का सबसे मुकम्मिल दस्तावेज 'चाक' में ही सुलभ होता है। यह अनायास नहीं है कि इस उपन्यास पर रेणु के शिल्प की छाप बहुत गहरी है और इससे गुजरते हुए कई जगह 'मैला आँचल' और उससे भी ज्यादा 'परती परिकथा' की स्मृतियाँ ध्यान खींचती हैं, लेकिन क्या रेणु के असर में आये बिना गाँव की मिट्टी की खुशबू से सराबोर कोई कथा लिखना सम्भव है? डर है कि हिन्दी की शास्त्रीय समीक्षा ने जिस तरह रेणु के उपन्यासों को महज 'आंचलिक' उपन्यासों के खाते में खाते में डालकर छोड़ दिया और 'शेखर एक जीवनी' या 'नदी के द्वीप' को हिन्दी की मुख्यधारा का उपन्यास बना डाला, कुछ वैसा ही सलूक 'चाक' के साथ हो। ऐसा न हो कि 'मुझे चाँद चाहिए' या ऐसा ही कोई दूसरा उपन्यास हिन्दी की मुख्यधारा का उपन्यास मान लिया जाये और वीरेन्द्र जैन के 'डूब' और 'पार' और मैत्रेयी पुष्पा के 'इदन्नमम' और 'चाक' को महज आंचलिक उपन्यासों की कतार में लगा दिया जाये। 'डूब' और 'पार' की चर्चा यहाँ इसलिए कि वीरेन्द्र जैन के इन दो उपन्यासों को शामिल किये बिना प्रेमचन्द और रेणु की परम्परा की बात आज के सन्दर्भ

में नहीं की जा सकती। एक मायने में देखा जाये, तो गाँव और अंचल के विकास का जो विद्रूप एक स्तर पर 'डूब' और 'पार' में घटित होता दिखाई देता है, उसी को उसके क्षैतिज आयामों के साथ 'इदन्नमम' और 'चाक' भी प्रस्तुत करते हैं। महत्त्वपूर्ण यह है कि कथा में मैत्रेयी पुष्पा ने गाँव की उस आधी आबादी को भी भागीदारी बनाया है, जो आमतौर पर गाँव के सामाजिक जीवन से अदृश्य रहती है या जिसे गाँव में शुमार ही नहीं किया जाता। निश्चय ही इस भागीदारी ने इन उपन्यासों को वह अनूठापन प्रदान किया है, जो कई संघर्ष-कथाओं को उनकी बारीक तहों के साथ पकड़ने में कामयाब है।

उपन्यास की कहानी अतरपुर नाम के गाँव के आसपास केन्द्रित है। देश के दूसरे सभी गाँवों की तरह यह गाँव भी प्रगति से कोसों दूर है। यहाँ विकास पहुँचता है तो प्रपंच की तरह और इसी के चलते ज्यादातर विनाश में ढल जाता है। इसी तरह राजनीति आती है पाखण्ड की तरह और अक्सर ठेकेदारी और सौदेबाजी में बदल जाती है। इस गाँव में खेती करने वाले जाट हैं, सूद पर कर्ज देने वाले बनिये हैं, विकास की हवा सूँघ चुके और अपने समय की ऐंठ पाले पिछड़े और दलित हैं, पढ़-लिखकर नौकरी न पाने का दर्द छुपाये और गाँव को बदलने की बात कहने वाले किसान हैं, कुओं पर एक-दूसरे से लड़ती-झगड़ती और दरवाजों पर फुसफुसाकर छोटे-मोटे 'स्कैंडल' बाँचती-बाँटती औरतें हैं जिनका काम रोटी पकाना और मर्दों को रिझाना भी है, एक दूसरे को नीचा दिखाने की हसरतें हैं, उन बेवफा, बदचलन और बेशरम कुँआरियों, ब्याहताओं और बेवाओं की कथाएँ हैं, जिनमें कुछ कुएँ में कूद गयीं, कुछ ने खुद फाँसी लगा ली और कुछ इत्तिफाकन जल गयीं या किसी दूसरे हादसे का शिकार बना दी गयीं। इन सबके साथ गाँव चलता है, झगड़ों से सनसनाता है, हादसों से सिहरता है, औरतों की चीखों से काँपता है, कुछ देर थिर भी रहता है, लेकिन फिर उदासीनता के साथ इन्हें भूलकर अपनी रोज़ की उलझनों में तल्लीन हो जाता है।

और इस गाँव में सारंग भी है। सारंग, जिसकी बहन रेशमा को उसकी गुस्ताख 'बदचलनी' के लिए मार डाला गया। सारंग, जिसकी अपने पति से अपेक्षा है कि वह रेशमा के कातिलों को सजा दिलवाने के लिए कोई कसर उठा नहीं रखेगा। सारंग, जिसे वे सारी गीत-कथाएँ चीर डालती हैं जिनमें औरतों को सामाजिक मर्यादाएँ तोड़ने का दण्ड अक्सर अपनी क्रूर मौत के रूप में भुगतना पड़ता है। सारंग, जो धीरे-धीरे यह समझती है कि पुरुष-दम्भ और पाखण्ड से बुनी इस सामाजिक-राजनीतिक व्यवस्था में न्याय के लिए कोई जगह नहीं है। यह सारंग की ही उपस्थिति है, जो इन बेहद जानी-मानी स्थितियों को एक बिल्कुल नयी पटरी पर ले आती है। बहुत ही कुशलता के साथ मैत्रेयी पुष्पा ने सारंग की मार्फत गाँव के उन हिस्सों और अन्तर्विरोधों पर रोशनी डाली है, जो इस दृष्टि के अभाव में अब तक उपेक्षित या छूटते रहे हैं।

रेशमा के कातिलों से जिस लड़ाई के लिए सारंग ने अपने पति रंजीत को तैयार किया है, वह देखती है कि रंजीत के लिए वह लड़ाई किसी अन्याय के प्रतिकार से ज्यादा

अपनी प्रतिष्ठा और अपने दम्भ का बहाना बन गयी है। डोरिया को गिरफ्तार करवाकर उसे लगता है कि उसने गाँव में इज्जत हासिल कर ली है, लेकिन इस दम्भ का खोखलापन तब उजागर होता है, तब डोरिया नकली गवाहियों के सहारे छूट जाता है और उसके खौफ से रंजीत अपने बेटे को गाँव से शहर भेज देने को मजबूर होता है।

यहीं से उपन्यास की कथा के दो सिरे खुलते हैं। एक सिरे पर खड़ा है रंजीत, जो अब अपने दम्भ की हवा निकलने के बाद बौखलाया हुआ है और रेशमा के झमेले में पड़ने के लिए अपनी बीवी को जिम्मेदार मानता है। ऐसे चोट खाये और बाहर की दुनिया से पराजय का एहसास लेकर लौटे शौहर अपनी बीवियों से जिस तरह पेश आते हैं, उसी तरह रंजीत सारंग से पेश आता है। वह सारंग को उसकी नासमझी और ढिठाई के लिए धिक्कारता है। लेकिन कथा के दूसरे सिरे पर सारंग है जिसे उसके बेटे चन्दन के पलायन की मजबूरी ने दूसरी तरह से झकझोरा है। अपने प्रति हो रहे अन्याय के प्रतिकार के लिए वह अपनी तरफ से पुरजोर प्रयास करती है। गाँव के स्कूल में आया एक शिक्षक श्रीधर उसका सम्बल बनता है। इन प्रयासों से वह डोरिया के परिवार की नाक नीची करने में सफल है। लेकिन गाँव के लिए वह अभी भी रंजीत की बहू है, इसलिए रंजीत की इज्जत फिर से गाँव में बढ़नी शुरू होती है। इस बार रंजीत को फाँसता है प्रधान, जो ऐसे झगड़ों के बीच ही धीरज के साथ अपने लक्ष्य साधता है। रंजीत को वह ताकत का ख्वाब दिखाता है और इस ख्वाब के नशे में चूर रंजीत वह सारा कुछ करता है, जो प्रधान उससे करवाना चाहता है।

दूसरी तरफ सारंग के अकेलेपन को श्रीधर भरता है। सारंग गाँव की औरतों का मन समझती है। सबके आँचल में दुःखों और दमन की कई छुपी हुई कहानियाँ हैं, जिन्हें वे गीतों, झगड़ों और एक-दूसरे पर लगाये गये लांछनों की माार्फत भूलना चाहती हैं। यह अदृश्य स्त्री-शक्ति सारंग के साथ है। वह ऊपर से सारंग पर हँसती है, श्रीधर के साथ उसके सम्बन्धों को लेकर कानाफूसी से लेकर शोर-शराबा तक करती है, लेकिन अन्ततः मन में सदियों के संचित प्रतिशोध और अन्याय का एहसास उन्हें सारंग के पीछे ला खड़ा करते हैं। लेकिन सारंग की लड़ाई सिर्फ बाहर से नहीं है। सबसे पहले यह घर से शुरू होती है। वह रंजीत के लांछन सुनती है, पिटाई सहती है, लेकिन अन्ततः अपने विद्रोह को आकार देती है।

सपाट-सी लगने वाली इस कथा के कई-कई स्तर हैं। बेहद जीवन्त चरित्रों, बेहद जटिल स्थितियों और ढेर सारे बारीक ब्योरों के बीच इस ग्राम कथा का ताना-बाना बुनती मैत्रेयी पुष्पा ने इसे हिन्दी के बेहतरीन उपन्यासों की पंक्ति में ला खड़ा किया है। सारंग कई स्तरों पर लड़ती है—सबसे पहले अपने-आप से, अपने भीतर बैठी उस सारंग से, जिसे सदियों से चले आ रहे संस्कारों ने पति को किसी भी रूप में झेलने का आदर्श सिखाया है, फिर अपने उन डरों से, जो अपने पति की उपेक्षा और बाहर की शत्रुता के चलते उसके भीतर पनप सकते हैं, फिर उस असमंजस से जो श्रीधर को चाहने से पहले

उसके भीतर पैदा हुआ है। इन्हीं संघर्षों की मार्फत वह एक व्यक्तित्व अर्जित करता है और इसके बाद उसके संघर्ष उन लोगों, उन मान्यताओं और उस समाज से शुरू होते हैं, जो स्त्री को एक व्यक्तित्व के रूप में स्वीकार करने के लिए जरा भी तैयार नहीं है। इस क्रम में स्वाभाविक रूप से उसकी पहली और लगातार चलती रहने वाली मुठभेड़ अपने पति रंजीत से होती है, जिसे पहले इस बात का गुमान था कि उसकी पत्नी पढ़ी-लिखी और समझदार है। लेकिन यह समझदारी जैसे ही 'सारंग' नाम की वस्तु की शोभा बनने की जगह सारंग नाम की व्यक्ति की शक्ति बनने लगी, वहीं से रंजीत इसकी काट ढूँढ़ने लगा। मुश्किल यह है कि उसका मर्दवादी दम्भ इस समझदारी की काट इससे ज्यादा समझदारी पेश करके ढूँढ़ने की जगह कभी चालाकी में ढूँढ़ता है, कभी नाराजगी में ढूँढ़ता है, कभी बदचलनी के आरोप में ढूँढ़ता है, और जब इन सबमें किसी से काम नहीं चलता तो सीधे मार-पीट और गाली-गलौज में ढूँढ़ता है। जाहिर है कि काम इससे भी नहीं चलता।

ऐसा नहीं है कि सारंग कई मूढ़ों के बीच अकेली समझदार है। विद्रोह की अपरिहार्य स्थिति से टकराकर उसने जो व्यक्तित्व अर्जित किया है, वहाँ तक भले न पहुँच पायी हो, लेकिन गाँव की औरतें उसे सबसे पहले मान्यता देती हैं—कहीं-न-कहीं, इन स्मृतियों से बिंधी हुई कि उन सबने भी कभी अपने 'वस्तु' होने के यथार्थ को चुनौती देनी चाही थी, जिसके बदले में उन्हें लगभग वहशी दण्ड भोगने पड़े। सारंग इन तमाम मूक, दमित और लगभग अपाहिज बना दी गयी औरतों के भीतर सोये आत्मबल के प्रतीक-चरित्र की तरह भी उभरती है। वह अकेली नहीं है। उसकी ताकत में रेशमा, गुलकन्दी, कलावती चाची, लौंगसिरी बीबी और अन्य औरतों की ताकत शामिल है।

और इस ताकत के आगे गाँव के परम्परागत पुरुष-प्रपंच किस तरह बदहवास हो उठते हैं? वे सहसा जान जाते हैं कि इस ताकत के आगे परास्त होने से उन्हें कोई नहीं बचा सकता। सत्ता की पुरुष-केन्द्रित राजनीति के विद्रूप के समानान्तर यह एक ईमानदार विकल्प हो सकता है। वैसे इस राजनीति की परतों को उखाड़ते-उखाड़ते मैत्रेयी पुष्पा कई बार सफलतापूर्वक उन बिन्दुओं को आलोकित कर देती हैं, जहाँ से सरकारी अमलों और कारिन्दों की मार्फत गाँव में लाया जाता विकास एक प्रहसन में बदल जाता है। साथ ही, वे उन तारों पर भी सफलतापूर्वक हाथ फेरती हैं, जो गाँव की सांस्कृतिक धमनियों से बहुत गहरे जुड़े हुए हैं और अनायास बज उठते हैं।

लेखिका का पिछला उपन्यास 'इदन्नमम' भी बहुप्रशंसित रहा था, लेकिन 'चाक', 'इदन्नमम' से आगे का प्रस्थान है। इदन्नमम की मन्दाकिनी बहुत सारे संशयों के बीच बनती है। उसके बनने की प्रक्रिया भी बऊ और प्रेम से होकर गुजरती है। बऊ ने अपने पति और बेटे की मौत के बाद पूरा घर सँभाला था। वे शुद्ध सामन्ती संस्कारों की महिला हैं, यह मानने वाली कि पति की मृत्यु के बाद उसकी इच्छाओं के पालन के सिवा स्त्री का कोई कर्त्तव्य नहीं। उसके जीवन में किसी हिलोर का प्रवेश मात्र भी महापाप है खुद को

पूरे दमन के साथ इस महापाप से बचाती हुई वे अपने आदर्श का निर्वाह करती है। बऊ कोई साधारण स्त्री नहीं है। साहसी, जुझारू और संकल्पशील महिला है। लेकिन वह इस बात की भी खूबसूरत मिसाल है कि किस तरह किसी स्त्री-व्यक्तित्व को महज दूसरों की इच्छा ढो रहे इंजन में बदला जा सकता है, किस तरह उसके व्यक्तित्व की सम्भावनाओं को नष्ट कर एक वस्तु के रूप में उसका रूपान्तरण किया जा सकता है। दिलचस्प यह है कि जब बऊ की ही नियति से उनकी पुत्रवधू प्रेम का साबिका होता है और वह विधवा हो जाती है तो उन आदर्शों से विद्रोह कर डालती है जो बऊ ने ताउम्र अपने साथ ढोये हैं। मगर प्रेम की त्रासदी यह है कि उसका विद्रोह महज देह तक सीमित रहता है। वह अपनी कामनाओं को जला डालने के लिए तैयार नहीं। इस देह का भी पुरुष अपने ढंग से इस्तेमाल करके छोड़ देता है और प्रेम के भीतर की स्त्री आजीवन घुटते रहने को अभिशप्त हो जाती है। बऊ और प्रेम दोनों की सरहदों को फलाँगती हुई अपने व्यक्तित्व का आविष्कार करती है प्रेम की बिटिया मन्दाकिनी। वह कई वर्षों के पलायन के बाद अपने गाँव लौटती है और पाती है कि विकास की आँधी ने गाँव को तहस-नहस कर डाला है। धीरे-धीरे वह सबको जोड़ती है और सामूहिक श्रम और सहकारिता का सच्चा इस्तेमाल करने का यत्न करती है।

ऐसा प्रतीत होता है कि 'इदन्नमम' की मार्फत मैत्रेयी पुष्पा ने जो जमीन बनायी है, उस पर पूरी सहजता से वे 'चाक' में ही चल पाती हैं। 'चाक' की रेशमा, सारंग, कलावती चाची, गुलकन्दी अपने स्त्री होने की पीड़ा और शक्ति को ज्यादा शिद्दत से महसूस करती है। मन्दाकिनी और सारंग में कई समानताएँ हैं, दोनों अपने-अपने उजाड़ होते हुए गाँवों को नये सिरे से रचने की कोशिश में है। यहाँ याद आती है रेणु के उपन्यास 'परती परिकथा' की जो नेहरूवादी आदर्शों से अनुप्रामाणित नायक के साथ अपने गाँव और देश को नये सिरे से बनाने का सपना देखता है। वह नये कारखानों, उद्योगों और बाँधों को देखकर चमत्कृत है और उसे यकीन है कि इन्हीं नये तीर्थों से नये भारत की रचना होगी। लेकिन 'परती परिकथा' और 'चाक' के बीच के अन्तराल ने उस सपने को पूरी तरह ध्वस्त कर डाला है। भारत के नये तीर्थ और मन्दिर लूटखसोट के नये अड्डे बने हुए हैं। गाँवों में बिजली, पानी और खुशहाली की जगह विकास ने छीना-झपटी, कपट और बेईमानी को ही स्थापित किया है। इस स्थिति में क्या कोई नया सपना मुमकिन है? मन्दाकिनी और सारंग के पास कोई सपना नहीं है। किसी के पास नहीं है। हाँ, जो बना हुआ मॉडल है उसी में वे अपने लिए किसी बेहतर रास्ते और विकल्प की तलाश कर रही हैं। इतना ही नहीं, जिन कदमों को हम समाज की बेहतरी के लिए जरूरी मानते हैं या जिन आहटों से बदलते हुए सामाजिक जीवन के संकेत हासिल करते हैं, यह उपन्यास उनकी भी आलोचना करता है। मसलन, आरक्षण के सिद्धान्त को यह बेमानी बताता है। कई लोगों को लग सकता है कि यह लेखिका के भीतर विकास को लेकर किसी सम्यक और सम्पूर्ण नजरिये की अनुपस्थिति का नतीजा है। लेकिन क्या

यह आज की गडड्मड्ड अवधारणाओं और अन्तर्विरोधों से भरी राजनीति के इस दौर में एक ईमानदार तरीका नहीं है कि लेखक जो महसूस करे, वह लिखे? अगर इसमें एक तरह की बेबसी और बेचारगी दिखती है तो इसलिए कि वह समाज में है। यानी 'परती परिकथा' से 'चाक' तक का सफर सपनों से बेबसी तक का सफर है, वह सम्भावनाओं से भरे एक चौराहे से एक ऐसी गली तक पहुँचने की यात्रा है जिसके आगे का रास्ता बन्द है।

इस लिहाज से 'चाक' हमारे समय का दस्तावेज भी है, जिसमें हमारी विफलताएं, हमारे मोहभंग, हमारी यंत्रणाएं दर्ज है, सिर्फ उस मुख्यधारा की नहीं, जिसकी कथा पहले भी लिखी जाती रही है, बल्कि हाशिये पर रहे उस स्त्री-समूह की भी, जिसकी भागीदारी के साथ ही कोई वैकल्पिक रास्ता सम्भव है।

यह स्त्री-गाथा इस दौर की एक दूसरी लेखिका प्रभा खेतान के उपन्यासों में भी कई बार सामने आयी है। उनके हाल ही में प्रकाशित उपन्यास 'पीली आँधी' की पृष्ठभूमि पूरी तरह अलहदा है, मगर उसमें भी एक स्त्री-सन्दर्भ है जो हमें पूरी मार्मिकता के साथ छूता है। वैसे यह उपन्यास—कम-से-कम पहले हिस्से में—एक दूसरे ढंग से पढ़े जाने की भी माँग करता है। यह बताता है कि आमतौर पर किसी समाज के बारे में चले आ रहे पूर्वग्रह कितने एकांगी होते हैं। अक्सर मारवाड़ी समाज को हम एक शोषक समाज के रूप में जानते रहे हैं। असम से लेकर छोटानागपुर के आदिवासियों तक और देश के दूसरे हिस्सों में भी उनकी छवि एक सूदखोर, अविश्वसनीय और शोषक समुदाय की छवि है। लेकिन प्रभा खेतान् का उपन्यास इस छवि के समानान्तर मारवाड़ी समाज का एक दूसरा चेहरा भी प्रस्तुत करता है और यह बहुत हद तक विश्वसनीय भी लगता है। यह समुदाय सदियों से अपने रेतीले प्रदेशों से बाहर आकर व्यापार करता रहा है। वह पर्याप्त जोखिम मोल लेता रहा है और उद्यम से उसने अपनी समृद्धि का संसार खड़ा किया है। जिस काल में अवागमन के साधन नहीं के बराबर थे, उस काल में भी मारवाड़ियों में कई-कई साल के लिए अपना घर छोड़कर 'दिसावरी' करने का चलन था। उस वक्त भी वे जागीरदारों और लुटेरों की धौंस सहते थे, धर्मशालाएँ बनवाते थे, शहरों और गाँवों के विकास में योगदान देते थे। 'पीली आँधी' के माधो बाबू भी अपना पुश्तैनी घर छोड़कर पहले धनबाद, फिर कलकत्ता और अन्त में झरिया में बसने को मजबूर हैं। वे मेहनत से जी नहीं चुराते, पैसे की अहमियम समझते हैं, फिजूलखर्ची से कोसों दूर हैं और उसूलों के पक्के हैं, वे बहुत बड़े व्यापारी बनते हैं, मगर उनकी सन्ततियाँ उनकी मेहनत से खड़े इस साम्राज्य के भीतर अपनी ऐय्याशी, अपने दिखावे और अपनी संकीर्णताओं के कई महल खड़े कर लेती हैं।

लेकिन कुल मिलाकर प्रभा खेतान अपने इस समुदाय के लिए सहानुभूति से ज्यादा कुछ अर्जित नहीं कर पातीं। यह शायद उनका मकसद भी नहीं हो, क्योंकि यह एक सचाई है कि जो काम पश्चिम के पूँजीवाद ने बाद में किया, वह हमारे देसी पूँजीवादी

पहले से करते आ रहे थे। उन्होंने सफलतापूर्वक व्यापार की कुशलता से उत्पादक श्रम को पीछे धकेला था। उन्होंने उत्पादक और उपभोक्ता के बीच की कड़ी का काम किया। लेकिन दोनों से ज्यादा खुद अर्जित किया।

बहरहाल, उपन्यास का दूसरा खण्ड हमारी चर्चा के लिहाज से ज्यादा महत्त्वपूर्ण है। माधो बाबू अपना भरा-पूरा संयुक्त परिवार छोड़ गये हैं। इस परिवार की मुखिया उनकी विधवा पत्नी मद्मावती देवी है। अपने पति की मेहनत से खड़ी की गयी जायदाद को वे अपने भतीजों के बीच भी सँभालने का काम करती हैं। यह संयुक्त परिवार आपसी ईर्ष्या, एक-दूसरे से छुपाव-दुराव में जीने वाला और मजबूरी मे संस्कारों को ढोने वाला संयुक्त परिवार है। इसी परिवार में आती है सुशिक्षिता सोमा। सबसे छोटे भाई गौतम की पत्नी बनकर। सोमा ही है जो इस घर के कायदे-पाबन्दियों को तोड़ने का यत्न करती है। लेकिन उसके हिस्से भी एक त्रासदी है। उसका पति समलैंगिक है और अपनी पत्नी से उसके सम्बन्ध बेहद सीमित हैं। ऐसे में सोमा को मिलते हैं अंग्रेजी के प्राध्यापक सुजित। दोनों की अन्तरंगता इस हद तक बढ़ती है कि सुजित का बच्चा सोमा की कोख में चला आता है। आश्चर्यजनक ढंग से 'चाक' की रेशमा के साहस में साझा करती हुई वह गर्भपात से इनकार कर देती है। इसके बाद पूरे घर में एक विस्फोट-सा होता है और सोमा घर छोड़कर चल देती है।

लेकिन सोमा का साथ कौन देता है? वह ताई जी, जिसने घर की दीवारों को, उसके संस्कारों को सहेजकर रखने की सबसे फौलादी कोशिशें की हैं। अचरज के साथ इतनी बड़ी घटना के बाद भी वह सोमा से नाता तोड़ नहीं पाती और उसे अपनी मौत के वक्त बुलवाती है। अपने सुजित के साथ जीती सोमा के जीवन में यह एक बड़ी हलचल है। वह वहाँ जाती है और एक नये झमेले में फँस जाती है। जब वसीयत खुलती है तो पता चलता है कि ताईजी ने अपने हिस्से की सारी चीजें सोमा के नाम कर दी हैं। घर के सदस्य इस फैसले से बुरी तरह उत्तेजित हैं। वे सोमा को कुछ नहीं देना चाहते और न सोमा उनसे कुछ लेना चाहती है। मगर जीवन भर ताईजी की विश्वसनीय सहयोगी रही निमली बाई की जिद है कि सोमा यह सब ले। अन्त में सोमा एक लाल कपड़े में लिपटी प्रति रख लेती है जिसे ताई जी अपनी गीता बताती रही हैं। जब घर लौटकर वह गीता खोलती है तो तो पाती है कि दरअसल यह किसी सुराणा जी की डायरी है जिन्होंने माधो बाबू के देहान्त के बाद और उनके चचेरे भाई शेखर की ऐय्याशी के बीच पूरे कारोबार की रक्षा की थी।

यह डायरी खुलती है और इसी के साथ ताई जी के जीवन के वे पहलू भी खुलते हैं जो अब तक उनके व्यक्तित्व के भीतर दबे रहे हैं। सोमा सहसा जान जाती है कि वह कौन-सी फाँस है जिससे ताई जी उससे बँधी हुई हैं। ताई जी के विधवापे की चट्टान से उनके बचे-खुचे जीवन के अंकुर निकले थे और वे भी प्रेम करने का गुनाह कर बैठी थीं। वे यह समझती हैं कि स्त्री के पास अगर उसका कोई व्यक्तित्व है तो वह प्रेम भी कर

सकती है। वह स्त्री होने के अनुभव से यह भी जानती है कि इस प्रेम में ऐसा कुछ नहीं है जिसे दिल पाप की तरह स्वीकार करे।

यहाँ आकर हम पाते हैं कि स्त्री के व्यक्तित्व के अनुसन्धान की मार्फत 'चाक' और 'पीली आँधी' दोनों ने स्त्री-सम्बन्धी कुछ ऐसे मौलिक प्रश्न उठाये हैं जिनसे हमारे समाज को जूझना बाकी है। विवाहेतर प्रेम और शारीरिक रिश्तों को हमारा समाज किस हद तक और किस रूप में मान्यता दे, यह सवाल हमारे सामने बचा हुआ है। रेशमा, सारंग, कलावती चाची, ताई जी, सोमा—सबके सब सम्बन्धों के मामले में एकनिष्ठता की मर्यादा का उल्लंघन करती हैं। सारंग से श्रीधर के रिश्ते सिर्फ सामाजिक उद्वेलन के नतीजे नहीं हैं, वह शुद्ध व्यक्तिगत संकट से उपजे हुए रिश्ते भी हैं। यह स्वाभाविक भी है कि अगर अपना व्यक्तित्व हासिल करने के बाद स्त्री घर, गाँव, समाज से अपने रिश्तों को नये ढंग से परिभाषित करती है, तो उसे यह तय करने का भी हक मिल जाता है कि वह अपनी देह का क्या करे। अच्छी बात यह है कि 'देह' का प्रश्न इन उपन्यासों में किसी आतंकित करने वाले निषिद्ध विषय की तरह नहीं आया है, बल्कि एक सामाजिक संघर्ष के बुनियादी प्रश्नों के बीच से ही उभरा है।

जीवन की भट्ठी से निकली किताब

नीलेश रघुवंशी के उपन्यास 'एक कस्बे के नोट्स' में कितनी आपबीती है और कितना क़िस्सा, यह तो वही ठीक-ठीक बता सकती हैं, लेकिन जिस जीवन्तता, आत्मीयता और प्रामाणिकता के साथ यह उपन्यास हमारे सामने आता है, वह बिल्कुल आपबीती लगता है। इसे पढ़ते हुए बरबस इच्छा होती है कि इसे उपन्यासकार के जीवन का हिस्सा मान कर पढ़ें।

हालाँकि आत्मकथा के आईने में पढ़ना और कुछ भावुक होकर इस पूरे वृत्तान्त के बारे में सोचना 'एक कस्बे के नोट्स' को छोटा करना है। अगर खुद लेखिका इसे आपबीती की तरह नहीं, उपन्यास की तरह पेश कर रही हैं तो जाहिर है, एक रचना के तौर पर इसके दूसरे आयामों की तरफ भी उनकी नज़र है और वे चाहती हैं कि पाठक इसे उसी तरह देखें।

लेकिन सिर्फ लेखक की इच्छा या मंशा के लिहाज से नहीं, इस किताब और अपने पाठ के साथ न्याय करने के लिए भी यह ज़रूरी है कि हम इसे निर्मम तटस्थता के साथ पढ़ें और यह समझने की कोशिश करें कि निहायत मामूली से लगते ब्योरों के बीच, एक भीड़ भरे कस्बे के शोरगुल और उसकी धूल के बीच, एक उमसते हुए ढाबे के बीच, विकसित हुई कथा क्यों इतनी गहराई से छूती हैं। आखिर साहित्य में संघर्ष की गाथाएँ कम नहीं हैं—बल्कि वे कहीं ज़्यादा सिहराने वाली और कहीं ज़्यादा लोमहर्षक ब्योरों से भरी हैं—पिछले दिनों हिन्दी में आयी दलित कथाओं में ऐसे ढेर सारे अनुभव मिलते हैं जो हमें विचलित करते हैं—तो नीलेश रघुवंशी के इस नये उपन्यास में ऐसा क्या है जो इसे एक अलग-सी कृति में बदलता है?

निस्सन्देह वह संवेदनशील गहनता और ऊष्मा, जो उपन्यास के लगभग हर पन्ने पर अनुभव की जा सकती है। आठ बेटियों और एक बेटे के परिवार के मुखिया पिता सुबह भट्ठी सुलगाते हैं तो उसकी दहकती आँच और उनका दहकता चेहरा हम भी महसूस करते हैं। माँ बेटी के सिर पर कंडों से भरी डलिया रखती है तो उनकी भरी हुई

आँख हमें भी दिखाई पड़ती है, बहनें ससुराल में घुटती हैं तो इसका एहसास हमें भी होता है, पिता अपनी बेटियों में आत्मसम्मान का भाव भरते हैं तो श्रम के प्रति उनका गर्व हमें भी छूता है। जब बेटियाँ क्लास की किताबों-कापियों और ढाबे के बर्तनों के बीच तालमेल बिठाती हैं, जब वे ढाबे के ग्राहकों और अपने स्कूल की सखियों के बीच की भागदौड़ में फँसी दुहरी अपेक्षाओं वाली ज़िन्दगी का सामना कर रही होती हैं तो उनका हौसला हमारी भी दुआएँ हासिल करता है।

इस अस्मितावादी आलोचना के दौर में, यह सहज-सम्भाव्य है कि लिखने वाले की अस्मिता, उसकी पहचान का खयाल आये। ख़ासकर जब कोई स्त्री लिखती है तो कुछ अपेक्षा भी होती है और कुछ सच्चाई भी कि वह स्त्री के नज़रिये से भी लिखे। क्या इस उपन्याास का भी ऐसा कोई पाठ सम्भव है? सच तो यह है कि 'एक कस्बे के नोट्स' को नारीवाद के आमफहम चौखटे में कसते हुए संकोच होता है, क्योंकि यह उपन्यास एक नहीं, कई स्तरों पर, इस चौखटे का अतिक्रमण करता है, उसे लगभग बेमानी बना डालता है। लेकिन स्कूल जाती और बड़ी होती बेटियों के अपने कशमकश हैं, छोटे-छोटे भटकाव भी, पिता की अपेक्षाओं पर खरा न उतरने की टीस भी और पिता को कुछ कर दिखाने की ज़िद भी, मगर इन सारी गुँथी हुई कथाओं के बीच यह तथ्य ओझल नहीं रह पाता कि यह सारा वृत्तान्त अन्ततः एक बड़ी होती और अपने पाँवों पर खड़ी होती लड़की का वृत्तान्त है। यह सच है कि यह कथा अगर इतनी संलग्नता से कही जा सकी तो इसलिए भी कि इसके पीछे एक स्त्री आँख है जो माँ-पिता के संघर्ष को भी देखती है और बहनों के पारस्परिक रिश्तों के उस सूक्ष्म तानेबाने को भी, जिसमें कई छलछलाते सुख-दुख हैं, हँसी और रुलाइयाँ हैं और परिवार के भीतर ही घटित होती एक ऐसी समग्रता है जिसे बाहर के किसी संसार की जैसे दरकार ही नहीं होती।

लेकिन यह उपन्यास पारिवारिक दुःख-सुख की गाथा भर नहीं है, यह एक कस्बे के भीतर जीवन की हलचल के बीच, लगभग विषम परिस्थितियाँ में, एक लड़की के पढ़ने, आगे बढ़ने और अपने पाँव पर खड़े होने की ऐसी कहानी है जिसमें परिवार और कस्बे की कई कहानियाँ शामिल हैं—सिर्फ मायूसी की नहीं, जीवट की भी वे कहानियाँ जिनसे कस्बों की साँस बनती है, धुकधुकी बनती है, धौंकनी बनती है।

दरअसल ये लड़कियाँ जितना कस्बे में रहती हैं, उतना ही कस्बा इन लड़कियों में रहता है। इस बात को समझने से ही वह कुंजी हमारे हाथ आती है जो इस पारिवारिक-से लगते उपन्यास के भीतर छुपे एक बड़े सामाजिक आख्यान का दरवाज़ा हमारे लिए खोलती है। इस सामाजिक आख्यान को पढ़ते-समझते हम सहसा उस छूट या मिट रही कस्बाई दुनिया को उसकी पूरी धूल-धक्कड़ के साथ पहचानते हैं जो कई तरह के अभावों के बावजूद आज के सम्पन्न, अकेले पड़ते और अपने इकहरेपन में खोये-खपते मध्यवर्गीय भारत के मुकाबले कहीं ज़्यादा जीवन्त और सरस थी। इस दुनिया में श्रम का एक निहायत मानवीय चेहरा है जिसे आज की यान्त्रिकता लगातार विस्थापित कर रही

है। श्रम का वह मानवीय संसार ही नीलेश रघुवंशी की और इस उपन्यास या आपबीती को सम्भव करता है। आज की तारीख इस श्रम को हिकारत से देखती है, कम मनुष्य समझती है और यह भी नहीं जान पाती कि अन्ततः यह उसकी अपनी मनुष्यता का क्षय है।

यह अनायास नहीं है कि बासौदा का वह ढाबा जब नयी पीढ़ी के मुखिया—यानी इन लड़कियों के इकलौते भाई—के हाथ आता है तो अचानक उसकी शक्ल बदल जाती है। गर्वित पिता अब थके हुए हैं, पीछे छूट गये हैं और ढाबे की जगह एक नयी दुकान है। पिता की आँखों का छलछलाता हुआ गर्व अगर बचा रहता है तो उस बेटी की हिम्मत और लगन में, जो आखिरकार भोपाल जाकर हिन्दी में एम ए करती है और अपने लिए एक सम्मानजनक नौकरी जुटा पाती है। शायद यह नीलेश रघुवंशी ही है—अपने बेहतरीन कृतित्व के साथ, क्योंकि इसमें उन्होंने अपने को, अपने संघर्ष को रचा है—बड़ी तटस्थ ईमानदारी से, जिसमें कभी-कभी वे खुद पर हँसती भी हैं, और बिना इस मोह में पड़े कि इस जीवन या संघर्ष को कोई कलात्मक स्पर्श दिया जाये, कोई काव्यात्मक ऊँचाई दी जाये।

यह चीज़ भी इस उपन्यास को बड़ा बनाती है—एक मूल्यवान सादगी और साधारणता जिसके आईने में एक कस्बा, एक ढाबा, उसमें रह रहा परिवार, उसमें कह रही लड़की—सब बहुत साफ-साफ दिखाई पड़ते हैं। और यह सब एक ऐसी भाषा में लिखा गया है जो वह कस्बा बोलता है—हिन्दी के कम प्रचलित शब्दों और मुहावरों का जो जायका यहाँ मौजूद है, उस पर अलग से लिखे जाने की ज़रूरत है।

शरणार्थियों का अकेलापन

बीसवीं सदी की दुनिया शरणार्थियों की भी दुनिया रही है : युद्ध, आतंक, अकाल और तानाशाही के मारे हुए लोगों की दुनिया। एशियाई, अफ्रीका और यूरोप के अलग-अलग मुल्कों में अपनी जड़ें और अपनी पहचान खोकर भटक रहे लोगों के खौफ और अकेलेपन की यह दुनिया है। कहीं वे सियासत की गिरफ्त में हैं, कहीं मजहब के चंगुल में और कहीं सभ्यता के आधुनिक खौफनाक चेहरे में कैदी।

नासिरा शर्मा के ताजा कहानी संकलन 'इब्ने मरियम' की कहानियाँ इन्हीं लोगों की हैं—अकेले, बेपहचान और अपने बाहर-भीतर के द्वन्द्वों के बीच तड़पड़ाते आदमी की दास्तानें। जगहें, नाम, घटनाएँ, मुल्क और मजहब बदल जाते हैं, मगर तकलीफ वही रहती है। उगांडा से जलावतन कर दी गयी गुलशन अपनी जड़ों के बारे में सोचती रहती है, फिलस्तीन का तौफीक मरने से पहले सियासी और मजहबी उन्माद की असलियत समझता है, सीरिया की जबीला और लेबनान के बदी एक-दूसरे से ब्याह करने के बाद अलग-अलग सरहदों के बीच भागते-दौड़ते टूट जाते हैं और इराक की लैला मोर्चे पर चले गये अपने महबूब को याद करती है।

पंजाब, युगांडा, फिलिस्तीन, इथियोपिया, अफगानिस्तान, कश्मीर, सीरिया, लेबनान, स्काटलैंड, बांग्लादेश, कनाडा, तुर्की और भोपाल—ये सब सिर्फ मुल्कों और शहरों के नाम नहीं हैं, इन पर बीसवीं सदी का वह बदनुमा इतिहास भी छपा हुआ है जिसने इंसान को उसके इंसान होने की अहमियत से लगातार बेदखल किया है। नासिरा शर्मा की कहानियाँ इसी इंसान की कशमकश और बेचैनी की कहानियाँ हैं।

'आमोख्ता' एक ऐसे व्यक्ति की कहानी है जिसे बँटवारे के वक्त लाहौर छोड़ना पड़ा और अमृतसर में बसना पड़ा। वह लाहौर के जख्म भूलकर पंजाब को ही अपना घर मान चुका था कि आतंकवाद की आँधी उसके पूरे परिवार को उजाड़कर ले गयी। तीसरी बार भी वह आदमी बसता है, मगर अपने पोते को बाहर भेज देता है। अब बेघर होने का अहसास उसकी जिन्दगी है।

'जड़ें', 'काला सूरज', 'मोमजामा', 'मिस्टर ब्राउनी' जैसी कहानियों में भी बेघर और जलावतन इंसानों की तकलीफें दर्ज हैं। 'मिस्टर ब्राउनी' के भूरेलाल बार-बार सोचते हैं कि भारत लौट आयें, मगर भारत में करेंगे क्या और रहेंगे कैसे, यह सवाल कुरेदता है। दूसरी ओर कई सहूलियतों के बावजूद परदेस का बेगानापन काटता रहता है। क्या इस माहौल में उनकी अगली पीढ़ी—यानी मास्टर ब्राउनी को उसका प्राप्य मिलेगा? 'जड़ें' में गुलशन युगांडा से भागने को मजबूर होती है और ब्रिटेन में सेल्सगर्ल की नौकरी करती है। हिन्दुस्तान के सिद्धार्थ के साथ उसका रिश्ता एक मुकाम ले सकता है, मगर सिद्धार्थ को उसके घर के हालात गुलशन से दूर कर देते हैं। 'मोमजामा' में हिन्दुस्तान लेबनान और सीरिया के बीच भटकते बदी और जदीदा अपनी इंजीनियरिंग और मेडिकल की डिग्रियाँ लिए अपनी जिन्दगी को सियासी चालों का खिलौना होते देखते हैं।

कुछ कहानियाँ अलग ढंग से इन बेमानी जुनूनों के खोखलेपन की ओर इशारा करती हैं। ऐसी ही एक प्रभावशाली कहानी है 'जैतून के साए।' फिलस्तीन की आजादी के यकीन से भरा हुआ तौफीक यहूदी सिपाहियों के सामने सिर नहीं झुकाता। लेकिन अपने जीवन के आखिरी लम्हों में उसे सियासत और मजहब के इस जुनून की निरर्थकता का अहसास होता है।

इसी तरह एक कहानी है 'कशीदाकारी' जिसमें मछेरों की बारात भारत से बांग्लादेश की सीमा पार करने के लिए आईजी राजकुमार से अनुमति चाह रही है। आईजी अनुमति दे देते हैं और सोचते हैं 'शायद इन्हें बांग्लादेश बनने की खबर न हो। खबर हो भी तो सरहद के बँटवारे का सच यह नहीं जानते हैं। यह सच इन्हें कैसे समझाए जाये जिनके लिए जल की धारा एक है, लोकगीत की जमीन एक है, आसमान का रंग और नदी के उठते उफान की भाषा एक है, जिनके भीतर आदिम रिश्तों की पैठ इतनी गहरी है कि उन्हें उस बन्धन से मुक्त कराना आसान नहीं है। मगर धरती पर सरहदों की कशीदाकारी करने वाले इस सच से किस कदर बेखबर हैं।'

संग्रह की अधिकतर कहानियों के चरित्र खौफ और असुरक्षा के बीच जीते हैं, बुरे ख्वाब उनका रोजमर्रा हैं, मगर जीने की कशिश और ताप भी उनमें भरपूर दिखाई पड़ते हैं। शायद बीसवीं सदी का औसत मिजाज यही है—खौफ और असुरक्षा से घिरा हुआ, मगर जीने के लिए जद्दोजहद करता हुआ।

नासिरा शर्मा की भाषा में एक काव्यात्मकता है जो इन कहानियों को मानवीय आयाम देती है। हिन्दी कहानियों के संग्रह आमतौर पर इतने अन्तरराष्ट्रीय और व्यापक परिदृश्य को नहीं छूते। इसलिए इन कहानियों को पढ़ते हुए एक नयेपन का अहसास उभरता है। ये कहानियाँ सियासी और मजहबी जनूनों या चालों के विरुद्ध एक भावनात्मक अपील तो पैदा करती है, मगर ठोस यथार्थ के धरातल पर इनका विकल्प क्या हो, इसकी पड़ताल नहीं करतीं।

अधूरेपन से लड़ते जीवन के अलक्षित प्रश्न

करीब दस साल पहले हिन्दी की एक पत्रकार आर अनुराधा को पता चला कि उसे स्तन कैंसर है। तब वह तीस साल के आसपास रही होगी। उसने बड़े हौसले से अपनी बीमारी के विरुद्ध लड़ाई लड़ी। इस हौसले के गवाह हम सब रहे। बाद में इस अनुभव पर उसने एक किताब लिखी, 'इन्द्रधनुष के पीछे-पीछे'। इसके कुछ साल बाद जामिया मिल्लिया के छात्रों ने अनुराधा की इस लड़ाई पर एक फिल्म बनायी, 'भोर'। लेकिन जब फिल्म बन ही रही थी, तभी पता चला कि अनुराधा को दुबारा कैंसर ने जकड़ लिया है। अनुराधा ने फिर वही तकलीफदेह लड़ाई लड़ी—ऑपरेशन और कीमोथेरेपी के कई चक्रों के बाद अब वह पूरी तरह स्वस्थ है। बहरहाल, इस फिल्म 'भोर' में अनुराधा दो बातें कहती हैं—एक तो यह कि कैंसर के विरुद्ध लड़ाई कोई निजी लड़ाई नहीं हैं। यह लड़ाई जिस्म के मैदान पर लड़ी जाती है, लेकिन इसमें रसद पहुँचाने का काम पूरा परिवार, समाज और मित्र करते हैं। इस एक वक्तव्य से अनुराधा सिर्फ एक बीमारी की तरफ नहीं, इस बात की तरफ ध्यान खींचती है कि दरअसल कोई भी लड़ाई निजी नहीं होती। उसे जीतने के लिए सबका सहयोग चाहिए।

लेकिन अनुराधा की किताब जिस एक अलक्षित तथ्य की याद सबसे ज्यादा दिलाती है, वह यह है कि जिस स्त्री सौन्दर्य के आसपास आज कारोबार, मनोरंजन और विज्ञापन की पूरी दुनिया बुनी जा रही है, उसका एक महत्त्वपूर्ण पैमाना समझे जाने वाले अंग को सबसे ज्यादा नजरअन्दाज़ किये जाने की प्रवृत्ति है। भारत में ही नहीं, दुनिया भर में स्तन कैंसर की शिकार महिलाओं की संख्या अगर स्तब्धकारी ढंग से बढ़ती नजर आती है तो इसलिए भी कि वक्ष फैशन की वस्तु हैं, इस्तेमाल किये जाने की चीज है, दिखाये और छुपाये जाने का खेल हैं, वे शरीर का ऐसा स्वाभाविक हिस्सा नहीं रह गये हैं जिनकी देखभाल होती है, जिनकी सेहत की फिक्र होती हो, जिन पर चर्चा होती हो। दरअसल अनुराधा की कुछ बरस पुरानी किताब और उसके अनुभव के जिक्र से यह लेख शुरू हुआ है तो इसलिए कि उषा प्रियंवदा के नये उपन्यास 'भया कबीर उदास' की

कथाभूमि भी स्त्री का स्तन कैंसर है। इस फर्क के साथ कि उषा प्रियंवदा की विदूषी नायिका भारत से अमेरिका जा चुकी है और वहाँ के कैंसर सेंटर से स्तन कैंसर की जानकारी मिलने के बाद स्तब्ध है। इस स्तब्धता के पीछे दो अहसास हैं—एक तो अपनी कुछ मित्रों के कैंसर से तिल-मिलकर मरने का अनुभव और यह कामना कि वैसी घिसटती हुई मौत उसकी न हो। दूसरे, यह खयाल कि अगर वह ठीक भी हो जाती है तो अपना वक्षविहीन, अधूरा शरीर लेकर किस तरह की ज़िन्दगी जी पाएगी।

लेकिन ये बाद के सवाल हैं। लिली पाण्डेय नाम की इस नायिका के सामने पहली सच्चाई यह उभरती है कि वह अकेली है, जबकि कैंसर का इलाज करा रहे मरीजों को भावनात्मक और शारीरिक दोनों तरह की मदद के लिए साथियों, दोस्तों, अपनों की जरूरत पड़ती है। क्योंकि जिस्म की जिस जमीन पर कैंसर की लड़ाई लड़ी जाती है, उसे जैसे रेडिएशन और कीमोथेरेपी पूरी तरह क्षत-विक्षत कर डालती है—जीभ का स्वाद चला जाता है, खाना पचता नहीं, नाखून उजड़ने लगते हैं, बाल झड़ने लगते हैं और शरीर पर छाया यह पतझर अन्ततः जीने के हौसले को भी मार डालता है। अमेरिका जैसे विकसित मुल्क में अलबत्ता इस बात का अहसास है और इसलिए मित्रों की टोली और अस्पताल की मिली-जुली व्यवस्था में लिली पाण्डेय को ऐसे सहयोगी और साथी मिल जाते हैं जो कैंसर से उसकी लड़ाई में मदद करते हैं।

बहरहाल, उपन्यास जहाँ शुरू होता है, वहाँ कैंसर की पहचान हो रही है। आने वाले दिन दूसरों की सहानुभूति अर्जित करने और खुद को संघर्ष के लिए तैयार करने वाले दिन हैं। इसके बाद उपन्यास अपनी नायिका के साथ गोवा चला आता है। कैंसर बीत चुका है, उससे लड़ने की तकलीफदेह और दूसरों का साथ हासिल करने की कृतज्ञ स्मृतियाँ हैं और यह घायल करने वाला खयाल कि अब लिली पाण्डेय अपनी वह सम्पूर्णता खो चुकी है जिसमें जीने और किसी के साथ साझा करने की सहज इच्छा अलग-अलग रूपों में फूटती है। अब वह अपने-आप से भागती हुई, दोस्तों से बचती हुई, अपने वर्तमान और भविष्य से आँख मिलाने से कतराती हुई एक लड़की है जिसमें शायद कहीं यह कातर पछतावा है कि उसने पहले प्रेम क्यों नहीं किया और क्या अब कोई उससे प्रेम करेगा। कैंसर के ऑपरेशन से ठीक पहले नायिका अपने एक शिष्य के संगीतज्ञ पिता से प्रेम करती है, लेकिन यह प्रेम कथा टिकाऊ नहीं हो पाती। रिश्तों के द्वन्द्व में घिरा संगीतज्ञ स्मृतियों की सौगात छोड़कर जा चुका है। और शायद लिली पाण्डेय मानकर चलती है कि इन्हीं स्मृतियों के बीच उसका आने वाला जीवन कटेगा।

उषा प्रियंवदा ने यह कहानी मनोयोग से लिखी है। इसे लेखिका का आशावाद कहें या जीवन का सहज प्रवाह कि मन से आधी-अधूरी हो गयी नायिका के जीवन में प्रेम भी आता है और साथी भी। नायिका अमेरिका छोड़कर गोवा आ गयी है। जिस होटल में ठहरी है, वहाँ का नौजवान मालिक अनूठा है—साहित्य भी समझता है, इतिहास भी, बागवानी भी और प्रबन्धन भी। लिली पाण्डेय और वनमाली के बीच धीरे-धीरे पनपते हैं

रिश्तों-संवादों और आत्मीय मुलाकातों की कई परतों के बीज। लेकिन यहाँ भी वह मोड़ आता है जब लिली पाण्डेय भागना चाहती है—एक शाम भाग भी जाती है। लौटती है दिल्ली में अपने उस पिता के घर जो अब नहीं हैं। यहाँ आकर उसके सामने कुछ नये राज खुलते हैं। यह पता चलता है कि वनमाली उसे बचपन से जानता रहा है। बहरहाल, ज़िन्दगी जीत जाती है, लिली पाण्डेय से यमन हो चुकी इस आधी-अधूरी लड़की को एक पूरा प्रेम मिलता है और अन्त में वह वनमानी के साथ जाती हुई रवीन्द्रनाथ टैगोर की पंक्तियाँ याद करती मिलती है—"प्रभु, मैं ऐसे ही नत और प्रस्तुत रहूँ और तुम मेरी अँजुरी बार-बार भरते रहना।"

मान लें कि यह प्रभु के प्रति नहीं, उस जीवन के प्रति आस्था है जो उसे छलता हुआ लग रहा था। इस सुखान्तिकी का एक सरस पाठ सम्भव है जिसमें कुछ भी बुरा नहीं है। इसे पढ़ते हुए उषा प्रियंवदा के एक पुराने उपन्यास 'रुकोगी नहीं राधिका' के चरित्र भी याद आते रहते हैं। पिता से विद्रोह करके अमेरिका गयी राधिका लौटती है और हर जगह अपने पिता और अपने साथी दोनों को खोजती रहती है। उसे अपने एक दोस्त की यह राय भी सुननी पड़ती है कि वह अपने दोस्तों में अपने पिता को खोजा करती है। राधिका और लिली में कई बातें समान दिखती हैं, सिवा उस बीमारी के, जिसने लिली को काफी अलग कर दिया है।

लेकिन क्या यह उपन्यास भी उतना ही अलग हो पाया है? क्या इस औपन्यासिक कथा का एक स्त्री-भाष्य बन पाता है? लिली पाण्डेय का अधूरापन उसको जज्बाती चोट भले पहुँचाता है, लेकिन वह मनोवैज्ञानिक जटिलता उसमें नहीं दिखती जो यह मर्ज अपने मरीजों में आसानी से बुन सकता है। यहाँ लगता है कि उषा प्रियंवदा ने एक काफी महत्त्वपूर्ण विषय उठाया है, लेकिन इससे जुड़ी कई सम्भावनाओं को उन्होंने अलक्षित रह जाने दिया है। एक वक्षविहीन स्त्री के प्रति दुनिया की निगाह किस तरह बदल सकती है, यह आर अनुराधा पर बनी फिल्म 'भोर' देखते हुए पता चलता है जब वे बताती हैं कि वक्ष कैंसर से पीड़ित उनकी एक परिचिता को उसके पति ने यह कहकर छोड़ दिया कि वह टूटे हुए खिलौनों से खेला नहीं करता। हम याद कर सकते हैं कि इस पूरे दौर में स्त्री को सिर्फ शरीर में बदल डालने का एक वैश्विक अभियान जैसे लगातार चल रहा है। यह शरीर भी सम्पूर्ण नहीं है, बल्कि उसकी टुकड़ा-टुकड़ा छवियाँ हमारे चारों तरफ बिखेरी जा रही हैं। इन सबके बीच जिस तरह स्त्री और उसका सौन्दर्य—दोनों उत्पाद में बदले जा रहे हैं, उसमें यह अन्तर्कथा एक गहन और बारीक किस्म की पड़ताल का जरिया बन सकती थी कि इस नयी दुनिया में एक वक्षविहीन स्त्री किस तरह अपनी जगह देखती और तय करती है। यह एक अकेली स्त्री का आत्मसंघर्ष भर नहीं है, इसमें खास तौर पर इस इक्कीसवीं सदी में बन रहे स्त्री विमर्श को एक नयी आँख से देखने की गुंजाइश है। ऐसे में वक्ष कैंसर पर केन्द्रित एक उपन्यास अगर सिर्फ रिश्तों की रूमानी और प्यारी-सी कहानी बनकर रह जाये तो लगता है कि मर्ज की ठीक से पहचान नहीं हुई।

जहाँ तक अपने अधूरेपन से उपजे आत्मसंघर्ष का सवाल है तो यहाँ एक और उपन्यास की याद आती है। नोबेल पुरस्कार से सम्मानित जे एम कोट्ज़ी के उपन्यास 'स्लो मैन' का बूढ़ा नायक पॉल रैमेंट एक हादसे में अपना एक पाँव खो देता है। इसके बाद उसकी जिन्दगी अपनी अपंगता से तालमेल बिठाने के संघर्ष का नाम है। यहाँ प्रेम करने की इच्छा और अपने अधूरे रह जाने की सच्चाई से उपजा जो तीखापन है, कटुता का जो अहसास है और मन और व्यवहार की जो जटिलताएँ हैं, वह इस उपन्यास को एक यादगार अनुभव में बदल डालते हैं। लेकिन 'कबीर भया उदास' ऐसे किसी अनुभव का वहन नहीं कर पाता। वह अन्त में मिलने वाली कुछ नाटकीय घटनाओं के अलावा लिली पाण्डेय और वनमाली की ऐसी प्रेम कथा में बदल जाता है जिसमें त्याग, समर्पण और एक-दूसरे को स्वीकारता बड़प्पन है। बहरहाल, इन सीमाओं के बावजूद उषा प्रियंवदा की सरस और सहज शैली इसे एक पठनीय उपन्यास बना डालती है।

उसकी नाप के कपड़े

युवा लेखिका कविता के पहले कहानी-संग्रह *'मेरी नाप के कपड़े'* के नाम में निहित प्रतीकात्मकता सबसे पहले ध्यान खींचती है। स्त्री को संस्कृति सिखाने की, वश में रखने की सारी कार्रवाई कपड़ों से, ड्रेस कोड से तय की जाती है। स्पष्ट है कि आज की लड़की ऐसे थोपे लिबासों से असुविधा महसूस करती है, उसे अपनी मर्जी और अपनी नाप के कपड़े चाहिए। लेकिन यह अर्थ यहीं तक सीमित होता तो शायद कविता की कहानियाँ थोथे क्रान्तिकारी शब्दों में सिमटकर रह जातीं। यह उससे आगे जाता है और यह बताता है कि स्त्री की फैली हुई दुनिया मौजूदा खानों और परिधानों में अट नहीं रही। उसे ज़्यादा जगह चाहिए।

लेकिन इससे यह अनुमान लगाना ग़लत होगा कि संग्रह की कहानियाँ सायास या सोचे हुए ढंग से नारी-विमर्श से जुड़े किन्हीं प्रचलित निष्कर्षों तक पहुँचने के लिए लिखी गयी हैं। कविता की कहानियाँ एक अर्थ में सीधी-सादी हैं। शायद वैसी ही, जैसी अब तक भारतीय समाज की लड़कियाँ दिखाई पड़ती रही हैं। उनमें बाहर निकलने, अपने आसपास की दुनिया को महसूस करने, ख़ुद को अभिव्यक्त करने की, और उससे भी बढ़कर अपने होने को, अपने अस्तित्व को पुनर्परिभाषित करने की बेचैनी है। इस बेचैनी के समान्तर एक भय भी है, जो अब तक अनजिये को जीने और अनकिये को करने के ख़तरों को समझते हुए ही नहीं, अवचेतन में बसे पुराने डरों के पुंज की तरह भी सिर उठाता है। घरों से सड़क पर आ रही और क़स्बों और छोटे शहरों से महानगर पहुँच रही, अपने डरों और अपने अन्देशों से लड़ती हुई यह सतर्क लेकिन साहसी लड़की इस संग्रह की लगभग सभी कहानियों की नायिका है। आश्चर्य नहीं कि संग्रह की पहली कहानी का शीर्षक 'भय' है। एक अर्थ में यह एक पारम्परिक भय है, जो अपने साथी के विश्वास के क्षय के अन्देशे से उपजा है। कहानी पढ़ते हुए सन्देह होता है कि हम प्रेम-त्रिकोण या प्रेम में बेवफाई की या फिर पुरुष छलना की एक जानी-पहचानी दास्तान पढ़ने जा रहे हैं लेकिन कहानी का अन्त आते-आते यह भय एक भरोसे में बदल जाता

है। यही चीज़ इस कहानी को हमारे समय की कहानी बना डालती है।

भय ही संग्रह की दूसरी कहानी 'चार घंटे' के केन्द्र में भी है। यहाँ एक ट्रेन में बैठी हुई लड़की है जिसे सामने बैठे सिपाही की मौजूदगी और उसकी पूछताछ डराती है। इस कहानी में इसके अलावा कुछ नहीं होता। सिपाही अपना स्टेशन आने पर उतर जाता है। लेकिन इसी अन्तराल में अपने डर को उलटती-पलटती लड़की सहसा महसूस करती है कि ऐसे डर कितने बेमानी होते हैं। कहानी के भीतर छुपी एक मार्मिक-सी कहानी असल में इसी डर का सामना करने और उसे जीतने की है।

'मेरी नाप के कपड़े' की सभी दसों कहानियों में वे स्त्री-प्रश्न अलग-अलग ढंग से पढ़े जा सकते हैं जो अपना स्वतन्त्र व्यक्तित्व अर्जित करने की कोशिश में लगी लड़कियों के सामने आते हैं। इनमें कहीं अपनी एकरस और बोझिल दिनचर्या से छुटकारा पाने की, अपने कैनवस में नये रंग और रूपाकार तलाशने की बेचैनी है तो कहीं इस स्मृतिशिथिल समय में नये-पुराने के बीच तुक-तान बिठाती, अपने पिता के स्नेह और माँ की स्मृति को बचाये रखने की दुविधा से घिरी लड़की की मुश्किलें हैं। जो एक बात संग्रह की एकाधिक कहानियों में लक्ष्य की जा सकती है, वह पुरुष-अनुभव को लेकर एक तल्खी भरा अहसास है। 'स्मृति खण्ड', 'खेल-खेल में', 'आईना हूँ मैं' जैसी कहानियों में इस अनुभव के अलग-अलग चेहरे हैं। इस तल्खी का चरम 'देहदंश' में आता है जहाँ पिता अपने भीतर के राक्षस को अपनी बेटी पर हमला करने की इजाज़त देता है।

अच्छी बात यह है कि कविता की इन कहानियों में अनुभव की यह तल्खी पुरुष-विरोध की किसी शाश्वत मुद्रा में नहीं बदलती, बल्कि इनके बीच भी एक साथी की तलाश, एक जुड़ाव, प्रेम का एक अहसास यह सब बने रहते हैं। हालाँकि यह सवाल बचा रहता है कि अपने सारे तल्ख अनुभवों के बाद भी संग्रह की ज़्यादातर नायिकाएँ क्यों किसी न किसी प्रतीक्षा में दिखाई पड़ती है? क्या यह विरासत से प्राप्त पत्नी का दास्य भाव है जो किसी पति या प्रेमी के बिना पूरा नहीं होता? इस सवाल में ही जो जवाब निहित है, वह शायद स्त्री के साथ न्याय न करे, लेकिन इसमें शक नहीं कि हमारे समाज की मौजूदा संरचनाएँ अभी तक अकेली स्त्री में एक असहायता का बोध और उससे उपजी प्रतीक्षा की आकांक्षा को बनाये रखती हैं। इन्हीं संरचनाओ का दूसरा पक्ष वह पुरुष स्वभाव है जो स्त्री का मन खँगालने से पहले उसका तन खँगालना चाहता है या फिर मानकर चलता है कि ऐसा करना तो उसका अधिकार है। इन संरचनाओं को न समझने का एक नतीजा आम तौर पर यह होता है कि हर पुरुष खलनायक में बदल जाता है या फिर हर स्त्री कातर-कमज़ोर क़रार दी जाती है। शुक्र है कि कविता ऐसी अतियों से बचती है, शायद उसके यहाँ बौद्धिक चीर-पड़ताल से ज़्यादा संवेगात्मक अनुभव ही सही-ग़लत का फ़ैसला करते हैं और आमतौर पर सन्तुलित निष्कर्षों तक पहुँचते नज़र आते हैं।

जहाँ तक शिल्प का सवाल है, छोटे कैनवस वाली कहानियों में कविता कहीं ज़्यादा

पठनीय है। उनके पास एक सरस और भावुक भाषा है। इस भाषा में न पेचोखम हैं न जादू हैं, बस यह एक संवेदनशील स्त्री की भाषा है जिसके शब्द उसके संसार को पहचानते हैं और क़रीने से अभिव्यक्त करते हैं। यही बात उसके कथानकों के बारे में कही जा सकती है। अपनी ही समकालीन नीलाक्षी सिंह वाली क़िस्सागोई या कहानियों को एक शिल्प में ढालने का धीरज उसके यहाँ दिखाई नहीं पड़ते। इसकी जगह अपने छोटे-छोटे अनुभवों को पिरोने और कहानियों में ढालने का संयमित प्रयत्न उन्हें पठनीय बनाता है। कई कहानियों में स्मृति और वर्तमान के बीच आवाजाही से कथानक के तार बुने गये हैं। लेकिन कविता के शिल्प की मुश्किल वहाँ से शुरू होती है जहाँ से वे कहीं ज़्यादा जटिल और पसरे हुए कथानक चुनती हैं। 'खेल खेल में', 'देहदंश' या 'स्मृतिखण्ड' जैसी कहानियाँ एक बड़े उपन्यास का ढीला-ढाला खाका भर लगती हैं। इस वजह से ये कहानियाँ अपनी बात रख देती हैं लेकिन वह झनझनाता हुआ प्रभाव नहीं पैदा कर पातीं जिसकी गुंजाइश इनके कथानक में है। साफ़ है कि इस मोर्चे पर कविता को अपने औज़ार और ज़्यादा साधने की ज़रूरत है, अपना कच्चा माल चुनने में कुछ अतिरिक्त एहतियात बरतने की भी।

दरअसल एक बड़े सन्दर्भ में देखें तो कविता की कहानियाँ उस परम्परा का हिस्सा है जो पिछले कुछ दशकों में हिन्दी की लेखिकाओं ने तैयार की है। वह परम्परा, जो मन्नू भण्डारी, कृष्णा सोबती, मृदुला गर्ग जैसी लेखिकाओं से शुरू होकर बीच की कई पीढ़ियाँ फलांगती हुई अलका सरावगी और गीतांजलिश्री तक आयी है और जिसे अब कविता की ही पीढ़ी की कई लेखिकाएँ अपने-अपने ढंग से बढ़ा रही हैं। इस पूरे सन्दर्भ को देखें तो हिन्दी कहानी में स्त्री-विमर्श का एक बहुत उज्ज्वल पक्ष दिखाई पड़ता है जिसे एक तरफ़ नारीवादी आन्दोलनों की बौद्धिक प्रेरणा हासिल है और दूसरी तरफ़ महिला सशक्तीकरण नाम के राजनीतिक मुहावरे से उपजी ऊर्जा भी। यह सच है कि कविता इस परम्परा में अलग से कुछ नहीं जोड़ती। उसकी कहानियों में किसी नये यथार्थ का उद्घाटन या उसकी ऐसी गहरी अभिव्यक्ति नहीं दिखाई पड़ती जो पहले दुर्लभ या अलक्षित रही हो। लेकिन हमेशा परम्परा में जोड़ना ही ज़रूरी नहीं होता। बल्कि कई बार जोड़ने का दबाव कहानियों को लेखों में, संवेदनाओं को बौद्धिक जुगाली की यान्त्रिकता में ढाल देता है। कविता ऐसे दबाव से मुक्त दिखाई पड़ती है। वह जो देख रही है, उसे समझने और लिखने की कोशिश में है। लेकिन यह कोशिश ही उसे पुराने दौर से अलग करती है। वह अपने समय की, इस इक्कीसवीं सदी की वह लड़की दिखाई पड़ती है जो इसे नयी आँख से देखने को तैयार है।

यह शायद अनायास ही हो कि उसकी सभी कहानियों की नायिका एक 'मैं' है। यह 'मैं' कहीं यह भी संकेत करता है कि कविता अपने अनुभव संसार से बाहर जाने को तैयार नहीं....या फिर अगर वह बाहर का कच्चा माल उठाती भी है तो उसे पहले अपने अनुभवों की कसौटी पर कसती है, अपना बनाती है, फिर लिखती है। शायद इस वजह

स ये सारी कहानियाँ मिलकर स्त्रीत्व का एक पाठ बनाती हैं। याद रखना चाहिए कि कविता का यह बिल्कुल पहला कहानी-संग्रह है। और जिन लोगों ने हाल के दिनों की उसकी कहानियाँ देखी होंगी, उन्हें शायद यह अहसास भी होगा कि कविता अपने कैनवस में नये रंग और रूपाकार जोड़ रही है। उम्मीद करनी चाहिए कि आने वाले दौर में वह इस सिलसिले को और आगे बढ़ाएँगी। कई युवा लेखकों के बीच उनकी एक पहचान बन रही है, इसका प्रमाण ज्ञानपीठ द्वारा अपने प्रकाशनों की शृंखला की एक कड़ी के रूप में उनका चयन भी है। युवा लेखकों को सामने लाने के अपने इस प्रयत्न के लिए भारतीय ज्ञानपीठ निश्चय ही साधुवाद का पात्र है।

इस सादगी में एक बात है

इला प्रसाद की कहानियों में एक तरह की सादगी है। उनका कहानी-संग्रह 'इस कहानी का अन्त नहीं' पढ़ते हुए कभी यह अहसास नहीं होता कि आपको कोई विशेष बौद्धिक उपक्रम करना पड़ रहा है। लेकिन जब पूरा संग्रह खत्म हो जाता है, तब अचानक आप पाते हैं कि आपके पास बहुत सारी चीजें सोचने-विचारने लायक हो गयी हैं, बहुत सारी दुनियाएँ एकाएक खुल रही हैं और लेखिका ने जैसे बिना किसी प्रयत्न के पाठक के सामने कई सवाल रख दिये हैं।

इन कहानियों की सबसे बड़ी खूबी यही है—वह अनायासपन जिसके साथ कहानी शुरू होती है और खत्म होती है। संग्रह की पहली कहानी 'इस कहानी का अन्त नहीं' कागज के एक टुकड़े से शुरू होती है जिसे लेखिका दफ्तर से निकलते वक्त मेज़ पर छोड़ गयी है—इस भरोसे के साथ कि अगर शुभम का कोई सन्देश आया तो दफ्तर के सहकर्मी उसे उसके लिए रख लेंगे। लेकिन यह टुकड़ा दफ़्तर में कई कहानियों को जन्म देने लगता है। अचानक हम पाते हैं कि एक छोटी-सी कहानी एक अकेली स्त्री के प्रति समाज के तंग नजरिये की वह कहानी हो गयी है जो वाकई अब तक ख़त्म नहीं हुई है।

दूसरी कहानी 'जीत' एक प्राध्यापिका की कहानी है जो परीक्षा भवन में लड़कों को चोरी करने से रोकती है और फिर धमकी का ख़ौफ झेलती है। जैसे एक साँस में लिखी गयी यह कहानी इस आश्वस्ति की पुष्टि करती है कि सच का साहस झूठ की धौंसपट्टी से बड़ा होता है।

दरअसल इस संग्रह की सारी कहानियाँ छोटी-छोटी अनुभवों की कहानियाँ हैं—उन अनुभवों की, जिनसे जीवन के अलग-अलग रंग बनते हैं। लेकिन इन अनुभवों में दुहराव नहीं है, क्योंकि इला प्रसाद का अनुभव संसार कहीं ज़्यादा विपुल है। उनका स्त्रीत्व उन्हें अगर वेध्य बनाता है तो उनकी ऊँची शिक्षा उनका कवच बनती है। उनके पास भारतीय माहौल के अनुभव हैं तो अमेरिका प्रवास के भी। दरअसल संग्रह की कई कहानियाँ अमेरिका जाने और वहाँ रहने के उनके अनुभव से जुड़ी हैं। ये कहानियाँ

संग्रह को अतिरिक्त दिलचस्प बनाती हैं, एक स्तर पर इनसे वह झरोखा भी खुलता है जहाँ हम दो देशों और संस्कृतियों की भिन्नता कायदे से पहचान पाते हैं।

इस लिहाज से 'कॉलेज' एक उल्लेखनीय कहानी है जिसे पढ़ते हुए समझ में आता है कि अमेरिका में उच्च शिक्षा एक स्तर पर कैसे गुल खिलाती है। भारत में शिक्षक और छात्र के बीच का, शिक्षा और परीक्षा के बीच का रिश्ता जितना निरापद और सुव्याख्यायित है, शायद उतना अमेरिका में नहीं। भारत से गयी प्राध्यापिका वहाँ पहले पढ़ने-पढ़ाने के अलग ढंग से बेबस किस्म की तुकतान बिठाने की कोशिश करती है और पाती है कि उसकी कोशिशें उसके ख़िलाफ खड़ी हो रही हैं। कहानी में कहीं बहुत मद्धिम स्वर उस रंगभेद का भी दिखाई पड़ता है जो भारत से गयी एक महिला वहाँ झेल रही है।

लेकिन भारतीयों के बदलने और अमेरिकी माहौल में ढलने से जुड़ी कई कहानियाँ भी संग्रह में हैं। 'सेल' कहानी में वह पूरी आपाधापी है जिसका इन दिनों अमेरिका शिकार है। कर्ज पर आधारित वैभव समाज में किस तरह का खोखलापन पैदा कर रहा है, और कैसे भारतीय परिवार भी उसकी जद में आ रहे हैं, यह बात इस कहानी में खूब खुलकर सामने आयी है। इसी तरह 'लौटते हुए' कहानी बताती है कि कैसे विदेशों में बस गये भारतीय सबसे पहले अपने मूल से दूरी बनाना और अपने लोगों से कटना शुरू करते हैं, कैसे वहाँ की लड़कियाँ भारतीय लड़कों को दुत्कारती हैं और अगर कोई लड़की इस सिलसिले को तोड़कर, अपने अमेरिकी अकेलेपन और असहायता-बोध का सामना करने के लिए किसी मध्यवर्गीय भारतीय डॉक्टर की मदद लेना चाहती है, उससे शादी करना चाहती है तो उसका परिवार ही उसके ख़िलाफ खड़ा हो जाता है।

इसी सिलसिले की एक दूसरी कड़ी 'रोड टेस्ट' जैसी कहानी से खुलती है, जहाँ कार ड्राइविंग का टेस्ट देने के लिए गयी हुई एक भारतीय युवती को एक अमेरिकी कर्मचारी कार्ला की झिड़कियाँ सुननी पड़ती हैं। बड़ी मुश्किल से लड़की ये रोड टेस्ट पास कर पाती है, लेकिन एक दिन उसी दफ्तर से गुजरते हुए जब उसकी निगाह कार्ला पर पड़ती है तब उसे अहसास होता है कि हार कार्लाएँ रही हैं, उसकी तरह की महिलाएँ नहीं जो ज़िन्दगी की सड़कों पर कार्ला को पीछे छोड़ काफी आगे जा चुकी हैं।

बहरहाल, इस पूरे संग्रह में एक धीमा, लेकिन ठोस स्त्री स्वर हमेशा सुनाई पड़ता है—अमेरिकी माहौल में लिखी गयी कहानियों में भी, और भारतीय परिवेश से बनी कहानियों में भी। संग्रह की पहली कहानी इसकी एक टीसती हुई मिसाल है तो आखिरी कहानी 'खिड़की' इसका एक दुखता हुआ पन्ना। इस बेहद सादा कहानी में एक सामान्य-सी स्त्री बस अपने ड्राइंग रूम में एक ऐसी खिड़की चाहती है जो सड़क की तरफ खुले। उसकी यह इच्छा पूरी होती है, लेकिन कई बरस बाद, जब उसके परिवार में एक बेटा जुड़ चुका होता है। खिड़की उसके लिए नहीं, बेटे के लिए खोली गयी है ताकि वह सड़क पर भागती-दौड़ती दुनिया देख सके।

ऐसी ही एक कहानी है 'ग्रीन कार्ड'—उन दिनों की कहानी जब नायिका विवाह के

बाद अमेरिका जाने की राह देख रही है और अपने ग्रीन कार्ड का आवदन स्वीकृत होने का इन्तज़ार कर रही है। यह इन्तजार ज़ितना मुश्किल है, उससे कहीं ज़्यादा मुश्किल वे ताने, उलाहने और सन्देह झेलना है जो उसकी पूरी शादी पर सवाल की तरह खड़े हैं—जैसे उसका परदेस गया पति लौटेगा ही नहीं और वह अकेली असहाय भारत में रह जाएगी। संग्रह में कुछ अलग स्वाद की कहानियाँ भी हैं। जैसे 'ईमेल' कहानी इंटरनेट पर रिश्तों के उलझाव की एक दिलचस्प-सी कहानी है या फिर 'गुड़िया का ब्याह' बाल मनोविज्ञान की तहें खोजता एक ऐसा किस्सा जिसमें हमारी सामाजिक बुनावटों को भी हल्के से पढ़ा जा सकता है।

फिर कहना होगा इस पूरे संग्रह में एक तरह की अनायासता है जो इन कहानियों को बोझिल होने नहीं देती। लेखिका जैसे कहीं कुछ रचने का प्रयत्न करती दिखाई नहीं पड़ती, कहीं बौद्धिक होने की कोशिश करती नहीं दिखती। उसके पास बस कहानियाँ हैं और उन्हें कह सकने लायक समर्थ भाषा। यह लेखिका की सीमा भी हो सकती है लेकिन शक्ति भी है। इसी शक्ति की वजह से हिन्दी के ज़्यादातर कृत्रिम दिखाई पड़ने वाले उलझाव भरे कथा संसार में ये कहानियाँ अपने पढ़े जाने की जगह बनाती हैं। संग्रह की सिर्फ़ एक कहानी 'समुद्र' में लेखिका रूपकों में, प्रतीकों में जाने की कोशिश करती है—और इस कोशिश में उलझाव भी दिखता है और अधूरापन भी—लेकिन इस छोटी-सी कहानी को छोड़कर बाकी जगह हमें अच्छी और पठनीय कहानियाँ मिलती हैं।

कुल ग्यारह कहानियों का यह संग्रह इला प्रसाद के ऐसे पाठक बनाता है जिन्हें शायद उनकी दूसरी कहानियों का भी इन्तज़ार हो।

पूर्वग्रहों से ऊपर उठकर पढ़ें यह कथा

हिन्दी के दलित लेखन की आलोचनाएँ जानी-पहचानी हैं—दलित लेखन में आत्मकथा के नाम पर एक जैसे किस्सों को लिखा जा रहा है, यह आत्मकथा दलित लेखन को उसके अनुभव की ज़ंजीरों से जकड़ दे रही है, दलित लेखक अपनी कहानी, अपने साथ हुए अत्याचारों के ब्योरों से आगे नहीं देख रहे हैं, वे ऐसा वृत्तान्त नहीं रच रहे हैं जिससे कोई सभ्यतागत विमर्श पैदा हो, वो दलित लेखन की चिड़िया को उसी पिंजरे में क़ैद रखना चाहते हैं जिसमें कभी उनकी दलित जिन्दगी क़ैद रही, आदि-आदि अत्यादि।

इनमें से बहुत सारी आलोचनाएँ एक ख़ास साहित्यिक दृष्टि से देखने पर जायज़ लगती भी हैं। यह प्रतीत हो सकता है कि दलित लेखन में अनुभव का इकहरापन बढ़ रहा है और एक गलीज़ ज़िन्दगी को जाने-पहचाने ब्योरे आत्मकथा की शक्ल में ढल रहे हैं। यह भी मान लेने में कोई हर्ज नहीं कि दलित लेखन कोई ऐसा महावृत्तान्त नहीं रच पा रहा जिसकी काव्यात्मक अनुगूँजें किसी सभ्यता विमर्श की तरह पढ़ी जा सकें।

लेकिन क्या ये बहुत बड़ी अपेक्षाएँ नहीं हैं? क्या यह कुछ ऐसा नहीं है कि बड़ी मुश्किल से स्कूल जा रहे किसी दलित बच्चे से हम क्लास में फर्स्ट आने की उम्मीद करें और वह न आ पाये तो उसके क्लास में होने की उपादेयता पर ही सवाल खड़े करें? दरअसल जो लोग दलित लेखन से साहित्यिक सुरुचि और आस्वाद की महागाथाओं की उम्मीद कर रहे हैं, उन्हें इस समूचे आख्यान को नये सिरे से, नयी नजर से अपने साहित्यिक पूर्वग्रहों से मुक्त होकर पढ़ने की ज़रूरत है। क्योंकि अपने सारे इकहरेपन के बाद भी इस दलित लेखन में बहुत कुछ ऐसा है जो समाज को उसकी समग्रता में देखने की गुंजाइश बनाता है और यह समझने की भी कि हम समाज के रूप में जिस हिस्से को देखते-पहचानते रहे हैं, उसकी तहों में, उसकी बुनियाद में कहीं ज्यादा मर्मान्तक, करुण और त्रासद कथाएँ छुपी हुई हैं—बल्कि छुपी हुई नहीं, बिल्कुल प्रत्यक्ष हैं, बस हम उन्हें देखने को तैयार नहीं हैं। देखना शुरू करेंगे तो पाएंगे कि इस दलित आत्मकथा में समाज की वह कथा भी शामिल है जो हमारी वजह से, अनकही-अनदेखी ही नहीं, अछूती

भी रह जा रही है। इस अछूत कथा के हाथ मैले हैं, दाँत काले हैं, बाल बिखरे हैं, कपड़े गन्दे हैं, यह याद दिलाकर हम जैसे उस समूचे व्यक्तित्व का उपहास कर रहे हैं जिसे यह नियति हमारी वजह से ही झेलनी पड़ रही है। इस ढंग से देखना शुरू करेंगे तो यह भी पाएँगे कि जो उसकी कथा का इकहरापन है वह दरअसल हमारी दृष्टि का, हमारी दूरी का इकहरापन है। बिना करीब से देखे जैसे हम बताते हैं कि सारे अंग्रेज और सारे सिख एक जैसे लगते हैं, कुछ वैसे ही बता रहे हैं कि सारी दलित कथाएँ एक जैसी लगती हैं। आम तौर पर किसी किताब की समीक्षा लिखते हुए मैं इतनी लम्बी भूमिका नहीं लिखता। इस बार ज़रूरी लगी तो इसलिए कि प्रतिष्ठित दलित लेखक श्यौराज सिंह बेचैन की आत्मकथा 'मेरे बचपन मेरे कन्धों पर' को पढ़ते हुए ये सारे पूर्वग्रह मेरे सामने भी सिर उठाते रहे। कभी उनकी भाषा का अनगढ़पन कोफ़्त पैदा करता, कभी उनके ब्योरों की हड़बड़ी परेशान करती, कहीं-कहीं आपस में घुलती-मिलती चीजें तंग करती रहीं कि इन्हें अलग-अलग होना चाहिए।

लेकिन यह ज़िन्दगी है जो कथा में भी आसानी से अलग-अलग होने को तैयार नहीं होती। जब जीवन एक बाढ़ का सामना करते हुए जिया जाये तो अनुभवों की एक लहर दूसरी लहर पर चढ़ती आएगी ही। चन्दौसी से दिल्ली तक, और दसवीं तक की अपनी पढ़ाई का जिक्र करते-करते श्यौराज सिंह बेचैन कई बार एक ही गली की परिक्रमा करते लगते हैं, एकाध बार शक होता है कि वे कहीं खुद को दुहरा तो नहीं रहे, लेकिन किताब पलटकर दुबारा देखने पर मालूम होता है कि ये सारी कथाएँ भिन्न हैं, कि इन्हें और करीब से देखने की और उस त्रासदी को समझने की जरूरत है जिससे हमारे समाज का एक बड़ा हिस्सा रोज़ दो-चार होता है।

दरअसल अगर ईमानदारी से यह आत्मकथा पढ़ें और उसके अनुभवों को करीने से याद रखें तो हमें अपने आसपास के बहुत सारे लोगों के जीवन पर नये सिरे से दृष्टि डालने की जरूरत महसूस होगी तब लगेगा कि एक सपाट दिख रही ज़िन्दगी के ऊपर नाइंसाफियों की न जाने कितनी परतें चढ़ी हुई हैं। मिसाल के तौर पर जो लोग हर सुबह सोसाइटी के दरवाज़े पर हमारे लिए अखबार फेंक जाते हैं, जो हर सुबह कूड़ा लेने के लिए घंटी बजाते हैं, जो बच्चे हर रोज किसी चौराहे पर नींबू बेचते हैं, जो बूढ़े या बच्चे किन्हीं बाजारों में एक तंग-सा कोना खोज बूट पालिश और जूते की मरम्मत की अपनी दुकान लगाते हैं, जो लोग किसी सुबह किसी हाथगाड़ी में किसी मरे हुए जानवर का शव ले जाते हैं, जो बच्चे किसी शाम किसी-किसी बारात के पिछवाड़े फेंके हुए पत्तलों में अपनी बारी का इन्तज़ार कर रहे होते हैं, जो सड़कों पर कचरे बीनते हैं, और ऐसे ही ढेर सारे दूसरे काम करते हैं जो न हों तो शहर ठप्प पड़ जाये, वे सब लोग हमारे लिए ऐसे अदृश्य-अस्पृश्य लोग हैं जिन्हें हम न देखना चाहते हैं और न जिनके बारे में सोचना चाहते हैं। सोचने लगें तो अपने आरामदेह घरों में रहना भी एक गुनाह लगे। श्यौराज सिंह बेचैन की आत्मकथा हमें इन तमाम लोगों को नये सिरे से पहचानने पर मजबूर

करती है। दरअसल मेरी पूरी कोशिश इस आत्मकथा को आत्मकथा की तरह न पढ़ने की है। मैं भूल जाना चाहता हूँ कि श्यौराज सिंह बेचैन नाम के एक लेखक ने जिन्हें मैं करीब से जानता हूँ—यह अपनी ही कहानी लिखी है। मैं उस छोटे-से बच्चे को याद नहीं करना चाहता जो अपने पिता के कन्धे पर बैठकर एक शादी में गया और वहाँ से उसने उन्हें दूसरों के कन्धों पर लौटता देखा। मैं यह नहीं जानना चाहता हूँ कि उस बच्चे ने अपना पिता सिर्फ इसलिए खो दिया कि वक्त पर उन्हें सही इलाज मिलने की जगह इलाज के नाम पर पीटा जाता रहा। बेचैन की आत्मकथा में ढेर सारे ब्योरे ऐसे हैं जो बेचैन करते हैं। जिस घर में उनका बचपन कटा वह रोशनी और रफ़्तार से मोहताज एक घर है—किसी ने आँख खो दी है, किसी के पाँव खराब हैं—किसी जन्मजात बीमारी की वजह से नहीं, बस गरीबी और इलाज की कमी की वजह से। ऐसे बेबस घर को कभी घेरा जाता हैं कभी उसे इन बेबस लोगों से छीन लिया जाता है। इन सबके बीच बच्चे ने अपने पिता को खो दिया है, एक सौतेले बाप के साये में है जिसे होनहार बेटे नहीं, बेगारी खटने वाले बाल मजदूर चाहिए।

ऐसे में यह बच्चा अपने नन्हे पाँवों से इतना लम्बा सफर तय करने पर मजबूर है, अपनी कमज़ोर पीठ पर इतना बोझ उठाने को विवश है कि उसकी ज़िन्दगी उसके कन्धों पर लदी एक ठहरी हुई यातना का जुआ लगती है। इस आत्मकथा का नाम 'मेरा बचपन मेरे कन्धों पर' निश्चय ही सार्थक है क्योंकि वाकई श्यौराज सिंह बेचैन ने यह बचपन अपने कन्धों पर ढोया है। और इस बचपन का रास्ता कभी सीधा नहीं रहा है। कभी उसे खेतों में जोता गया, कभी उसे जानवरों का चमड़ा उतारने के काम में लगाया गया, कभी उससे बेलदारी करायी गयी, कभी उससे कुएँ चिनवाये गये, कभी उसे नींबू बेचने पड़े, कभी जूतों की पालिश और मरम्मत का काम करना पड़ा, कभी ईंट भट्टे तक जाना पड़ा। मजबूरी उसके पेशे ही नहीं, ठिकाने भी बदलती रही। उसने गाँव बदले, शहर बदले उसने राज्य बदले, वह राजधानी दिल्ली तक हो आया लेकिन उसके साथ हो रहा सलूक नहीं बदला। हर जगह एक-से संघर्ष, हर जगह एक-सी उपेक्षा जैसे उस बच्चे की नियति रही।

फिर वह कौन-सी चीज़ है जिसकी वजह से वह बच्चा इस नियति से लड़ सका? श्यौराज सिंह बेचैन अगर इस नियति से उठकर एक सम्मानित लेखक हो सके तो यह स्थिति कैसे बनी? इस सवाल के दो जवाब दिखते हैं। एक तो यह कि छोटे श्यौराज सिंह को शब्द हमेशा अपनी तरफ खींचते रहे, सारी तकलीफों के बीच पढ़ने की ललक उसमें बनी रही। दूसरी बात यह कि उसे समय-समय पर ऐसे लोग मिलते रहे जिन्होंने उसकी मदद की।

लेकिन इन दोनों व्याख्याओं से श्यौराज सिंह बेचैन की कथा में छुपी उस अन्तर्कथा का सुराग नहीं मिलता जो वाकई इस आत्मकथा को एक महागाथा में बदल सकती है। आखिर जीवन में तमाम तरह के थपेड़े खाता एक बच्चा आज एक सम्मानित लेखक है

और देश-विदेश की यात्रा कर रहा है तो इससे अच्छी कहानी क्या हो सकती है?

दरअसल यह किताब यही बताती है कि यह सफ़र आसानी से नहीं कटा। श्यौराज सिंह बेचैन नाम के बच्चे ने अपने पढ़ने की ललक की भरपूर क़ीमत चुकायी—अपनी उम्र, अपनी हैसियत और अपनी पढ़ाई से भी ज्यादा। उसे घर से दूर रहना पड़ा, उसे खेतों पर अमानवीय श्रम करना पड़ा, उसे अपनी पढ़ाई जारी रखने के लिए अपनी कई तकलीफें भूलनी पड़ीं। जिन लोगों ने उसकी मदद की, उन्होंने भी इसकी पूरी क़ीमत वसूल ली। यह कह देना भी एक तरह का सपाटपन है कि श्यौराज सिंह बेचैन के लेखक बनने की कहानी जितना निजी संघर्ष और दूसरों की मदद की कहानी है, उससे ज्यादा उस बदले हुए दौर की, जिसमें इस तरह के संघर्ष सम्भव हैं, इस तरह की मदद मजबूरी है। हो सकता है इसका कुछ हिस्सा सच हो, लेकिन ज्यादा बड़ी सच्चाई यही है कि समाज अब भी श्यौराज सिंह जैसे बच्चों की राह रोकता है।

ज्यादा से ज्यादा यह कहा जा सकता है कि यह पूरी कहानी कुछ श्यौराज सिंह बेचैन के निजी श्रम और संघर्ष की गाथा है, एक हद तक कुछ लोगों की मदद की कहानी है और साथ ही थोड़े-से सामाजिक बदलाव की भी। यानी कई रसायनों ने मिलकर तैयार की है ये पूरी कहानी। जिन्दगी के साथ बहुत सारी लुकाछिपी करते हुए, किस्मत के साथ बार-बार शह और मात का खेल खेलते हुए, समाज के साथ उलझते हुए और कभी उससे बचकर रास्ता निकालते हुए, अपनी बीमारियों को ढोते हुए बेचैन ने अपनी पढ़ाई पूरी की, अपना सफर आगे बढ़ाया अगर इतने दुर्धर्ष संघर्ष के बाद लेखन में कुछ आत्मश्लाघा चली ही आये, अपने को एक सीधे सादे अच्छे आदमी के रूप में पेश करने का भोलापन दिख ही जाये तो इसका भी सम्मान करना चाहिए।

वैसे यह आत्मकथा अभी अधूरी है। बच्चे ने शोषण और यन्त्रणा के भारी-भरकम जुए को उतार फेंकते हुए दसवीं पास कर ली है। इसके बाद उसे पूर्वग्रहों के कहीं ज्यादा महीन जालों का सामना करना है। वह कहना बताएगी कि सभ्य समाज जाति और हैसियत के कितने खाने बनाकर चलता है और अपनी सहूलियत के हिसाब से किस तरह अपना रुख तय करता है। उम्मीद करनी चाहिए कि वह कहानी बेचैन कही ज्यादा बारीक ढंग से लिखेंगे।

वैसे अभी तक जो कहानी आयी है वह हमारी आँखों पर पड़े एक विशाल परदे को नोच फेंकती है। हमें फिर से याद दिलाती हुई कि हम अपनी ही तरह के मनुष्यों को लेकर कितने निष्ठुर हैं, सिर्फ इसलिए कि उनकी आर्थिक हैसियत और सामाजिक पहचान हमसे मेल नहीं खाती। निश्चय ही इस आत्मकथा में कोई आत्मदया खोजने की जरूरत नहीं, उसे हमदर्दी से देखने की जरूरत नहीं, श्यौराज सिंह बेचैन का कन्धा थपथपाने की ज़रूरत नहीं, बस इससे संवेदनशीलता और धीरज के साथ पढ़ने की जरूरत है—यह लिखने वाले के मुकाबले, पढ़ने वाले के लिए कहीं ज्यादा जरूरी है।

छूटते-टूटते हिन्दुस्तान की कहानी

पूर्वी उत्तर प्रदेश के गाँवों की बदहाली के कई चेहरे हैं—विकास और रोज़गार के अभाव में पलायन का वर्षों से चला आ रहा सिलसिला, चुनावी राजनीति में बाहुबलियों और जातिवादियों की लगातार बढ़ती जकड़बन्दी जिसे अवैध कमाई से बनाया हुआ धनतन्त्र भी अपनी तरफ से ताकत और संरक्षण देता है, और इन्सेफ्लाइटिस नाम की वह बीमारी जो वर्षों से हर साल सैकड़ों जानें लेती हैं, लेकिन जिसे अब भी 'नइकी बीमारी' कहकर पुकारने का चलन है, ताकि उसके साथ जुड़ी रहस्यात्मकता बनी रहे। इन गाँवों में विद्रूप की खेती सबसे ज्यादा होती है—विकास के विद्रूप की, प्रशासन के विद्रूप की, लोकतन्त्र के विद्रूप की। इन सबके साथ सदियों से चला आ रहा ठहराव वह सड़ाँध पैदा करता है जिसमें सब कुछ जैसे बजबजाया-सा लगता है। जब इतनी सारी विडम्बनाएँ जीवन और समाज को एक साथ घेर लें तो वह अराजकता के एक जंगल में तब्दील हो जाता है।

इस जंगल की कहानी लिखना आसान काम नहीं। पूर्वी उत्तर प्रदेश के इस इलाके ने हालाँकि कई लेखक और पत्रकार पैदा किये, लेकिन ऐसी रचनाएँ कम हैं जो इस समकालीन समाज की नब्ज़ पर हाथ रखते हुए इन बीमारियों की पड़ताल कर सकें। कुछ अरसा पहले अंग्रेजी में प्रकाशित अमिताव घोष के उपन्यास 'सी ऑफ पॉपीज' की पृष्ठभूमि यही अंचल है, लेकिन वह करीब डेढ़ सदी पहले की कथा है, उस समकालीन समाज की नहीं, जिसमें आज कहीं ज़्यादा टूटन-फूटन है, जिसमें गाँव बिल्कुल सड़ रहे हैं और उनके साथ सदियों से चली आ रही जीवनचर्या सड़ रही है।

पिछले दिनों अन्तिका प्रकाशन से छपकर आया मदन मोहन का उपन्यास 'जहाँ एक जंगल था' इन्हीं विडम्बनाओं को पहचानने और पकड़ने की कोशिश करता है। सरकार में बड़े अफ़सर रहे गोरखनन्दन सहाय बरसों बाद गाँव लौटे हैं, लेकिन बसने के इरादे से नहीं, अपनी ज़मीन बेचने के खयाल से। अमेरिका में रह रहे अपने बेटे के कहने पर उन्होंने साल भर पहले ही रिटायरमेंट ले ली है और उसी के कहने पर ज़मीन ठिकाने लगाना चाहते हैं ताकि इन्सेफ्लाइटिस के टीके बनाने का उसका एक कारखाना खोलने

के लिए ज़रूरी रकम का एक हिस्सा जुटाया जा सके। लेकिन गोरखनन्दन जो गाँव छोड़कर गये थे और जो गाँव उन्हें मिल रहा है, दोनों में काफी फर्क और फासला है। कई हिस्सेदारों में बँटी उनकी अपनी ज़मीन के अलग-अलग हिस्सों पर अलग-अलग लोगों ने कब्ज़ा कर रखा है नरेगा के भ्रष्टाचार ने गाँव में निकम्मे नौजवानों की एक फौज खड़ी कर दी है जिसकी शामें वहाँ कच्ची-पक्की शराब की कई खुल गयी दुकानों में गर्क होती हैं। पंचायती चुनावों में जातिगत टकराव की नयी शक्लें दिख रही हैं। गाँव में विकास के नाम पर कुछ कच्चे-पक्के घर ज़रूर बन गये हैं, लेकिन न बिजली है और न सड़क है। इलाके में इन्सेफ्लाइटिस जैसी बीमारी के बावजूद न कायदे के डॉक्टर हैं और न ही अस्पताल हैं। इस माहौल में लाइलाज मरते बच्चों, बूढ़ों और महिलाओं की कहानियाँ गोरखनन्दन सहाय बेबस देखते और सुनते हैं। इसी तरह राजनीति के नाम पर कांग्रेसी अवसरवाद से टक्कर लेती साम्प्रदायिकता है।

इस बहुत हद तक जानी-पहचानी कथावस्तु के कुछ निजी तन्तु भी हैं। गोरखनन्दन अपनी पत्नी के साथ गाँव आये हैं और कम से कम महीने भर रहने की तैयारी में आये हैं। वीरगंज कस्बे के इस मालेपुर गाँव तक अपनी कार लाते-लाते उन्हें कुछ चुनौतियाँ समझ में आने लगती हैं। गाँव में रोज़ अख़बार तक नहीं पहुँचता, मोबाइल भी चार्ज कराने के लिए पास के बाज़ार में भेजना पड़ता है। फिर भी इस पुश्तैनी घर और गाँव में कुछ पुराने दोस्तों से उनकी उम्मीद बाकी है। ये दोस्त मिलते भी हैं और कुछ मदद करते दिखते भी हैं, लेकिन अन्ततः सब अपने जीवन में रमे हुए हैं, सबको अन्दाज़ा है कि गोरखनन्दन सहाय फिलहाल गाँव में मेहमान भर हैं। वैसे इस गाँव में गोरखनन्दन की एक दबी हुई स्मृति भी है—पैखी नाम की एक दलित लड़की जिससे कभी किशोरावस्था में उन्होंने प्रेम किया था। उपन्यास यह इशारा करता है कि इस प्रेम को गोरखनन्दन की माँ का मुखर समर्थन भी हासिल था और इसी प्रेम की वजह से पैखी ने बचपन में हुआ अपना ब्याह तोड़ने की भरसक कोशिश की। लेकिन गोरखनन्दन की अन्ततः अपने ही वर्ग की एक सुशील कन्या से शादी हुई। गोरखनन्दन गाँव लौटे हैं तो उनके साथ पुराने प्रेम की स्मृति भी लौटी है जिसकी लता इस सूचना से कुछ और लहलहा जाती है कि पैखी जीवन के कई प्रहार झेलने के बाद उनकी ही ज़मीन पर अपनी झोपड़ी डालकर रह रही है। हालाँकि इस पैखी को देखकर गोरखनन्दन को समझ में आ जाता है कि जीवन और हालात ने उसे किस बुरी तरह पीस डाला है।

इस ठहरे हुए गाँव में राकेश नाम का एक क्रान्तिकारी नौजवान भी है जिसके साथ गोरखनन्दन का संवाद भी होता है। वह आदिवासियों की लड़ाई लड़ रहा है और इलाके के एक दबंग राजनीतिक परिवार और भू माफिया से लोहा लिए हुए है। यह सब नज़ारा देखते और अपनी ज़मीन के सौदे का उचित मौका और पात्र ढूँढ़ते गोरखनन्दन को परत दर परत अपने गाँव की बदली हुई हकीक़त दिखती है। यह गरीबी, अभाव, साज़िश और कुचक्रों का मारा हुआ गाँव है—ऐसे ही एक कुचक्र की चपेट में गोरख भी आ जाते हैं और

उन्हें कुछ दिन जेल में भी गुज़ारने पड़ते हैं जिसके बाद उनका हृदय परिवर्तन होता दिखता है—हालाँकि लेखक इसे पात्र के मुँह से ही हृदय परिवर्तन कहे जाने से इनकार करता है।

उपन्यास में एक सहज पठनीयता है और बदलते गाँव की वास्तविक तस्वीर भी। कहने की ज़रूरत नहीं कि उपन्यास की पृष्ठभूमि भले पूर्वी उत्तर प्रदेश का एक इलाका हो, लेकिन इसका कैनवास व्यापक है। इसमें विकास की वह नयी विडम्बना पढ़ी जा सकती है जो शहरों को भी बरबाद कर रही है और गाँवों को भी। लेकिन यह अच्छा उपन्यास कई वजहों से एक बड़े उपन्यास में तब्दील नहीं हो पाता। हिन्दी में ग्राम केन्द्रित उपन्यासों की परम्परा बहुत पुरानी और बड़ी है। प्रेमचन्द के 'गोदान', रेणु के 'मैला आँचल' और 'परती परिकथा', श्रीलाल शुक्ल के 'राग दरबारी', वीरेन्द्र जैन के 'डूब' और 'पार', और मैत्रेयी पुष्पा के 'इदन्नमम' और 'चाक' जैसे उपन्यासों की सहसा याद आ जाती है। इस सूची में और भी नाम जोड़े जा सकते हैं। मदन मोहन का उपन्याास कई समस्याएँ उठाता है, लेकिन उन पर जैसे सरसरी निगाह डालकर दूसरी तरफ बढ़ जाता है। उपन्यास इन्फ्लेसाइटिस से मरने वाले बच्चों को समर्पित है, लेकिन इस बीमारी की विडम्बनाएँ भी बहुत संक्षिप्त रूप में सामने आती हैं। इसी तरह गाँव की जातिवादी राजनीति हो, साम्प्रदायिकता का बढ़ता असर हो, इन सबके ख़िलाफ संघर्ष की कोशिश हो या फिर माओवादी आहटें—ये सब उपन्यास में बस आते-जाते हैं। नतीजा यह होता है कि उपन्यास अपनी पठनीयता के बावजूद बहुत संवेदनशील और गहरा असर छोड़ने में नाकाम रहता है।

दूसरी बात यह कि उपन्यास में स्थानीय बोली के लगातार इस्तेमाल के बावजूद वह आंचलिक या सांस्कृतिक स्पर्श गायब है जो इसे बिल्कुल मिट्टी से जुड़ा उपन्यास बना दे। उल्टे स्थानीय बोलचाल में इस्तेमाल की जाने वाली भोजपुरी इस तरह ज्यों की त्यों रख दी गयी है कि वह प्रामाणिक होते हुए भी उन पाठकों के लिए सम्प्रेषणीय नहीं हो पाती जो गैरभोजपुरी इलाके से हैं। इस मामले में रेणु से सीखा जा सकता है जो अपने चरित्रों के सारे संवाद अन्ततः हिन्दी में ही रखते हैं—बस उनमें स्थानीय स्पर्श इतना सूक्ष्म और गहरा होता है कि न उसका रंग फीका पड़ता है और न उसकी सम्प्रेषणीयता में कोई बाधा आती है।

अन्त-अन्त तक आते-आते उपन्यास कई उलझे हुए सिरे भी छोड़ जाता है। पैखी के साथ लेखक का सलूक दुविधा भरा है। यह समझ में नहीं आता कि इस किरदार को उपन्यास में किस मकसद से लाया गया है। गाँव में क्रान्ति का बिगुल फूँकने वाले राकेश बाबा का भी क्या हुआ, यह साफ नहीं है। जिन हालात में गोरखनन्दन को जेल जाना पड़ता है, वे कुछ ज़्यादा नाटकीय लगते हैं। पुलिस द्वारा झूठे मुकदमे में लोगों को फँसाने के किस्से आम हैं, लेकिन अमूमन उनकी चपेट में गोरखनन्दन जैसे सम्भ्रान्त पूर्व अफ़सर नहीं आते। बहरहाल, जेल से निकलने के बाद गोरखनन्दन जिस तरह

अपनी ज़मीन को लेकर फ़ैसला करते हैं, उसके पीछे भी कोई सुचिन्तित सोच नजर नहीं आती, एक जज़्बाती रुख़ ज़रूर दिखता है।

फिर भी मदन मोहन ने वह कहानी लिखी है जिसे सब अनदेखा करने पर तुले हैं। उदारीकरण के हल्ले में, बाज़ारवाद के शोर में, नया इण्डिया बनाने और बसाने की होड़ में जो पीछे छूटा हुआ, ठहरा हुआ, सड़ता और बजबजाता हुआ हिन्दुस्तान है, उसकी कहानी धीरे-धीरे हमारी स्मृति से गायब करने की कोशिश की जा रही है। मदन मोहन का नायक थोड़े समय के लिए ही सही, गाँव लौटता है और हमारे लिए उस गाँव की एक सच्ची और उलझी हुई तस्वीर ले आता है।

राजनीतिक-सामाजिक यथार्थ की विश्वसनीय कहानियाँ

मदनमोहन की कहानियाँ पिस रहे वर्गों की कहानियाँ हैं। इन कहानियों के भीतर धड़क रहा समाज गाँवों और कस्बों में रह रहा वही मेहनतकश समाज है जिसे विकास के नासमझ इकहरेपन ने कोल्हू का बैल बना दिया है, जो राजनीति के घिनौने दाँव-पेंच में हमेशा मुहरा बना और पिटा है और आज़ादी के बाद जिसकी आँखों के सपने लगातार घावों में बदलते गये हैं। मगर महत्त्वपूर्ण यह है कि धीरे-धीरे उसकी समझ में आ रहा है कि अन्याय और शोषण के इस पूरे तन्त्र के विरुद्ध लड़ने के अलावा उसके पास कोई दूसरा चारा बचा भी नहीं है। 'छलांग' और 'बच्चे बड़े हो रहे हैं' के बाद मदनमोहन का तीसरा कथा-संग्रह 'हारु' आजादी के बाद निरन्तर वजनी हो रहे इस विरूप यथार्थ को तीव्रता और संवेदना के साथ पकड़ता है। पाखण्ड और समझौतापरस्ती से भरी भारतीय राजनीति में हमेशा छले जाने के कारण राजनीतिक आन्दोलनों के प्रति आम आदमी में बढ़ रहे अविश्वास को जहाँ ये कहानियाँ रेखांकित करती हैं वहीं यह भी उजागर करती हैं कि किस तरह सत्ता से जुड़ी ताकतों ने सुविधाओं के जाल फेंककर सम्भावित विरोध के मंचों को फाँस लिया है। संग्रह की पहली कहानी 'दलदल' इसी राजनीतिक छल-छद्म का दस्तावेज है। बुनकरों को संगठित कर रहे कामरेड अबुल हसन कारपोरेशन के चुनावों के मन्त्री जी और गुलाब भैया के अहसानों से दबे हुए हैं। लेकिन यह बाद की बात है। उसके पहले ही कामरेड की पहल पर शुरू हुए बुनकरों के आन्दोलन को चतुराई से मन्त्री जी ने अपने हित में इस्तेमाल कर लिया है। मन्त्री जी द्वारा प्रदत्त एक लाख के चेक से कामरेड अबुल हसन की हिचक के बाद भी जिला कमेटी के समर्थन के साथ 'कामरेड भवन' बनता है। कामरेड भवन, में रह रहे हैं गुलाब भैया के आदमी। कामरेड की समझ में ही नहीं आया है कि कब और कैसे वे अपने लोगों का विश्वास खोते चले गये। आखिरी में वे देखते हैं कि अपने द्वारा आहूत जुलूस के एकमात्र झण्डाबरदार वहीं है और उनके साथ है सिर्फ गुलाब सिंह के आदमी। उनका पोसा हुआ कुत्ता कलुवा भी उनके इस बदलाव को स्वीकार नहीं करता।

लेकिन राजनीतिक छल-छद्म की इस कथा के समानान्तर मदनमोहन दूसरी कहानियों में एक दूसरा पक्ष भी सामने रखते हैं। यह पक्ष है लड़ाई की मजबूरी समझने वाले और लड़ने को तैयार आम जन का, जिसके पास राजनीतिक आन्दोलनों के नेतृत्वकर्ताओं की पेशेवर भाषा नहीं है। गाँव के रास्ते पर यूकेलिप्टस के बाग रोपकर उसे अपने कब्जे में करने वाले धरम बाबू का विरोध करने का साहस किसी में नहीं है। गाँव वालों में नाराजगी तो है मगर वे बस रास्ते के लिए अर्जी देते हैं। हाकिम का आगमन होता है और गवाही शुरू होती है। धरम बाबू को झूठ बोलते देखकर भी सभी चुप हैं, मगर किसुना रह नहीं पाता। वह धरम बाबू के कोप की परवाह न करते हुए सच बोल जाता है। दूसरे दिन उसे अपने इस 'दुस्साहस' की वजह से कई आशंकाएँ भी घेरे हुए हैं। कुहरे में उसके जानवर गुम हैं, उसे लग रहा है कि कहीं धरम बाबू...गाँव के ही पल्टू दा बातचीत के क्रम में उसे बताते हैं कि उसका बयान तो 'कच्चा' ही रह गया। उस पर उसके अँगूठे का निशान है ही नहीं। सहसा वह देखता है कि शहर लौट रही है हाकिम की गाड़ी। फिर वह सारी आशंकाएँ भूल दौड़ पड़ता है गाड़ी की तरफ–"मैं हाजिर हूँ सरकार! ये रहा अँगूठा! लगा लो कागद पर।"

अन्याय और शोषण के खिलाफ खड़े होने का यही संकल्प दिखाई पड़ता है 'स्वयंवर' कहानी में। कथाभूमि वही है। गाँव की जमीन पर कब्जा करने की कोशिश कर रहे शिवदेव सिंह का विरोध करने की कीमत चुकायी है सुखचैन मामा, उनके बेटे कम्मल और उसके मित्र कन्ता ने। कम्मल की हत्या करवा दी गयी और शिवदेव सिंह से मिली हुई पुलिस ने हत्या के इल्ज़ाम मे कन्ता को बन्द कर दिया। बेटे की हत्या का मुकदमा लड़ते-लड़ते सुखचैन मामा भी गुजर गये। बाहर से आया रामबरन चिन्तित है कि मामी अपनी बहू और बेटी के साथ अकेली कैसे रहेंगी। लेकिन मामी ने अपने ऊपर आयी तमाम विपत्तियों के साथ-साथ एक संकल्प भी जुटा लिया है, "अब मेरी भी जिम्मेदारी भला कैसी रामबरन! कन्ता जेहल से छूटकर आएगा तो बहू उस पर चली जाएगी। और मुन्नी के लिए तो मैं स्वयंवर रचाऊँगी बेटा! मेरी बेटी को ब्याहकर वही ले जाएगा जो कम्मल और तेरे मामा के अन्त का बदला लेगा...!"

लेकिन व्यक्तिगत स्तर पर संघर्ष की आग किसी संगठित लड़ाई में क्यों नहीं ढल पाती, इसकी पड़ताल मदनमोहन दूसरी कहानियों में करते हैं। 'दलदल' के बाद 'हारु' दूसरी कहानी है जिसमें संगठन के स्तर पर लड़ी जा रही लड़ाई त्रासद समझौतापरस्ती का शिकार हो जाती है। नगरपालिका में चतुर्थवर्गीय कर्मचारियों का नेता बनने की कोशिश कर रहे हारु ने आन्दोलन को एक प्रभावी मुकाम तक खींच दिया है। मगर अपने ऊपर के नेतृत्व की उपेक्षा और अधिकारियों के दबावों से घिरा यह नया नेता सिर्फ अपनी यूनियन को मान्यता दिलवाने की जल्दीबाजी में एक घृणित समझौता कर लेता है। मगर इन दोनों कहानियों 'दलदल' और 'हारु' से गुज़रते हुए एक बात साफ होती है कि इन आन्दोलनों की असफलता के खलनायक अबुल हसन या हारु नहीं हैं, बल्कि

वह राजनीतिक अपसंस्कृति है जिससे वे घिरे हुए हैं और राजनीति के खेल में बार-बार पिटते हुए वे भी वह शातिर चालें सीखेंगे जिनसे 'सफल' हुआ जाता है।

हाल के वर्षों में जिस साम्प्रदायिक कट्टरता ने हमारे सामाजिक जीवन में वैमनस्य के बीज बोये हैं उस पर आक्रमण करते हुए एक सार्थक प्रतिरोधी साहित्य हिन्दी में लगातार रचा गया है। इस कट्टरता को बुद्धिजीवियों और पत्रकारों के एक खास तबके ने लगातार हवा दी। मदन मोहन की कहानी 'कोई झूठ नहीं' साम्प्रदायिक उभार के इस दोतरफा हमले को—एक तो सांस्कृतिक हमला, और दूसरा वह जो इस सांस्कृतिक संरक्षण से पुष्ट होकर शहर के शोहदों और गुंडों की मार्फत ज्यादा नंगे और वहशी ढंग से हमारे सामने आता है—खरेपन के साथ रखती है। इसी के एक पहलू के रूप में उस आदमी की बेबसी और द्वन्द्व भी सामने आते हैं जिसे भारत की सहज मिली-जुली जीवन-शैली में साँस लेने की आदत रही है। भारत में दस्तक दे रहे फासीवादी जुनून को अपने ढंग से यह कहानी रखती है। और इसी के ज्यादा खौफनाक विस्तार के रूप में आती है कहानी 'जंक्चर'। इस कहानी के चरित्रों का साफ सन्देश यह समझ में आता है कि अगर हमारे विचार के साथ नहीं हो तो हमारे दुश्मन हो। इन कहानियों को पढ़ते हुए जब हम अक्तूबर '90 या दिसम्बर' 92 के वहशी दिनों की याद करते हैं तो सहसा ध्यान आता है कि कहानी उन्हीं अनुभवों को रखती है, जिनसे हम सब वास्तविक रूप में गुजरे हैं।

'घर' और 'फिर भी सूखा' संग्रह की दो ऐसी कहानियाँ हैं जिनमें एक औपन्यासिक विस्तार की सम्भावना नज़र आती है। समय ने भारतीय समाज और घरों को कितना बदला है, रिश्तों के बन्धनों को कितना ढीला किया या ताना है—यह ये कहानियाँ बताती हैं।

इन सारी कहानियों की एक शिल्पगत खासियत यह है कि यह इकहरे या यान्त्रिक अनुभवों की कहानियाँ होकर नहीं रह गयी हैं। हिन्दी में बहुत-सारे कथाकार जब गाँव की कथा उठाते हैं तो उनका बनावटीपन नज़र आता है और वह कहानियों के असर को मार देता है। ये कहानियाँ बनावटी नहीं लगतीं, बल्कि इनका परिवेश बहुत सहजता के साथ बुना गया है। इनमें वे गाँव, घर या कस्बे नज़र आते हैं जिनकी ये कहानियाँ हैं। मदन मोहन की कहानियाँ जिस ज़मीन से उठायी गयी हैं, उस जमीन पर हिन्दी साहित्य में इन वर्षों में बहुत सारा काम हुआ है और उनमें बहुत सारा कुछ अच्छा भी रहा है, फिर भी अगर ये कहानियाँ अलग दिखती हैं तो इसका श्रेय पृष्ठभूमि की रचना में मदन मोहन की सहजता को जाता है।

जिस्म की ज़ुबानी रूह की कहानी

'प्रेम गली अति साँकरी' के बाद प्रकाशित शाज़ी ज़मां का दूसरा उपन्यास 'जिस्म-जिस्म के लोग' आकार में एक लम्बी कहानी के बराबर है और गठन में एक प्यारी-सी कविता जैसा, लेकिन इसमें अपनी तरह की एक औपन्यासिकता है जो इसे अन्ततः उपन्यास बनाए रखती है। रोमानी, रूहानी और जिस्मानी के बीच कभी खिलन्दड़ा चुस्ती और कभी बहुत संलग्न संजीदगी के साथ आवाजाही करता यह उपन्यास, निस्सन्देह, अपने शिल्प, अपनी भाषा और इन दोनों को मिलाकर पैदा होने वाले प्रभाव से, हिन्दी के मौजूदा उपन्यासों के बीच अलग से देखे जाने की माँग करता है।

उपन्यास से पहले अपनी भूमिका में यह लेखक ने साफ कर दिया है—आम रचनाओं की तरह यह जीवन के अनछुए पहलुओं को नहीं, बिल्कुल 'छुए' पहलुओं को उजागर करने वाली रचना है। हालाँकि उपन्यास को पढ़ते-पढ़ते यह शरारती टिप्पणी पीछे छूट जाती है और छूने-पहचानने के एक निहायत आत्मीय खेल में अनछुआ कुछ चला ही आता है—बताता हुआ कि उसे 'छुए' बिना नहीं पाया जा सकता।

उपन्यास का कथा सूत्र बेहद झीना है—दो मुख्य किरदार हैं, लेकिन छायाओं जैसे—अँधेरे और उजाले के बीच एक-दूसरे को पहचानते, एक-दूसरे को समझते जिस्म। उनके नाम नहीं हैं, नामों की ज़रूरत भी नहीं है, अलग-अलग अन्तरालों और टुकड़ा-टुकड़ा स्मृतियो में बँटी इस कहानी का पूरा जिस्म ही जिस्मानी जज़्बात से बनता है जिसमें देखना, छूना, रूठना, मनाना, ऊबना, डूबना, बुझना, सुलगना सब शामिल हैं।

कृपया यह न समझें कि शाज़ी ज़मां ने यह दास्ताने जिस्म तथाकथित देहवादी आग्रहों के वशीभूत होकर लिखी हैं। यह भी न समझें कि उपन्यास में अलग-अलग जिस्मानी सम्बन्धों के सॉफ्ट पोर्ननुमा ब्योरे हैं जिनका इन दिनों खुब चलन है। दरअसल इस उपन्यास की खूबी यही है कि यह जिस्म की ज़ुबानी रूह की कहानी कहता है। उपन्यास का ही एक बिम्ब उधार लेकर कहें तो यह जिस्म के कैनवास पर उपन्यास की शक्ल में लिखी गयी कविता है। ऐसे सम्पूर्ण विहंसते हुए शरीर, ऐसे

मुकम्मिल बोलते हुए जिस्म, जिस्मों में बँधा, लेकिन रूहानी होने की हद तक जाता ऐसा अकुंठ प्रेम साहित्य की दुनिया में आम तौर पर नहीं मिलता—मिलता भी है तो बगावत की तरह, अपने-आपको सही साबित करने की ताब से भरा हुआ, एक राजनीतिक-सामाजिक या वैयक्तिक लड़ाई के औजार की तरह। लेकिन शाज़ी ज़मां के यहाँ यह प्रेम इस मायने में बिल्कुल अलग है कि यहाँ ऐसी कोई सामाजिक-राजनीतिक या व्यक्तिगत लड़ाई नहीं है, बस जिस्म हैं, जिस्मों के आरपार पहुँचता प्रेम है, जिस्मों की मार्फत बनने वाली स्मृति है और जिस्मों के जरिये जिया जाने वाला उत्सव है।

सवाल है, यह कहानी बढ़ती किधर है, पहुँचाती कहाँ है? अँधेरे-उजाले की सरहदों पर बनने वाला जिस्मों का साँवला वसन्त कब तक हरा रहता है? यह सवाल जिस्मों के रिश्ते के आगे भी खड़ा है। वह समय भी आना है, जब यह गरमाहट चुक जानी है। जब जिस्म बुझने, ऊबने और डूबने और अन्ततः अलग हो जाने की हद तक चले जाने हैं। लेखक को भी इसका एहसास है और उपन्यास में भी इसका इशारा है। जिस्म पर उम्र के दस्तख़त पहचाने जाते हैं। आती हुई उम्र जाती हुई उम्र को डराती है। नये जिस्मों की तारीफ पुराने जिस्मों को कुछ उदास छोड़ जाती है, प्रेम के बीच नये रिश्तों या संवाद की चाहत एक उदास माहौल बनाती हैं। जिस्म जिस्म से अलग भी हो जाते हैं और दूर घूमने निकल जाते हैं—इस एक फर्क के साथ कि पुरुष का जिस्म दुनिया घूमता है और दुनिया उसका जिस्म घूमती है, जबकि स्त्री का जिस्म अपना जिस्म लिए अकेला घूमता रहता है।

नहीं, यह उपन्यास के स्त्रीवादी पाठ की कोशिश नहीं है। न उपन्यासकार ने ऐसा कोई पाठ बनाने की कोशिश की है। अन्ततः यह एक प्रेम कथा है जिसमे रूह और जिस्म की पुरानी राहतें और आफ़तें, प्रेम और नैतिकता की पुरानी बेड़ियाँ और रूढ़ियाँ और यहाँ तक कि विधाओं के आकार-प्रकार भी बेमानी हैं। सिर्फ अलग-अलग अन्तरालों की स्मृति को पिरोता यह उपन्यास बहुत सारे जिस्म वर्ष गुज़र जाने के बाद एक आख़िरी शेर तक पहुँचता है—'जिस्मों-जिस्मों घूमता आया, तब यह जिस्म समझ में आया।' क्या यह जिस्म-जिस्म के लोगों के बीच जिस्म-जिस्म के पाठ के बाद अपना और अपने लिए एक जिस्म पढ़ने और खोजने या पहचानने की समझ है—यानी प्रेम की वही शाश्वत टेक कि प्रेम गली अति साँकरी? लेकिन सवाल रह जाता है क्योंकि उपन्यास ख़त्म हो चुका होता है।

उपन्यास की सबसे बड़ी ताकत उसकी पठनीयता है। यह एक साँस में पढ़ा जाने वाला उपन्यास है—सिर्फ इसलिए नहीं कि बस 75 पृष्ठों का है—कई बार इससे दस गुना छोटी कहानियाँ भी पढ़ना मुश्किल हो सकता है, बल्कि इसलिए भी कि जिस्मों की यह कहानी कहीं न कहीं हमारा मन भी टटोलती है। यह उपन्यास सहमत या असहमत होने के लिए नहीं, बस साथ चलने के लिए है। शाज़ी ज़मां के पास एक आधुनिक मिज़ाज और उससे हमकदम हो सकने लायक ज़बान है जिसकी रवानी के बीच उनकी चुस्त टिप्पणियाँ पाठ का आस्वाद बढ़ाती हैं। इसे उनके किस्सागो का ही कमाल

कहेंगे कि बहुत झीनी-झीनी बीनी यह चदरिया वे सारी छू-छा के बावजूद मैली नहीं होने देते, जस की तस रखने में कामयाब होते हैं और ज़रूरत पड़ने पर नासिर काज़मी और फ़िराक़ से लेकर कबीर से खुसरो तक चले जाते हैं–'*खुसरो नदिया प्रेम की उल्टी वाकी धार,/ जो उबरा सो डूब गया जो डूबा सो पार।*'

काश कि यह कुछ बड़ा उपन्यास होता–लेकिन एक तरह की संक्षिप्ति शायद इसकी प्रकृति में ही निहित है–प्रेम में कहा कम, अनकहा ज़्यादा होता है, स्पर्श में भी छुअन जितनी होती है, उतना ही अनछुआ भी होता है। लेखक के दावे के बावजूद यह उपन्यास छूकर अन्ततः प्रेम का एक अनछुआ पक्ष ही सामने रखता है।

वैचारिक ऊष्मा से लैस यात्रा

सुख की कोई इकहरी परिभाषा नहीं हो सकती। या शायद परिभाषा ही नहीं हो सकती। बल्कि यह कहना ज्यादा सही होगा कि किसी भी व्यक्तिगत अनुभूति की—चाहे वह दुख हो, अवसाद हो, खुशी हो, शर्म हो—परिभाषा नहीं हो सकती, क्योंकि वह हर आदमी के साथ बदलती चलती है, नयी हो जाती है। जीवन का जो सम्मोहन है, वह इसी नव्यता में है, इसी अद्वितीयता में है। इसके बावजूद हम बार-बार जीवन को, अनुभूतियों को और उस व्यक्ति को, जिसके हिस्से यह जीवन और ये अनुभतियाँ हैं, पहचानने-पकड़ने की कोशिश करते हैं। मगर हम ज्यादा से ज्यादा उन स्थितियों को पकड़ सकते हैं जो इस जीवन की छाया की तरह हैं, सुख या दुःख के कुहरे में लिपटी हुई। कभी-कभी दुःख के अकेलेपन में भी सुख होता है और सुख की सामूहिकता भी दुःखी और अकेला करती है। जीवन की इस द्वन्द्वात्मकता में—इस उभयक्षीयता या बहुपक्षीयता में—जो आकर्षण है वह आनन्द भी देता है और यातना भी।

राजकिशोर का पहला उपन्यास 'तुम्हारा सुख' जीवन की द्वन्द्वात्मक पहेली से जुड़ा हुआ है। निश्चय ही इस द्वन्द्वात्मक पहेली का एक महत्त्वपूर्ण पक्ष वह स्त्री-संघर्ष है जो मालविका मित्र की अनुभव-यात्रा के माध्यम से अभिव्यक्त हुआ है और इस क्रम में पुरुष-छल की कई मुद्राएँ उजागर हुई है। मालविका मित्र का स्त्री होना इस पुरुष-प्रधान समाज में आखेट योग्य मृग होने की तरह है और यह मृग जब अपनी छोटी-छोटी इच्छाओं की प्यास बुझाने के लिए तालाब के किनारे पहुँच जाये तो आक्रमण स्वाभाविक है। यह आक्रमण पहली बार वह प्राध्यापक करता है जो उसके अधूरे रह गये शोध का 'गाइड' है। मगर मनुष्य के आक्रमण में जो हिंसा होती है वह बेहद छुपी होती है, बल्कि बौद्धिक दान के बदले दैहिक प्रतिदान की माँग करते हैं। मालविका मित्र की मजबूरी यह सौदा उससे करवाती है। मगर अन्ततः उसे समझ में आता है कि "शरीर पदार्थ की तरह दिखता है, लेकिन वह पदार्थ नहीं है। वह जीवन है और जीवन को सिर्फ जीवन के बदले ही लिया या दिया जा सकता है। इससे कम पर कोई भी सौदा जीवन के साथ विश्वासघात है।"

इस अनुभव के बाद भी कई ऐसे अवसर आते हैं जब उसे अहसास होता है कि उसके शरीर को उससे ज्यादा महत्त्व दिया जा रहा है। अगली बार उसे मिलता है मार्क्सवादी लेखक कमल मिश्र। मालविका मित्र उससे और उसकी विचारधारा से प्रेम कर बैठती है। मगर प्रो. लाल से वह अपने शरीर से छली गयी थी, कमल मिश्र के साथ वह अपने मन से छली गयी। बहाना यहाँ भी उसका शरीर था—उसकी त्वचा का काला रंग।

इसके बाद मालविका मित्र की भेंट होती है परमानन्द आचार्य से। परमानन्द आचार्य एक संगठन चलाते हैं 'नव निर्माण अभियान' और धर्म की मार्फत समाज-सुधार के हामी हैं। उनकी संस्था 'नव निर्माण' के नाम से एक पत्रिका प्रकाशित करती है। अपने मामाजी के यहाँ दिल्ली रहने आयी मालविका इस पत्रिका से जुड़ती है। अन्ततः आचार्य का एक भोंडा प्रस्ताव उसे सिर्फ एक देह की तरह देखे जाने की प्रवृत्ति की याद दिला जाता है जब वह उससे आवरणविहीन होने को कहते हैं।

लेकिन इस उपन्यास को पुरुषों द्वारा छली जा रही एक स्त्री की सतही करुण दास्तान के रूप में पढ़ना उपन्यास के साथ भी और अपने साथ भी अन्याय होगा। यह एक गम्भीर वैचारिक उपन्यास है, जिसमें देह, मन, प्रेम, समाज और नैतिकता से जुड़े महत्त्वपूर्ण प्रश्नों की तार्किक पड़ताल है। ये किसी अमूर्त खोज से जुड़े निरे दार्शनिक प्रश्न नहीं हैं, अपितु वैसे प्रश्न हैं जिनसे अपने रोजमर्रा के जीवन में हमें हर दिन दो-चार होना पड़ता है। मालविका मित्र भी किसी अदृश्य सुख की तलाश में भटकती हुई छली जा रही स्त्री नहीं है, वह अपने तमाम द्वन्द्वों के बीच महज अपना जीवन जी रही है। इस जिए जा रहे जीवन के अनुभवों और सम्बन्धों की मार्फत सुख को थामने और समझने का यत्न वह अवश्य करती है, लेकिन इसके लिए विचार करने के अलावा कोई अतिरिक्त प्रयास वह नहीं करती। प्रो. वी.के. लाल, कमल मिश्र, विनोद शर्मा, सुरेखा और रफीक, परमानन्द आचार्य, उसकी मामी और अन्ततः आनन्द सक्सेना—उपन्यास में बुनी गयी मालविका के सम्बन्धों की यह दुनिया हर बार उसे अनुभव के नये-नये धरातल पर उतारती है, और हर अनुभव में जीवन की एक नयी पहचान होती है। अपनी परिस्थितियों का मारा विनोद शर्मा अपने नैतिक आग्रहों का एक नया ही आयाम उसके सामने रखता है और अपने एक बेहद छोटे-से 'पाप' के लिए उसके जीवन से खुद को बाहर कर लेता है। उसने सोयी हुई ज्वरग्रस्त मालविका को चूमने का 'पाप' किया है। क्योंकि दरअसल पाप की अवधारणा अपने भीतर से ही आती है—बाहर से नहीं। बाहरी निर्णय सिर्फ उत्प्रेरक का काम कर सकते हैं।

मगर वह आनन्द सक्सेना है जिसके सम्पर्क में आकर मालविका मित्र वास्तविक सुख की अनुभूति से परिचित होती है। मालविका उसके पास 'कुछ बौद्धिक उत्तेजनाएँ लेकर गयी थी और ढेर सारा भावनातमक उत्ताप लेकर लौटी' है। प्रेम विवाह और व्यभिचार के सन्दर्भ में एक पत्र में आनन्द उसे लिखता है..."व्याभिचार कुछ नहीं होता—यह मान्यता मुझे अनैतिक लगती है। मैं तो समझता हूँ, हर वह सम्बन्ध

व्याभिचार है जिसके पीछे प्रेम नहीं है। यानी विवाह के भीतर भी व्याभिचार हो सकता है। लेकिन सिर्फ प्रेम के कारण किसी भी सम्बन्ध को मान्यता नहीं दी जा सकती। इस तर्क से मुझे लगता है कि विवाह के बाहर का सम्बन्ध भी व्याभिचार ही है, भले ही वहाँ प्रेम ज्यादा हो। कारण, जब हम विवाह की मर्यादा स्वीकार करते हैं, तो फिर किसी और व्यक्ति से प्रेम की गुंजाइश अपने-आप निरस्त हो जाती है। इसका अर्थ यह नहीं है कि विवाह के बाहर प्रेम नहीं हो सकता। कई बार तो प्रेम नहीं होता है। विवाह एक व्यवस्था है। जाहिर है, बहुत-सी चीज़ें व्यवस्था के बाहर भी घटित होती हैं। सिर्फ इसलिए वे अवैध नहीं हो जातीं। लेकिन यदि हम व्यवस्था को परिवार और समाज के लिए अपरिहार्य मानते हैं तो हमें अपने ऊपर कुछ अंकुश लगाना सीखना होगा...।"

सुख के बारे में आनन्द टिप्पणी करता है : "मैंने यह भी अनुभव किया है कि सुख एक ऐसी चीज़ है जिसे हासिल नहीं किया जा सकता। हासिल चीज़ों को किया जा सकता है। पर चीज़ों के साथ किसी प्रकार के रिश्ते में सुख नहीं है। वे सिर्फ़ आराम दे सकती हैं।"

सम्बन्धों की इसी निश्छल अवधारणा और सुख की इस व्यापक समझ के बीच मसूरी की सड़कों पर एक-दूसरे में डूबते-उतराते मालविका और आनन्द जीवन और अनुभूतियों के कई प्रश्नों के आर-पार होते हैं। एक-दूसरे से सुख बाँटते हुए। इस सम्बन्ध में मालविका सिर्फ देह या पदार्थ नहीं है, आत्मा भी है और वह जितना दे रही है उतना ही उसे हासिल भी हो रहा है।

दरअसल यह उपन्यास चरित्रों का नहीं, उपन्यासकार का है। उपन्यास के तमाम चरित्र उपन्यासकार की कठपुतलियों की तरह भी दिखाई पड़ते हैं, उसी की भाषा बोलते हुए, उसी के विचारों का द्वन्द्व रखते हुए। यों तो यह बात हर उपन्यास में होती है, मगर यहाँ वह कुछ ज्यादा प्रत्यक्ष है। क्योंकि राजकिशोर इन चरित्रों को उतना ही विस्तार देते हैं जितना उनके विचारों के सही-सही सम्प्रेषण के लिए जरूरी है। दूसरी बात यह कि उस उपन्यास में जितने विमर्श हैं, वे बेहद समकालीन विमर्श हैं। स्त्री-देह से जुड़े जो आधुनिक अन्तर्द्वन्द्व हैं, वे इस उपन्यास में जगह पाते हैं। मसलन मालविका के भीतर देह की पवित्रता और स्पर्शकातरता को लेकर कोई पारम्परिक मोह नहीं है। हाँ, उसे पदार्थ की तरह देखे जाने पर एतराज जरूर है। उसकी सारी कशमकश इस बात की है कि आख़िर उसकी देह को उससे ज्यादा महत्त्व क्यों दिया जा रहा है। यह कशमकश किसी भावनात्मक टूटन की ओर नहीं ले जाती, बल्कि एक वैचारिक यात्रा की ओर उन्मुख करती है। लेखक प्रस्तावित करता है "एक दृष्टि से स्त्री खिल उठती है और दूसरी दृष्टि से वह संकुचित होती है। ऐसा क्यों होता है? क्योंकि वह सिर्फ पदार्थ नहीं है, प्राणी भी है। वह सिर्फ प्राणी ही नहीं, व्यक्ति है और ये सभी एक-दूसरे से उसी तरह अविच्छिन्न हैं जैसे शब्द और उसका अर्थ। स्त्री चाहती है कि सिर्फ उसके शरीर को न देखा जाये, उसकी आत्मा में भी प्रवेश किया जाये।"

यह उपन्यास निश्चय ही पठनीय है। इसे एक ही बार में समाप्त करने की इच्छा होती है। यह पठनीयता उस तीव्र वैचारिक अन्तर्द्वन्द्व से आती है, जो राजकिशोर के बेहद निजी और समर्थ गद्य में ढलकर और तीखा हो गया है। किसी भी स्थिति या विचार का हर सम्भव कोण से परीक्षण करने की राजकिशोर की शैली इस उपन्यास में भी मौजूद है और इस क्रम में जीवन की परस्पर टकराती हुई सम्भावनाएँ पाठकों के सामने खुलती हैं। कोई भी विचार एकाकी नहीं आता । वह अपने साथ कई और विचार लेकर आता है। इसलिए जीवन के दूसरे सन्दर्भों से जुड़े विचार भी उपन्यास में पाठकों को अपील करने की क्षमता रखते हैं।

हालाँकि राजकिशोर का पत्रकार भी इस उपन्यास में बार-बार हस्तक्षेप करता है। मसलन वह शोध के क्षेत्र में चल रहे पाखण्ड और शिक्षा के क्षेत्र में पैसे के बढ़ रहे प्रभुत्व पर टिप्पणी करते हैं। इनसे आँखें मूँदी नहीं जा सकतीं। इसलिए कई स्थलों पर यह विस्तार सुखकर लगता है, मगर कहीं-कहीं अनावश्यक भी। मसलन, कमल मिश्र नामक मार्क्सवादी लेखक द्वारा मालविका मित्र के साथ किये गये छल के बाद उपन्यासकार दो पृष्ठ यह समझाने में लगाते हैं कि अपितु मार्क्सवाद की आलोचना उनका प्रिय विषय है फिर भी यहाँ वह अभीष्ट नहीं है। कमल मिश्र की आलोचना मार्क्सवाद की आलोचना नहीं है। सम्भव है कि यह स्पष्टीकरण उपन्यासकार द्वारा ईमानदार होने के साथ-साथ ईमानदार दिखने की कोशिश का भी प्रतिफलन हो, मगर इसकी आवश्यकता नहीं थी।

यह एक और बात है कि इस उपन्यास में भावनाओं या संवेदनाओं का द्वन्द्व उतना अधिक नहीं है, जितना विचारों का। नैतिकता या अच्छाई या ईमानदारी का प्रश्न भी यहाँ संवेदनामूलक कम और वैचारिक ज्यादा है। मगर यह नकारात्मक बात नहीं है, विचार की भी अपनी एक संवेदना होती है। शायद वह ज्यादा परिपक्व और स्थायी होती है और उसका भी अपना सुख है। एक वैचारिक ऊष्मा इस उपन्यास में हमेशा पाठक की सहचरी होती है—अपने हिस्से की रोशनी और जलन के साथ-साथ।

जैसे जीवन के टुकड़े

अनिल कुमार सिन्हा के कथा संग्रह *'दोपहर की धूप'* की कहानियों से गुजरते हुए सबसे पहली बात जो ध्यान खींचती है, वह लेखक की भाषिक समृद्धि और किस्सागोई का उसका सामर्थ्य है। किसी अनुभव को कहानी में कैसे ढाला जाये, यह कला अनिल कुमार सिन्हा बखूबी जानते हैं, यह भी जानते हैं कि जो अनुभव बहुत सामान्य न हो या अविश्वसनीय लगे, उसकी कहानी कैसे लिखी जाये। या फिर यह भी कि कई अनुभवों को मिलाकर, या एक अनुभवहीनता की स्थिति में भी कहानी की गुंजाइश कहाँ से निकाली जाये। निश्चय ही गुंजाइश निकालने की कला से अभिप्राय यह नहीं कि वहाँ कहानी नहीं होती फिर भी अनिल कुमार सिन्हा कहानी निकालने का यत्न करते हैं। वस्तुतः ऐसा कोई अनुभव होता ही नहीं जिसमें एक कहानी न छुपी हो। यही नहीं, जहाँ अनुभव न दिखता हो वहाँ भी कहानी दिख सकती है और पूरी वैधता-वास्तविकता के साथ दिख सकती है। दरअसल हमारी रचनात्मक दुनिया में अनुभव शब्द का इस्तेमाल भी कुछ इस तरह किया जाता है जैसे वह कोई बहुत ठोस, बहुत सुनिश्चित शक्ल वाला तत्त्व होता हो जिसके अगर बाल नहीं तो दाँत गिने जा सकें, अँगुलियाँ बतायी जा सकें और नब्ज पकड़ी जा सके। कहानी या कविता में अनुभव और यथार्थ को बरतने का आग्रह लोग इस तरह करते है जैसे वह कोई सीमेंट हो जिससे दीवार चिनी जानी है। जबकि बहुधा अनुभव बहुत फिसलने वाली चीज़ होता है। वर्जीनिया वुल्फ ने जब जीवन के बारे में कहा था तो दरअसल वह उसी अनुभव के बारे में बोल रही थीं कि "लाइफ इज़ नॉट अ सीरीज ऑव जिग लैंप्स सीमेट्रिकली अरेंज्ड, इट इज अ ल्यूमिनस हॉलो, अ सेमी ट्रांसपरेंट इन्वेलप सराउंडिंग अस फ्रॉम द वेरी बिगिनिंग ऑव अवर कॉन्शसनेस टू द एण्ड।" जीवन दरअसल खम्बों की एक शृंखला ही हुआ करता है जिसे हम अपने अनुभवों की आँच में पिघलाते हैं और फिर मनचाहे आकार में ढलने के लिए, या निराकार तैरते हुए, रूप बदलते हुए, सेमी ल्यूमिनस हॉलो के रूप में बने रहने के लिए छोड़ देते हैं। अनुभव भी अपने-आप में ऐसा ही सेमी ल्यूमिनस हॉलो हुआ

करता है जिसे प्रकाशित करने वाली एक सेल हमारे भीतर लगी होती है। इस सेल की मार्फत हम जिन चीज़ों को देखते-सुनते, सूँघते और महसूसते हैं, उन्हें फेंटते-गुनते-गूँथते और आकार भी देते हैं।

अनिल कुमार सिन्हा की कहानियों के सन्दर्भ में इन सारी बातों का एक खास मतलब है। अनिल के अनुभव संसार को आलोकित करने वाली सेल हमेशा ठोस घटनाओं का सहारा नहीं लेती। वह कुछ स्थितियों या दृश्यों या कभी-कभी कल्पनाओं के ज़रिये भी अपनी ज़रूरत का सामान ढूँढ़ लेती है। संग्रह की पहली कहानी 'दोपहर की धूप' एक अजनबी-सी स्त्री के साथ मुलाक़ात और लंच की कहानी है। यह स्त्री बहुत सारे सवाल पूछती है। कुछ बेहद दिलचस्प, कुछ तंग करने वाले और कुछ ऐसे भी जो स्त्रियों को पूछने नहीं चाहिए। सवालों के अलावा कुछ और नहीं है। नायक बस सैलानी है और सारी चीज़ों को दिलचस्पी से देख रहा है। कोई पूछ सकता है, इस वृत्तान्त में कहानी कहाँ है? वह दिखाई नहीं पड़ती, लेकिन फिर भी आकार ग्रहण करती है। पाठक इसे अन्त तक पढ़ जाता है और छला हुआ महसूस नहीं करता। एक मन को टटोलने का, उसके बहाने अपनी प्रदक्षिणा करने का एक कोमल और सुखद अहसास उसके भीतर उभरता है।

इसी तरह एक कहानी है, 'धुँधले काँच वाली खिड़की' जिसका नायक अपने दफ्तर में फुरसत का खासा समय निकाल लेता है और बस कमरे में लगी खिड़कियों से बाहर के दृश्यों का आनन्द लेता रहता है। ये दृश्य लगातार बदल रहे हैं और इनमें अपने बेखबर लोगों के बारे में नायक के पास सिर्फ़ अनुमान लगाने की गुंजाइश है। इस देखने में अलग से कोई कहानी नहीं है। बस कई घटनाओं और लोगों की आवाजाही है, स्थितियों के बदलाव हैं और इन सबको देखने की एक प्रक्रिया गूँथकर कहानी में बदल डालती है। एक कहानी एक नितान्त छोटे अनुभव की है। बड़े लोगों की एक गली में एक फेरी वाला चला आता है और उसके पीछे-पीछे एक कुत्ता भी। फेरी वाले की एक सज्जन से कुछ कहा-सुनी हो जाती है। बात जो इतने पर खत्म हो जानी चाहिए, नहीं होती, और उन अवकाशपसन्द, स्थिरतापसन्द, नफासत पसन्द लोगों के दायरे में कई शक्लें अख़्तियार करती है। एक घटना उस मुर्दा गली में कुछ जान भर देती है। खबर अफवाह की शक्ल कैसे लेती है और सम्भ्रान्त नागरिकों का वह जत्था कैसे अपनी सुरक्षा के इन्तजाम के लिए दफ्तरी ढंग से कार्रवाई करता है, यह देखना दिलचस्प है।

इस बुढ़यी हुई सम्भ्रान्त गली से अलग एक किस्सा उस अधेड़ चालाक मुहल्ले का है जिसमें चार अधेड़ उम्र के मित्र एक दुकान को शतरंज खेलने का अड्डा बनाये हुए हैं। इस मण्डली में दो मास्टर हैं—एक अंग्रेजी का, एक खेल मास्टर। एक पेशकार है जो कुछ दिन पहले तक किरानी था और पेशकार के रूप में मिली तरक्की के बाद जिसकी हैसियत, रुतबे और व्यवहार में फर्क आ गया है और एक साइकिल दुकान का मालिक है जिसके यहाँ अड्डा जमता है। कहानी में फिर कोई घटना नहीं है। सिर्फ़ इन चरित्रों

की पृष्ठभूमि के स्वाभाविक चित्र हैं जो बताते हैं कि बेहद सामान्य-सी दिख रही गतिविधियों में सुख और दुख की कितनी कहानियाँ छुपी हुई हैं।

अनिल कुमार सिन्हा की कहानियों में आकर्षित करने वाला एक तत्त्व उनके महिला चरित्र भी हैं। ये बेहद जीवन्त महिलाएँ हैं। पहली ही कहानी में एक अजनबी-से ढेर सारे प्रश्न पूछने वाली प्रगल्भ सी महिला है तो 'ज़रूरत' नामक एक कहानी में प्रभा शर्मा नामक एक महिला है जिसने कभी अभिनेत्री होने की कोशिश की थी। कथानायक ने उस महिला के एकमात्र नाटक की कभी रिव्यू की थी और उसी दौरान एक बार उससे मिला भी था। वह रिव्यू आख़िरी साबित हुई और महिला के जीवन में भी अभिनय का वह आख़िरी पड़ाव। इसके बावजूद वह स्त्री अपनी इच्छाओं का विसर्जन नहीं कर पायी है। उसके पन्द्रह वर्ष शादी और बच्चों की देखभाल के बीच बीत चुके हैं और वह वापस दिल्ली आयी है लेकिन वह एक परिपक्व स्त्री है जिसे पता है कि दुबारा उस जीवन की ओर लौटा नहीं जा सकता। इस कहानी की खासियत यह है कि इसमें किसी दुख का बयान नहीं है। उस स्त्री को अपने वर्तमान से कोई शिकायत नहीं, न ही भविष्य में किसी सोयी हुई महत्त्वाकांक्षा को पूरा करने का कोई घायल सपना। वह कोई अफसोस या दुख ज़ाहिर नहीं करती। यह बड़ी सहजता से पन्द्रह वर्ष पुराने अपने अल्पपरिचित पत्रकार से मिलती है और उतनी ही सहजता से विदा हो जाती है। अपना कोई फोन नम्बर या पता बताये बिना। इस खोयी स्त्री के हिस्से का दुख कितना अकेला है, कितना गाढ़ा, यह सिर्फ़ कहानी की पंक्तियों के बीच हम महसूस कर सकते हैं।

ऐसी ही एक कहानी है, 'प्रतीक्षा'। जिसके मुँह से कहानी कहलावायी गयी है, वह पात्र बस स्टैंड पर किसी के आगमन की प्रतीक्षा कर रहा है। वहीं एक लड़का और लड़की चले आते हैं। बस, इसके बाद कहानी के नाम पर दोनों के बीच की बातचीत है। इस बातचीत में लड़का अपने भविष्य को लेकर कुछ बोदी-सी योजनाएँ बना रहा है और लड़की बड़ी तत्परता से उसे अच्छी-अच्छी सलाहें दे रही है।

हिन्दी कथा-लेखन में दुहराव की शिकायत आम है। कोई लेखक एक ही अनुभव को तब तक लिखता रहता है जब तक वह निचुड़कर पूरी तरह सूख न जाये। मगर यह सुखद है कि अनिल कुमार सिन्हा के संग्रह से यह शिकायत नहीं की जा सकती। वहाँ विविधता से भरा एक संसार है। हर कहानी दूसरी कहानी से पूरी तरह भिन्न है। अलग-अलग पृष्ठभूमि से आते चरित्र, अलग-अलग समस्याओं और संकटों से जूझते मानस, और भिन्न-भिन्न किस्म के अनुभव संसार।

इस संग्रह की दो कहानियाँ ऐसी हैं जिनकी बुनावट में लोककथा के तत्त्व हैं। एक लम्बी कहानी है, 'डायन' जिसकी पठनीयता बनाये रखने में लेखक सफल रहा है। दूसरी कहानी है, 'कथा'।

हालाँकि इन कहानियों में सीमा भी यहीं से शुरू होती है। पूरे संग्रह से गुजरने के

बाद हमारे पास कुछ याद रखने लायक चित्र और चरित्र बचे रहते हैं, मगर क्या हम कह सकते हैं कि ये कहानियाँ हमारे अनुभव संसार को कुछ इस तरह बदलती हैं कि हम चीज़ों को नये ढंग से देखने, या उन्हें उनकी सम्पूर्णता में पहचानने की कोई नयी क्षमता अर्जित करते हैं? कुल मिलाकर ये कहानियाँ मध्यवर्गीय जीवन अनुभवों की मध्यवर्गीय आँख से देखी गयी कहानियाँ ही रह जाती हैं। ढेर सारे दृश्यों और काव्यात्मकता की सम्भावनाओं को छूते अहसासों की कहानियाँ, मगर जिनसे जीवन के विद्रूपों को नयी रोशनी में पढ़ने में कोई मदद नहीं मिलती। बल्कि कई बार निहायत मध्यवर्गीय प्रतिक्रियाएँ अचरज भी पैदा करती हैं। मिसाल के तौर पर एक कहानी है, 'कथा'। इसमें किसी राजा की कथा चलती रहती है और उसके समानान्तर हमारी लोकतान्त्रिक व्यवस्था के दृश्य आते-जाते रहते हैं। पूरी कहानी में सन्देश के नाम पर यह दिखाई पड़ता है कि इस लोकतान्त्रिक व्यवस्था और उस राजशाही में कोई फर्क नहीं है। निश्चय ही यह व्यवस्था तकलीफदेह ढंग से अपने-आप में राजशाही के कई लक्षणों को सँजोए चलती है, मगर क्या इसके बावजूद लोकतन्त्र के इस निराशावादी मूल्यांकन में वही मध्यवर्गीय जीवन दृष्टि काम करती दिखाई नहीं पड़ती है जिसने वास्तव में लोकतन्त्र को राजशाही में बदलने में कम महत्त्वपूर्ण भूमिका नहीं निभायी है? कुल मिलाकर इस कहानी से बनने वाले निष्कर्ष अधूरे, एकांगी और यथास्थितिवादी जान पड़ते हैं।

एक दूसरी समस्या इन कहानियों में शिल्प के स्तर पर है। चूँकि संग्रह की ज़्यादातर कहानियाँ किसी एक अनुभव पर केन्द्रित नहीं हैं इसलिए पाठक से अतिरिक्त धीरज की माँग करती है। अनुभव और अनुभव के गलियारों से गुजरते हुए पाठक को यह इच्छा कई बार हो सकती है कि वह कहानी बीच में छोड़ दे। कम से कम मुझे वे कहानियाँ ज़्यादा प्रिय हैं जो किसी एक अनुभव को उसकी पूर्णता तक ले जायें। दूसरी बात यह कि लेखक अनजाने में इन कहानियों में कुछ ज़्यादा ही उपस्थित है। वह कई स्थलों पर गैरज़रूरी टिप्पणियाँ करता चलता है, कई स्थलों में अनावश्यक घुसपैठ दिखाता है। नतीजे में कुछ कहानियाँ अनुभवों की वास्तविकता के नाम पर ऐसी साधारणता की शिकार हो गयी हैं कि उनसे कुछ लुत्फ भले लिया जा सके, कोई संवेदना पैदा नहीं होती। मसलन, आख़िरी कहानी 'एक प्रेम कहानी' दिखाती है कि किस तरह एक-दूसरे के लिए सर्वस्व न्यौछावर कर देने की कसमें खाने वाला और एक-दूसरे को खूब लम्बे खत लिखने वाला एक जोड़ा धीरे-धीरे अपनी व्यावहारिक दुनिया में लौटता हुआ खतों के आकार घटाता चलता है और सम्बन्धों की उग आयी बेल को अपनी ज़रूरत के हिसाब से तराश लेता है। कई प्रेम कहानियों की वास्तविकता यह हो सकती है, बल्कि इससे भी बुरी हो सकती है, मगर इससे जो कहानी बनती है, वह यथार्थ की एक सतही और मोटी प्रक्रिया के बारे में हमें सचेत तो करती है, हमारे अनुभव के आकाश को विस्तृत नहीं करती। हालाँकि यह ज़रूर है कि इस कहानी में लेखक की

भाषिक परिपक्वता और पकड़ अपने उत्कर्ष पर दिखती है जो अन्यथा कुछ कहानियों में सम्पादन-संशोधन की भी माँग करती है।

इन कुछ बातों के बावजूद 'दोपहर की धूप' एक ऐसा संग्रह है जिसकी कहानियाँ हिन्दी कथा संसार की एकरसता को बहुत हद तक तोड़ती हैं। लेखक के पास एक समर्थ भाषा है, अनुभवों को गूँथने और पठनीय बनाने वाली शैली है और यथार्थ के कई बिखरे हुए तिनका-तिनका हिस्सों को जोड़ने का सामर्थ्य है जो इस संग्रह को महत्त्वपूर्ण बनाता है और यह भरोसा भी दिलाता है कि आने वाले दौर में हमें लेखक से कई अच्छी कहानियाँ हासिल होंगी।

क्योंकि धर्म इतने भर से नहीं निभता

क्या मानव व्यवहार के नियामक अनुशासन के रूप में धर्म की ऐसी कोई व्याख्या सम्भव है जो उसकी तर्कहीन जड़ता को विवेकसम्मत आस्था में बदल सके? यह प्रश्न बीसवीं सदी के उन लेखकों को बार-बार मथता रहा है जो आधुनिकता से लिपटी हुई तर्कवादी अमानवीयता और अपनी जड़ों से कटी हुई क्रूर अनास्था के समान्तर किसी सम्भावना की खोज करते रहे हैं। एक ऐसी सम्भावना, जो मनुष्य को ज्यादा मानवीय, यानी बौद्धिक रूप से स्वाधीन और गतिशील बनाये। इसी खोज की वजह से बीसवीं सदी के साहित्य का धर्म से एक दुविधा भरा रिश्ता रहा है। बीसवीं सदी के धर्म की यह त्रासदी है कि इसके पास वे अस्त्र-शस्त्र, वे वस्त्राभूषण, वह भव्यता-दिव्यता अब नहीं है जिनसे पिछली सदियों में वह अलंकृत और महिमामंडित होता रहा है। डार्विन के विकासवाद, मार्क्स के द्वन्द्वात्मक भौतिकवाद और फ्रायड के मनोविज्ञान ने मिलकर धार्मिक कल्पनातन्त्र और कर्मकाण्ड के उस इन्द्रधनुष को छिन्न-भिन्न कर दिया है जिसमें कोई मनु या नूह अपनी नौका में सभ्यता को बचाये हुए था, जिसमें इन्द्र भगवान पानी बरसाते थे, यमराज पापियों को नरक और पुण्यात्माओं को स्वर्ग भेजते थे, और जिसके अनुसार आदम की पसली से पैदा हुई किसी हौव्वा ने सेब खाने का पवित्र गुनाह कर तहजीब की बुनियाद रखी थी।

इस इन्द्रधनुष के नष्ट हो जाने के बाद धर्म दो ही वजहों से बचा रह गया। एक तो सदियों से चले आ रहे कर्मकांडों के जरिये खड़ी की गयी अपनी उस सामुदायिक और कट्टर पहचान से, जो अपनी राजनीतिक अभिव्यक्ति के साथ जीवित रही। दूसरे, अपनी ऐतिहासिक भूमिका में निहित उस सम्भावना के कारण, जिसमें कई लेखकों को एक व्यापक मानवीय अपील दिखाई पड़ी। इस सम्भावना को आधुनिकता से उपजे संकटों और आधुनिक विश्व के टकरावों के चलते हुए युद्धों ने और ज्यादा वैधता और मजबूती दी। धर्म में यह सम्भावना देखने वाले लेखकों और विचारकों ने यह भी महसूस किया कि मनुष्य और धर्म के बीच मन्दिर-मस्जिद-चर्चों और गुरुद्वारों की मार्फत जो एजेंट आ

गये हैं, उन्होंने ही धर्म को विकृत किया है। एक 'बुरे ईसाई' (बैड कैथोलिक) लेखक के रूप में पहचाने जाने वाले ग्राहम ग्रीन के कई उपन्यास इन बीच के दलालों का जमकर मजाक उड़ाते हैं। 'हार्ट ऑफ दि मैटर' में फादर रेक्स को कहना पड़ता है : "हाँ, चर्च सब कुछ जानता है, मगर चर्च यह नहीं जानता कि एक अकेले इंसान के दिल में क्या कुछ घट रहा है।" वैसे सच होते हुए भी यह एक इकहरी मान्यता है क्योंकि यह ये नहीं देख पाती कि धर्म के दार्शनिक जाल में ही इन एजेंसियों की गुंजाइश छुपी हुई है।

बहरहाल, अपने इकहरेपन के बावजूद इस मान्यता ने धर्म और मनुष्य के सम्बन्धों के पुनर्निर्धारण में महत्त्वपूर्ण भूमिका निभायी है। भारतीय भाषाओं की कृतियों में भी यह कोशिश बारहा हुई है। इसकी ताजा मिसाल है गुरदयाल सिंह का उपन्यास 'परसा,' जो मनुष्य के धर्म और उसके कर्म, या कर्म शब्द को धार्मिक उपदेशों ने काफी प्रदूषित कर डाला है, इसलिए कह लें, उसके श्रम के बीच के तार तलाशता है। पंजाब की पृष्ठभूमि पर रचा गया यह उपन्यास लेखक की क्षमता का अनन्य उदाहरण है। परसा एक सीधा-सादा, मगर अपने अनुभवों से पूरी तरह तपा हुआ, किसान है। वह गहरे धार्मिक विश्वासों वाला आदमी है, सूफी सन्तों की याद दिलाता हुआ। गुरु नानक की बानी उसकी जिह्वा पर रहती है, ग्रन्थ साहिब के पद उसकी आत्मा में बसे हैं। अपनी मौज में खुद भी कुछ पद जोड़ता रहता है। जात का ब्राह्मण है, लेकिन कर्म से निरा किसान। हाँ, धर्म से उसका यह जुड़ाव उसे किसी धार्मिक कर्मकाण्ड से नहीं जोड़ता। शायद उपन्यास के बीच कहीं यह संकेत भी छुपा है कि आप धर्म के जितने करीब जाते हैं, उतना ही उसके बाहरी रूप नष्ट होते जाते हैं, उतना ही धर्म आपके भीतर पैठता जाता है, आपके भीतर से उगने लगता है।

यही वजह है कि जब भी परसा को कोई संशय घेरता है तो वह अपनी अन्तरात्मा की आवाज सुनता है। अपनी पत्नी बीरो की मृत्यु वह चुपचाप झेलता है, अपने सबसे प्रिय बेटे और अपने प्रतिरूप बसन्ता का गुजरना बिना किसी रुलाई के सहता है, क्योंकि शायद जीवन की इस असलियत से वह वाकिफ है। वह दाह-संस्कारों से जुड़े जरूरी कर्मकांडों की परवाह भी नहीं करता। सामाजिक जीवन में भी आचार-विचार के जो पाखंड हैं, वह उसकी दिनचर्या से निषिद्ध हैं। अपने कर्म पर आस्था इतनी गहरी कि हर प्रतिशोध तुरन्त लेने को उद्धत। अनुभवों के सबक पर इतना भरोसा कि अपने बेटों को भी वह खुला छोड़ देता है। वे जो सीखें, वे जो चाहें, वे जो करें। इन्हीं वजहों से पूरा गाँव उसे कुछ भय, कुछ श्रद्धा और कुछ कौतूहल से देखता है। उसकी असरदार शख्सियत, अपने काम से, अपने खेतों से, अपने बैलों से उसका लगाव, और इसी लगाव के एक अन्य स्तर पर एक सधुक्कड़ विरक्ति उसे गाँव वालों के लिए एक पहेली बना देती है। इस पहेली को थोड़ा-बहुत बूझता है पाला सिंह रागी, जिसने गुरुओं की बानी पढ़ रखी है, महाभारत, रामायण और बेदों का अध्ययन कर रखा है। वह जानता है कि परसा इस किताबी ज्ञान से परे धर्म की असली फितरत पहचानता है। वह खुद परसा

से सीखता है कि धर्म-कर्म का निर्णय आदमी की अन्तरात्मा ही कर सकती है। परसा यह भी कहता है : ''दीन नाम है रागिया धरम का, धरम नाम है करम का करम के बिना आदमी कैसा?....जैसे अब मेरा धरम है बीरो के वचन की पालना करना। उसके बच्चों का पालन-पोषण करना। इसके लिए ये सारा तन और धन भी लगाना पड़े तो इसे धरम लेखे समझें और इससे ज्यादा मेरी समझ में धरम के कोई अर्थ आते नहीं।"

जो धर्म के इस मर्म को ठीक से समझ गया, उसके लिए किसी और व्याख्या की जरूरत ही नहीं। जीवन भर परसा को धर्म की यही व्याख्या संचालित किये रहती है। वह हरिद्वार जाता है, तो धर्म से जुड़े ज्ञानकांड का पाखंड उसकी निगाहों के सामने और खुलता है। वहाँ उसे मुखत्यार कौर मिलती है, उसकी मदद माँगती है। शरणागत को लौटाना भी परसा के धर्म का हिस्सा नहीं, इसलिए वह अपनी सहज निर्लिप्तता के साथ इस महिला से भी जुड़ जाता है।

धर्म पर अपनी इस आस्था के बावजूद विवेक की स्वाधीनता और निजी स्वाभिमान को परसा कितना महत्त्व देता है, यह उसके दो बड़े बेटों के साथ उसके रिश्तों से समझा जा सकता है। एक थानेदार लग गया है और दूसरा देश विदेश जाकर खेलने वाला बड़ा खिलाड़ी बन गया है। ये दोनों गाँव की आँखें चुँधिया देने के लिए काफी हैं, मगर परसा इन्हें कभी स्वीकार नहीं कर पाता। वह इस बात को समझता है कि बाहर की शिक्षा-दीक्षा ने उसके बेटों की बौद्धिक स्वाधीनता छीन ली है। इनकी तुलना में उसे अपना अनपढ़ बसन्ता प्रिय है क्योंकि उसने अपना धातु बचाए रखा है। अपने बेटों के केश कटवाने या बढ़ाने के सवाल पर वह बोलता है : "अगर केश तुमने अपनी मर्जी से कटवाये होते और किसी विचार से रख लिए होते तो मुझे खुशी होती। गुरु का सिख भी सज जाता अमृत छककर, तो मैं अत्यन्त खुश होता। पर तुमने तो कटवाये भी जालन्धर में शहरी लोगों की देखादेखी—भेड़ों की तरह। एक-दूसरे के पीछे बिना सोचे-समझे तो भेड़ें ही भागती हैं। बच्चू-आदमी नहीं। 'भेड़चाल' जानता है न क्या होती है?''

भेड़चाल के खिलाफ परसा के इस वक्तव्य में धर्म की साम्प्रदायिक ताकत के खोखलेपन को भी पढ़ा जा सकता है। भले ही उसकी भयावहता इससे स्पष्ट नहीं होती। अपनी अन्तरात्मा के अनुसार निर्धारित और अपने विवेक से चुने गये धर्म का यह स्वरूप परसा को एक सामाजिक दायित्व बोध से भी जोड़ता है। हरिद्वार में जब एक भोला भक्त ज्ञान प्राप्ति की लालसा में उसके पीछे लगता है तो परसा के सामने अपने विश्वास के सामान्यीकरण की मजबूरी आ खड़ी होती है। मनीषानन्द उससे पूछता है, इस जीवन का लक्ष्य क्या है? परसा का जवाब है : "मेरे विचार से तो जीवन का लक्ष्य अपने आस-पास के जरूरतमन्द प्राणियों की सेवा करना ही हो सकता है, क्योंकि शास्त्रों के अनुसार तो प्राणी ही ब्रह्मस्वरूप है। उसी की ज्योति है।"

मगर मनीषानन्द बात को इससे आगे बढ़ाता है : "मगर सेवा किस प्रकार हो सकती है जी? इसी बात का ज्ञान तो आज तक नहीं हो पाया जी!"

यहाँ परसा धर्म और बुद्धि विवेक की समस्या का जिक्र करता है, जहाँ खुद निर्णय लेने का सवाल अहम हो जाता है।

ध्यान दें तो धर्म की यह वही जमीन है जिस पर गाँधी जी चला करते थे। उनके लिए भी अन्तरात्मा का प्रश्न सर्वाधिक महत्त्वपूर्ण था। प्राणी मात्र की सेवा को ही वे अपना धर्म मानते थे। इतना ही नहीं कर्म के प्रति एक गहरी निष्ठा उनके भीतर भी थी। यानी परसा ने जो व्यक्तिगत स्तर पर जीया है, उसका एक विराट सामाजिक फलक भी बन सकता है, इसी सदी के एक महात्मा ने यह साबित किया है।

क्या धर्म की यह गाँधी जी की ही व्याख्या है जिसे परसा की मार्फत लेखक ने आगे बढ़ाना चाहा है? यह अनायास भले हो, लेकिन अस्वाभाविक नहीं है। विवेक भी चूँकि देशकाल से बँधा होता है, इसलिए धर्म की उसकी व्याख्याएँ भी देशकाल और परिस्थिति के मुताबिक बदल जाती हैं।

लेकिन यहीं से परसा की सीमाएँ भी शुरू होती हैं। गाँधी जी तो एक बड़े संघर्ष के सूत्रधार और साक्षी रहे थे, इसलिए उन्हें अपने-आप को बदलने का काफी मौका मिला। परसा के जीवन-संग्राम का दायरा छोटा है। उसमें ऐसे अनुभवों की भरमार नहीं है जो उसके विवेक को चुनौती दे। इसलिए उसे बदलने की जरूरत नहीं पड़ती। लेकिन क्या ऐसी जरूरत पड़ती तो परसा बदलता? इस मामले में शक होता है। एक उदाहरण गंगी का है जिसे उसके बाप ने परसा के बेटे बसन्ता से ब्याहने का वायदा किया था, लेकिन बाद में मुकर गया। गंगी ने अपने मन में बसन्ता को अपना जीवन-साथी स्वीकार कर लिया है, और वह अब किसी दूसरे के साथ बँधने को तैयार नहीं। गंगी परसा को सन्देसा भिजवाती है कि अगर 'बाबा' राजी हों तो वह आने को तैयार है। मगर परसा की इस मामले में दिलचस्पी बस इतनी है कि गंगी के बाप के मुकरने से उसके खानदान की इज्जत को बट्टा लगा है। इसके लिए उन्हें सबक सिखाना चाहिए। अपने 'खानदान' का यह खयाल परसा को हमेशा रहता है। शायद लेखक ने भी इस बात पर खासा जोर दिया है। पूरे उपन्यास में कई जगह इस बात का जिक्र है कि परसा सरूपे ब्राह्मण का बेटा और बसन्ता उसका पोता है। इस खानदान के तौर-तरीके हमेशा से ऐसे ही रहे हैं। परसा के खानदान पर दिये जाने वाले इस अतिरिक्त जोर की वजह समझ में नहीं आती।

फिर धर्म और सामाजिक व्यवस्था से जुड़े कुछ दूसरे सवाल भी उठते हैं। परसा चाहे या न चाहे, लेकिन क्या ब्राह्मण होने की उसकी सुविधा ने उसे यह विशेषाधिकार नहीं दिया है कि वह मनचाहे ढंग से सामाजिक चलनों को बदल डाले? अगर परसा कोई दलित या पिछड़ा होता तो क्या उसके दुस्साहस को उसका गाँव यों ही देखता रहता? हमारे आस-पास हर रोज ऐसे दुस्साहसों की सजा लोग भुगत रहे हैं। निश्चय ही परसा की जो ताकत है, वह उसके वैचारिक आधार की वजह से भी है, लेकिन इस ताकत को कोई पाशविक चुनौती नहीं मिलती, तो उसके पीछे उसकी सामाजिक पृष्ठभूमि का ही असर है।

यहीं से यह सवाल पैदा होता है कि लगातार बाँधे रखने वाला और परसा जैसे यादगार चरित्र से हमारी पहचान कराने वाला यह उपन्यास अन्ततः क्या देता है? क्या वही भोली आस्था नहीं, जो धर्म को उसकी ऐतिहासिक भूमिका से काटकर, उसके परिस्थितिगत दबावों से विलगाकर उसे उपदेशों का ऐसा पुलिन्दा भर मान लेती है, जिससे हम चाहें तो अच्छी-अच्छी बातें सीख सकते हैं? निश्चय ही अन्तरात्मा का सवाल भी सामाजिकता और परिस्थितियों से तय होता है। यह एक बीहड़ रास्ता होता है जिसके अपने जोखिम होते हैं। ऐसे खतरों से परसा का वास्ता नहीं पड़ा, नहीं तो शायद असल चुनाव अन्तरात्मा और धर्म के बीच किसी एक का ही हो पाता। याद कीजिए यू.आर. अनन्तमूर्ति का 'संस्कार,' जिसके धर्मप्राण आचार्य प्राणेशाचार्य अपनी वास्तविक सदाशयता और भलमनसाहत के बावजूद अपनी अन्तरात्मा की आवाज नहीं सुन पाते। उलटे जो नारणप्पा यह आवाज सुनता है, वह धर्म से ही अपना पीछा छुड़ा लेता है। ठीक है कि वह परसा की तरह जिम्मेदार नहीं, लेकिन जिम्मेदार होने के लिए भी क्या धर्म का सहारा चाहिए ही?

वस्तुतः धर्म के भीतर एक सदाशय सम्भावना की खोज करने वाले लेखकों के प्रिय चरित्रों को देखिए तो उनके भटकाव में एक बिडम्बना छुपी नजर आएगी। ग्राहम ग्रीन के 'पावर एंड ग्लोरी' का पुजारी हो या 'संस्कार' का नारणप्पा, ये दोनों अपने-अपने समाजों द्वारा तिरस्कृत लोग हैं। मगर ज्यादा बुरी दशा उनकी है जो अपनी अन्तरात्मा की आवाज भी सुनना चाहते हैं और धर्म का साथ भी चाहते हैं। 'हार्ट ऑफ दि मैटर' के ऐसे ही नायक स्कोबी को आत्महत्या करनी पड़ती है। अपने शास्त्रों और विश्वासों की व्यर्थता जान लेने के बावजूद प्राणेशाचार्य के भटकाव की वजह यही है कि अपने संस्कारों से, इन ग्रन्थों से बहुमूल रूप से जुड़े होने के कारण वे इनसे पीछा नहीं छुड़ा पा रहे। उन्हें भी आत्महिंसा का शिकार तो होना ही पड़ता है। परसा को ये स्थितियाँ नहीं घेरतीं, तो शायद इसलिए कि उसे अपने लेखक की संरक्षक सहानुभूति हासिल है।

अँधेरे भारत की एक और खोज

'द एल्केमी ऑफ डिजायर' के बाद प्रकाशित तरुण तेजपाल का दूसरा उपन्यास 'द स्टोरी ऑफ माई असैसिन्स' एक अर्थ में इक्कीसवीं सदी के भारत का ठेठ और ठोस राजनीतिक आख्यान है—उस घनघोर सत्ता विमर्श के बीच बनता हुआ, जिसमें पुरानी सामाजिक कट्टरता और नये आर्थिक उदारीकरण की अनूठी जुगलबन्दी नजर आती है। उपन्यास में वे दोनों भारत दिखाई पड़ते हैं, जो इक्कीसवीं सदी में कहीं ज्यादा स्पष्ट और एक-दूसरे से दूर हुए जा रहे हैं। एक तरफ चमकते-चिकने नागर आभिजात्य से लैस आधुनिकता है तो दूसरी तरफ वह मध्ययुगीन सामन्ती बर्बरता, जिसका लोकतन्त्र और आधुनिकता से कोई रिश्ता बन नहीं पाया है।

उपन्यास एक पत्रिका के सम्पादक की हत्या के लिए निकले और पकड़े गये पाँच लोगों की खबर से शुरू होता है। शुरू में लगता है कि तरुण तेजपाल उपन्यास को कहीं कुछ आत्मकथात्मक स्पर्श तो नहीं दे रहे, लेकिन तत्काल यह स्पष्ट हो जाता है कि लेखक अपने कुछ अनुभवों का भले इस्तेमाल कर रहा हो, कथा पूरी तरह औपन्यासिक है। और इस औपन्यासिकता के केन्द्र में वह उत्तर भारतीय समाज है जिसे काउ बेल्ट या गोबर पट्टी पुकाराने का चलन आम है। जिन लोगों पर नायक की हत्या की साजिश का मुकदमा चल रहा है न वे नायक को जानते हैं और न ही नायक उन्हें जानता है। उपन्यास इस पाँच लोगों की पहचान के रास्ते से ही बनता है। अपने इन किरदारों, इन कातिलों की मार्फत तरुण तेजपाल उस भारत की तस्वीर पेश करते हैं जो उदारीकरण और शहरीकरण से दूर है और जहाँ अपने कानून चलते हैं, अपना हिसाब चलता है।

इस बड़ी कहानी की कई अन्तर्कथाएँ भी हैं। एक कथा एक कायदे की पत्रिका निकालने की हाँफती हई कोशिश से जुड़ी है। एक कथा नायक और नायिका के रिश्तों से बनती है, जो पति-पत्नी नहीं हैं। एक कथा अन्ततः पति और पत्नी के बीच के ऊबे हुए रिश्ते के बीच आकार लेती है। वह सच है कि इन सारी उपकथाओं या अन्तर्कथाओं

के अपने सामाजिक और स्वायत्त सन्दर्भ हैं, लेकिन मूलतः यह उपन्यास उन पाँच कहानियों से मिलकर बनता है, जो हमें इन अनजान कातिलों की जिन्दगी में ले जाती है। अगर ध्यान से देखें तो ये सारी कहानियाँ अन्ततः उस अँधेरे और पीछे छूटे भारत की कहानियाँ हैं, जिनकी तरफ लोग या तो फैशन में नजर डालते हैं या फुरसत में। इस अँधेरे भारत में अपनी तरह की क्रूरताएँ हैं, अपनी तरह की बर्बरताएँ। यहाँ इज्जत के नाम पर होने वाली हत्याएँ हैं, वे जातिगत पूर्वग्रह हैं जिनके लिए लोग मरने-मारने को तैयार रहते हैं, औरतों के साथ सामूहिक बलाकार है और पुलिस के वे खौफनाक थाने हैं जहाँ टॉर्चर के तरह-तरह के तरीके इस्तेमाल किये जाते हैं।

इसके समान्तर एक भारत और है—वह अंग्रेजी बोलता नफीस भारत जिससे नायक और नायिका आते हैं। यह नायिका अपने भारत के पाखण्ड और दूसरे भारत की हकीकत को देखकर हैरान है। वह नायक का साथ छोड़कर कत्ल का आरोप झेल रहे लोगों की तररीफ से मुकदमा लड़ना शुरू करती है। दरअसल, इसी कोशिश में खुलती हैं बाकी किरदारों की कहानियाँ—झूठ और सच की धूपछाँहीं रंगत से बनी ऐसी दास्तानें जिनमें आज के भारत की विडम्बनाएँ पढ़ी जा सकती हैं।

निश्चय ही तरुण तेजपाल के पास एक सशक्त भाषा है और किस्सागोई का सलीका भी, जिसमें कल्पना और यथार्थ के बीच की दूरी लगभग मिट जाती है। 500 पृष्ठों से ऊपर का यह उपन्यास अपनी तरह से एक खरा उपन्यास है जो हमें कई स्तरों पर विचलित करता है। हालाँकि इन अलग-अलग कहानियों के बीच पूरे उपन्यास को याद करते हुए कभी-कभी यह खयाल भी आता है कि बीच के कुछ सूत्र छूट रहे हैं या कुछ कथाएँ अनकही रह जा रही हैं, लेकिन तरुण तेजपाल से यह शिकायत नहीं की जा सकती कि इस समाज की प्रामाणिक समझ के बिना उन्होंने यह उपन्यास लिखा है। उपन्यास पढ़ते हुए यह खयाल भी आता है कि हाल में भारत का अंग्रेजी लेखन अपने बाकी समानधर्मा अनुशासनों के मुकाबले उस असली और अँधेरे भारत की पड़ताल कहीं ज्यादा करता रहा है, जो आधुनिकता और उदारीकरण की आँधी से दूर और छूटा हुआ है।

यह महज इत्तेफाक नहीं है कि अरुन्धती रॉय के 'गॉड ऑफ स्मॉल थिंग्स' की मूल कथा एक दलित युवक और विधवा स्त्री के प्रेम से बनी है, उपमन्यु चटर्जी के 'इंग्लिश ऑगस्ट' की पृष्ठभूमि में एक कस्बाई शहर की समाजिक प्रशासनिक जड़ता है, किरण देसाई के 'इन्हेरिटेंस ऑफ लॉस' के केन्द्र में कलिंगपोंग है और बोडो आन्दोलन की परछाइयाँ हैं और अरविन्द अडिगा का 'वाइट टाइगर' एक तरह से इस अँधेरे भारत की खोज का ही उपन्यास है। लेकिन उपमन्यु चटर्जी के लगभग व्यंग्य को छूते उपहासास्पद लहजे और अरविन्द अडिगा के सरलरैखिक आख्यान के मुकाबले तरुण तेजपाल ने इस भारत की कहानी कहीं ज्यादा हमदर्दी से, विस्तार से और उसके अन्तर्मन को टटोलने की कोशिश करते हुए लिखी है।

हालाँकि यह अहसास बना रह जाता है कि इस समाज की राजनीतिक-सामाजिक परतों को ठीक से पहचानते हुए भी तरुण तेजपाल उन सांस्कृतिक तन्तुओं और रेशों से दूर रह गये हैं, जो किसी समाज की जीवनी शक्ति बनाते हैं। पूछा जा सकता है कि क्या इस अँधेरे भारत में ऐसे सांस्कृतिक तन्तु बचे भी हुए हैं? अगर न भी हों, तो इस विडम्बना पर इस उपन्यास की नजर नहीं है, यह सिर्फ सामाजिक-राजनीतिक यथार्थ के सख्त धागों से बुना गया है। लेकिन इसमें शक नहीं कि यह हमारे समय का एक बड़ा और पठनीय उपन्यास है।

इतिहास के चक्के तले मामूली चीज़ें

अरुंधति रॉय के उपन्यास *'गॉड ऑफ स्मॉल थिंग्स' का* अनुवाद मामूली चीज़ों का देवता हिन्दी में देर से आया है लेकिन दुरुस्त आया है। आमतौर पर यथार्थवादी कथा-लेखन को अपरिहार्य और अन्तिम मानने वाली या इकहरी कथा-शैली में खुद को अभिव्यक्त करने वाली लेखन बिरादरी शायद इस उपन्यास की बुनावट से परेशान हो या कुछ हद तक खीझे, इसकी भाषिक नाटकीयता में निहित तनाव को प्रयत्नपूर्वक समझने की जगह इसे बेमानी करार दे, लेकिन उपन्यास में समकालीन यथार्थ की कई परतें जितनी सूक्ष्म और सघन संवेदना के साथ खुलती हैं, उसके लिए इसके अलग-अलग दृश्यों में उठने-गिरने वाला यह परदा, रोशनी और अँधेरे का खेल, यह नाटकीयता ज़रूरी थे। अरुन्धति रॉय की क़िस्सागोई भी अचरज में डालती है, उनका यथार्थ बोध भी चमत्कृत करता है। बल्कि यह उपन्यास हमारी भाषिक चेतना में एक स्थूल और इकहरी मुहावरे की तरह बसे यथार्थ शब्द को जैसे चकनाचूर कर उसे उसका वास्तविक अर्थ प्रदान करता है। यह बताता है कि सिद्धान्तों और अर्थों की विराट, बड़ी और बालिग दुनिया किस प्रकार अपने स्वार्थों और अभिमानों और पूर्वग्रहों के नपे-तुले औज़ारों से छोटे-छोटे सपनों और सवालों, छोटी-छोटी सच्चाइयों और कामनाओं को नष्ट करने में कोई कसर नहीं छोड़ती।

'मामूली चीज़ों का देवता' में यह मार तीन तरफ़ की है। एक छोर पर हैं दो जुड़वाँ बच्चे, जिनका कसूर एक तलाकशुदा माँ की सन्तान होना है, दूसरे छोर पर है खुद वह माँ, जिसका कसूर तलाक़ के अलावा पहले अपनी मर्जी का विवाह करना भी है और तीसरे छोर पर है वेलुता—एक दलित, जो अपनी सीमाओं को लाँघकर इन बच्चों और उनकी माँ को प्यार करने की भूल करता है। तीनों के सामने की दुनिया एक ही है, अपनी वर्जनाओं, अपने नियमों, अपने पूर्वग्रहों और अपनी दमित आकांक्षाओं से इस क़दर त्रस्त कि अक्सर वह अपने बन्धनों की सज़ा दूसरों को सुनाती है, बड़ी चीज़ों के देवताओं का यह कहर किस तरह छोटे इंसानों, छोटी इच्छाओं और छोटे-छोटे भरोसों पर टूटता है, इसी की दास्तान है *'मामूली चीज़ों का देवता।'*

कहानी के केन्द्र में एक हादसा है, बहुत खामोश हादसा, एक अँधेरी अनजानी रात एक उफनती हुई नदी के किसी किनारे चुपचाप उलट गयी नाव का हादसा, लेकिन उसकी गूँजें-अनुगूँजें पूरे अतीत और भविष्य में पसरी हुई हैं। चौबीस साल बाद केरल के अपने शहर आयमेनम लौटी हुई एक लड़की से यह कहानी शुरू होती है, तुरन्त उसके बचपन में दाखिल हो जाती है, जहाँ उसका एक जुड़वाँ भाई है, अम्मू है, और उस हादसे के आगे-पीछे की घटनाएँ हैं। एक प्लाइमाउथ बड़ी तेज़ी से भागी जा रही है एयरपोर्ट की तरफ–एक विदेशी बच्ची को हिन्दुस्तान आना है। यह बच्ची उन जुड़वां बच्चों, राहेल और एस्ता की ममेरी बहन है। जुड़वां बच्चे अपनी तलाक़शुदा अम्मू के साथ अपने मामा के घर में रहते हैं। इस घर में उनकी नानी भी है और नानी बुआ भी, जिसका नाम बेबी कोचम्मा है। मामा चाको ऑक्सफोर्ड से लौटे हैं, अक्सर दार्शनिक मुद्रा अख़्तियार कर लेते हैं, आयमेनम में अचार का कारखाना चलाते हैं, और अपने कामगारों के साथ, खासकर महिला कामगारों के साथ, साम्यवाद-साम्यवाद खेलते हैं। उन्हीं की बेटी सोफी मोल आ रही है विदेश से, जिसके स्वागत की भरपूर तैयारियाँ हैं, अम्मू और उनके बच्चों को उनकी औकात समझाने की एक अदृश्य इच्छा भी इस स्वागत में हाथ बँटाती है। इन सबसे अलग और दूर एक नदी है जो इन बच्चों का प्रिय शरण्य है। इसी नदी के पास रहता है वेलुता–एक परवन मजदूर, जिसकी प्रतिभा आयमेनम हाउस के लोगों को मजबूर करती है कि वे उसे अपने कारखाने में ठीक-सी हैसियत बख़्शें। वेलुता इन बच्चों का तो प्रिय है ही, इनकी माँ का भी प्रिय हो जाता है। यह अन्तिम गुनाह है जिसकी सज़ा जितनी अम्मू को मिलनी है, उससे कहीं ज़्यादा वेलुता को–आख़िर उन्होंने वह परिधि लाँघी है जिसे केरल का पारम्परिक समाज तो क्या, आधुनिक साम्यवाद भी लाँघने की इजाजत नहीं देता।

और इन सबके बीच है एक इतिहासघर–नदी के बीच एक छूटा हुआ ढाँचा, जहाँ बच्चों ने अपना घर बनाने की हिमाकत की थी। उन्हें नहीं मालूम था कि समय की विशाल सड़क पर चल रही वे ऐसी चीटियाँ हैं जिन्हें कुचलने में इतिहास नाम के ट्रक को ज़्यादा वक़्त नहीं लगेगा। इस इतिहासघर में अपने छोटे-छोटे भविष्यों का इन्तज़ाम कर रहे ये बच्चे एक हादसे के बाद पाते हैं कि वर्तमान कितना खूंखार होता है, ख़ासतौर पर एक ऐसे परवन के साथ, जिसने उसके नियम तोड़े हैं, जिसकी काली पीठ पर ख़ून के दाग़ आसानी से दिखाई नहीं पड़ते।

और बच्चों के साथ भी। वर्तमान की छल योजना इन्हें अलग करती है, दो डिम्बों वाले जुड़वाँ बच्चे, जो एक साथ मैं के तौर पर सोचने के आदी हैं जिन्हें एक-दूसरे के खाये हुए सैंडविचों का स्वाद मालूम है, एक-दूसरे की उल्टियों और चिपचिपाहटों का क़िस्सा पता है। चौबीस साल बाद मिलते हैं ये बच्चे, ठीक उस उम्र में जहाँ उनकी अम्मू छोड़ गयी थी, 31 साल में, *अ वायेबल डायबल एज*. हिन्दी में बहुत जतन से इस

उपन्यास का अनुवाद करने वाले नीलाभ अरुन्धति रॉय आविष्कृत इस मुहावरे की हिन्दी काट नहीं खोज पाये हैं, वरना इसमें निहित विडम्बना और असम्पृक्तता वह चीज़ है जो उपन्यास के मूल रसायन का निर्माण करती है। अपने बच्चों और अपने संघर्ष के बीच जूझती-झूलती, अपनी छाती में मौत के एक हरकारे को दाख़िल होने देने से न रोक पायी अम्मू एक अनजान होटल के एक अकेले कमरे में मरती हैं—एस्ता और राहेल नाम के उन जुड़वाँ सपनों के बिना, जिन्हें उन्होंने जन्म दिया था और जिनके साथ एक रेलवे स्टेशन पर आख़िरी विदाई के वक़्त भी एक स्कूल खोलने का सपना देखा था जहाँ इन बच्चों के मुताबिक उचित अपराधों की उचित सज़ाएँ ही मिलेंगी।

अन्त तक आते-आते यह उपन्यास बेहद मार्मिक हो उठता है। निजी त्रासदियों के पीछे की सामाजिक विडम्बनाएँ जैसे पूरी तरह नंगी होकर सामने आ जाती हैं। यह उपन्यास दो बच्चों की आँखों से देखा गया है, जीवन के बनते-मिटते अनुभवों का वह क़िस्सा जिसमें कभी सिर्फ़ शुरुआतें ही शुरुआतें थीं और कोई अन्त नहीं था, जहाँ भय नहीं था, सिर्फ़ उत्सुकताएं थीं, जहाँ अपने रहस्य और अपनी व्याख्याएँ थीं, इस बात से बेखबर कि कुछ छुपे हुए विद्रूप जैसे कहीं घात लगाकर प्रतीक्षा कर रहे हैं उस लम्हे की, जब एक नदी एक नाव को लील लेगी और एक दूसरी नाव दो वर्जित आत्माओं के प्रेम का राज खोल देगी।

अरुन्धति रॉय का यह उपन्यास पूरी जिद के साथ जैसे एक निजी आख्यान है, लेकिन कोई निजता इतनी निजी नहीं होती कि उसमें सामाजिकताओं के निशान न पकड़े जा सकें, बल्कि ज़्यादातर यह हमारी बेख़बरी होती है कि हम सामाजिकता की छापों से बनती, उसके कोख में पलती और अपना वक़्त पूरा कर बाहर आती अपनी निजताओं को फिर भी एक बड़े परिदृश्य में रखकर नहीं देख पाते। *'मामूली चीज़ों का देवता'* दरअसल इसी निजता के रेशे-रेशे में छुपी सामाजिकता को रेखांकित करता है, एक ज़्यादा बड़े अर्थ में हमारी कई दुखती हुई सामाजिक रगों पर उँगली रखता है।

इस उपन्यास में हम चाहें तो एक स्त्री और दलित विमर्श भी पढ़ सकते हैं। विद्रोही और आज़ाद ख़याल स्त्रियों के चरित्र गढ़ना हिन्दी फिल्मकारों की तरह हिन्दी लेखकों का भी शगल रहा है, लेकिन भारतीय उपन्यासों के ऐसे चरित्रों की पोर्ट्रेट गैलरी बनायें तो उनमें सधी-सधायी, ढली-ढलायी तस्वीरों के बीच हाड़-मांस की जीवित अम्मू अलग से पहचानी जाएगी। वह अम्मू जिन्होंने बगावत जैसी कोई चीज़ सोची नहीं। चुपचाप फ़ैसले किये, अपनी मर्ज़ी से शादी की, अपने बच्चों के लिए बेहद संवेदनशील और ममतामयी माँ बनी रहीं, पति को छोड़ अपने घर लौटीं तो भी खुद को दयनीय नहीं बनने दिया। अपने ढंग से प्रेम किया, नदी के बिछौने पर, चाँदनी रातों में, एक परवन के साथ।

और जब फ़ैसले की घड़ी आयी, जब सज़ाएँ चुपचाप तय की जा रही थीं, मुक़दमे गढ़े जा रहे थे, जब सबको भरोसा था कि अम्मू अपनी बदनामी से बचने के लिए चुप

रहेंगी, तब भी उन्होंने सब बोलने का फ़ैसला किया, कहा कि वह एक परवन से प्रेम करती रही है, सीधे थाने जाकर, सीधे इंस्पेक्टर की आँखों में आँखें डालकर। यह वह चीज़ है जो अम्मू को एक यादगार चरित्र में बदलती है। उनका स्वाभिमान और खरापन, दोनों जैसे एक ही सिक्के के दो पहलू हैं। उनका संवेदनशील व्यक्तित्व इन दोनों चीज़ों से मिलाकर बनता है, इसलिए वो वेलुता की मौत के लिए खुद को ज़िम्मेदार मानती हैं।

इस उपन्यास में छोटे-छोटे देवताओं की दो दुनियाएँ और भी हैं जिनसे गुज़रते हुए अरुन्धति रॉय की लेखकीय क्षमता और दृष्टि के प्रति आस्था जागती है। एक है दलित दुनिया जिसके एक सिरे पर वेलुता खड़ा है और दूसरे सिरे पर उसका पिता वेल्या पाप्पन। बीच में उसका विकलांग भाई और वह छोटी-सी झोंपड़ी जिसमें सिमटा-सिकुड़ा, बिख़रा-पसीजा, पसरा हुआ है इन लोगों का घर-आँगन। इस छोटी-सी दुनिया का जिक्र जिस भरोसे और विश्वसनीयता के साथ लेखिका ने किया, वह हैरान कर देने वाला है। उपन्यास के इन हिस्सों को पढ़ते हुए कई बार दलित लेखक लक्ष्मण गायकवाड़ की मराठी आत्मकथा *'उठाईगीर'* की याद आती है, लगभग वही अचूक निर्ममता, यथार्थ पर उतनी ही पैनी पकड़, सिर्फ लक्ष्मण की सादाबयानी की जगह अरुन्धति रॉय की वह नाटकीय भाषा ले लेती है जिससे वे एक साथ कई मकसद साधती हैं और दलित संस्कारबद्धता से लेकर दलित विद्रोह तक को बड़े करीने से दर्ज करती हैं। जिस तरह वेल्या पाप्पन अपने बेटे के दुस्साहसिक प्रेम को देखकर हतप्रभ रह जाता है और आयमेनम निवास तक अपनी वफादारी चुकाने और यह क़िस्सा बताने चला आता है, वह एक यादगार दृश्य है। ऐसे दृश्य और भी हैं।

वैसे ज़्यादातर हिस्सा रॉय ने बच्चों की आँखों से देखा-लिखा है। बड़ों की बालिग दुनिया के बीच बच्चों के अपने तरह के सवाल, अपनी तरह की व्याख्याएँ, अपने ढंग की योजनाएँ और अपनी ही क़िस्म की यातनाएँ—ऐसे उपन्यास कम याद आते हैं जो शुद्ध बालिग उपन्यास हों या इस क़दर बच्चों की आँख से देखे-लिखे गये हों। मन्नू भंडारी का *'आपका बंटी'* बेहद संवेदनशील और हिन्दी में सर्वाधिक पठित उपन्यासों में एक है, लेकिन बंटी के सरोकारों पर एक बालिग संवेदना का दखल ज़्यादा है, यह वह रसायन है जो उसके दुख को गाढ़ा करता है, लेकिन एक स्तर पर शायद बच्चों की बुनियादी चिन्ता से दूर या कटा रह जाता है। लेकिन *'मामूली चीज़ों का देवता'* तो जैसे अरुन्धति ने अपने बचपन की मिट्टी से सिरजा है। यह जानने की इच्छा कई बार उमड़ती-घुमड़ती है कि इन ब्योरों में कितनी आत्मकथात्मकता है, कितना निजी स्तर पर घटित यथार्थ का अंकन है और कितना कल्पना का मेल है। बच्चों का कौतूहल, उनकी व्याख्याएँ, यथार्थ से मुठभेड़ के उनके तरीके, किसी दृश्य को पलक झपकते पकड़ लेने और स्मृति में बिठा लेने का उनका कौशल, यह सब उपन्यास को यादगार बनाते हैं।

अन्त तक आते-आते उपन्यास कुछ और परतें तोड़ता है। एक तलाक़शुदा स्त्री के दलित-प्रेम के अलावा दो बिछुड़े हुए भाई-बहनों की चौबीस साल बाद हुई पहली

मुलाकात भी पारम्परिक बोध को कुंठित पर सकती है। लेकिन यह उपन्यास इससे बेखबर है। वर्तमान और इतिहास के थपेड़ों ने इन निजी त्रासदियों को एक ऐसे संसार में प्रक्षेपित कर दिया है, जहाँ बाहर से आरोपित किसी मूल्य का कोई महत्त्व नहीं है। यह कहना भी उपन्यास को छोटा करना होगा कि यह पारम्परिक नैतिकता के विरुद्ध एक आख्यान है। यह एक टेढ़ी-मेढ़ी तेज़ धार वाली नदी है जिसके प्रवाह में आकर चट्टनें सहज ढंग से टूटती और नये आकार ग्रहण करती हैं। नदी का मकसद चट्टानों को तोड़ना नहीं है, लेकिन उसके प्रवाह से जिन कूलों का निर्माण होता है, जो नये स्थापत्य बनते हैं, वे भी उसका एक बड़ा मूल्य होते हैं, उसकी अपनी पहचान को एक अर्थ देते हैं। इसी तरह अरुन्धति रॉय का यह उपन्यास भी हमारे सामाजिक पर्यावरण को नये कूल, नये स्थापत्य प्रदान करता है। यह एक बड़ा उपन्यास है।

यह बात भूली नहीं जा सकती कि भारतीय समाज को उसका एक इतना प्रामाणिक आख्यान दरअसल अंग्रेज़ी ने दिया है। अरुन्धति रॉय को हासिल वैश्विक प्रतिष्ठा का एक स्रोत यह विश्वभाषा भी है। अक्सर भारतीय अंग्रेज़ी के लेखक के तौर पर रॉय के साथ लोग रुश्दी को याद करते हैं, शायद इसके पीछे यह चमत्कृत करने वाली शोहरत ही है जो दोनों को उनके पहले उपन्यासों से हासिल हुई। सलमान रुश्दी का *'मिडनाइट्स चिल्ड्रेन'* भी आज़ादी के बाद के भारतीय उपमहाद्वीप का एक रूपक गढ़ने की कोशिश है, निश्चय ही निहायत अलग ढंग से, जिसमें फन्तासी और यथार्थ का वह मेल है जिसे जादुई यथार्थवाद कहते हैं। दोनों उपन्यासों की बुनावट में साम्य नहीं के बराबर है, सिवा इसके कि दोनों लेखक अंग्रेज़ी को अपने ढंग से तोड़ते-फोड़ते और साधते हैं। इत्तिफाक से अचार का कारखाना दोनों जगह है और *'मामूली चीज़ों का देवता'* की तरह *'आधी रात की सन्तानें'* में भी एक भाई-बहन हैं, सलीम सिनाई और ब्रास मंकी। एक दिलचस्प बात यहाँ ध्यान खींचती है। सलीम और ब्रास मंकी जन्मना भाई-बहन नहीं हैं। यह बात जानने वाला सलीम अपनी बहन का दीवाना हो जाता है, वह उसे यह समझाने की कोशिश करता है कि वे भाई-बहन नहीं हैं इसलिए उनके बीच दूसरी तरह के सम्बन्ध बन सकते है। लेकिन यह समझाते-समझाते उसकी अपनी आवाज़ कमजोर और खोखली पड़ जाती है, उसे अहसास हो जाता है कि जो रिश्ता उनके बीच जन्म से मौजूद नहीं है, वह वक़्त ने बना डाला है। वक़्त की तरफ़ से इस रिश्ते को मिली मान्यता को वह नहीं बदल सकता है।

'मामूली चीज़ों का देवता' में यह वक्त ठीक दूसरा खेल करता है। उसने दो जुड़वाँ भाई-बहनों को अलग कर डाला है। सालों बाद दोनों जब एक-दूसरे से मिलते हैं तो उनके बीच एक-दूसरा ही सम्बन्ध बनता है। लेकिन यहाँ डोर वक़्त के हाथ में पूरी तरह नहीं है। दोनों की अनुपस्थितियाँ और चुप्पियाँ उस पूरे चौबीस सालों में पसरी हुई हैं, शुरूआतों को अन्त से जोड़ती हुई, दो जुड़वां-सहोदरों को उनका सहज सामीप्य वापस करती हुई, एक

थकी हुई त्रासदी को उसकी क्लान्त प्रतीक्षा तक पहुँचाती हुई, जहाँ एक रात एक भाई और एक बहन अपना दुख साझा करने वाले हैं।

उपन्यास के यथार्थ की तरह उसका शिल्प भी दुर्गम है और भाषा फिसलनों से भरी हुई। इस रास्ते पर सफ़र करना आसान नहीं है। इसका अनुवाद एक टेढ़ी खीर था जो नीलाभ क़ायदे से पका पाये हैं और इसलिए प्रशंसा के पात्र हैं। यह अलग बात है कि अपने-अपने जायके के हिसाब से खीर में थोड़ा-बहुत फेरबदल हर किसी को उचित या अपेक्षित लग सकता है। लेकिन यह उपन्यास बहुत दूर तक हिन्दी में अपनी मूल सम्प्रेषणीयता का निर्वाह करने में कामयाब रहा है।

औरत के हक में

तसलीमा नसरीन आज महज एक लेखिका का नाम नहीं है। वह पुरुष वर्चस्ववादी सत्ता और उसको बनाये रखने वाले कठमुल्ला संस्थानों के विरुद्ध संघर्षरत नयी नारी अस्मिता का प्रतीक भी है। इस नयी नारी का कसूर यह है कि वह जीने की जगह चाहती है। हाँ, उसे हाशिया नहीं चाहिए, पूरे पृष्ठ चाहिए, उतने ही पृष्ठ, जितने मर्दों को हासिल हैं। मगर उसके हिस्से के पृष्ठों की धर्मग्रन्थ घेरकर बैठे हुए हैं, उन पर पुरुषों की बनायी हुई परम्पराएँ काबिज हैं, उन पर सदियों से मान्यताप्राप्त संस्थानों का अधिकार है। स्त्री को अगर ये पृष्ठ चाहिए तो उसे धर्मग्रन्थों, परम्पराओं और संस्थाओं को वहाँ से हिलाना, हटाना, अपदस्थ करना होगा। तसलीमा नसरीन का लेखन यही करने की कोशिश है, और बदले में उन्हें विरोध, मौत का फतवा और निर्वासन झेलने पड़ रहे हैं।

इधर हिन्दी में अनूदित होकर तसलीमा नसरीन की ताजा किताब आयी है—'नष्ट लड़की : नष्ट गद्य' जिसमें उनके कई विचारोत्तेजक लेख संकलित हैं। इन लेखों में स्त्री की पूरी-पूरी स्वतन्त्रता के लिए तसलीमा नसरीन की तड़प को, उसकी आग और आँच को महसूस किया जा सकता है। तसलीमा नसरीन मानती हैं कि सभ्यता के आरम्भ से ही पुरुष निर्मित समाज और संस्थानों ने स्त्री की आकांक्षाओं का, उसकी मेधा का और उसकी शारीरिक मानसिक क्षमताओं का अपहरण कर रखा है और धर्म और उसके सहायक उपादान स्त्री को क्रीतदासी, भोग्या और वस्तु के रूप में ही स्थापित करते आये हैं। औरत के साथ हर स्तर पर बरती जा रही गैरबराबरी का प्रतिरोध करते हुए तसलीमा नसरीन धर्म और समाज की धज्जियाँ उड़ाती हैं। यही वजह है कि धर्म और समाज के ठेकेदारों की भृकुटियाँ तनी हुई हैं और यह लेखिका उनके लिए अस्वीकार्य उपस्थिति बनी हुई है।

न तो स्त्री की प्रतिरोधी चेतना का यह साहित्य नया है और ना ही पहली बार उस पर भौंहें तानी गयी हैं। मगर तसलीमा नसरीन का महत्त्व इस बात में है कि वह कठमुल्लापन की ओर बढ़ते बांग्लादेशी समाज में प्रजातन्त्र, आधुनिकता और उदारता

के मूल्यों को बचाए रखने के लिए अपनी ओर से एक लड़ाई छेड़ने में सफल हुई है। स्त्री के आत्मसम्मान को हर रोज पहुँचायी जा रही चोट के प्रति एक सुलगता हुआ तीखापन, सदियों से चली आ रही जड़ताओं के विरुद्ध एक उद्धत आक्रामकता और पुरुष निर्मित संस्थानों की कलई खोलती साहसिक स्पष्टता—इन सबको समेटते हुए ये लेख तसलीमा नसरीन के विरुद्ध तन्त्रवादियों की नाराजगी के लिए बहुत सारा सामान जुटा देते हैं। चूँकि इन विश्वासों, मान्यताओं या परम्पराओं की स्थापना में सबसे बड़ी भूमिका धर्म की रही है इसलिए तसलीमा नसरीन का सबसे तीखा हमला धर्म पर रहा है। वह कुरान के उन अंशों की आलोचना करती है जो कहते हैं कि औरतें मर्द की खेती हैं। वह हिन्दू शास्त्रों और सनातनी जीवन पद्धति, शादी-ब्याह, त्यौहार आदि में औरतों के साथ किये जाने वाले दुचिते बर्ताव को निशाना बनाती है। दूसरे कई लेखों में भी वह मौलानाओं के कुत्सित पाखण्ड की पोल खोलती है। आसानी से समझा जा सकता है कि वह कौन-सी वजह है जिसके चलते तसलीमा नसरीन को जलावतन होना पड़ा। और जिस समता की बात वह करती है, वह भी परम्पराओं को मुँह चिढ़ाने के लिए पर्याप्त हैं। वह खाने, पीने, ओढ़ने, पहनने से लेकर नौकरी के अवसर तक और खेल-कूद से लेकर यौन सम्बन्धों तक में औरतों को उतनी ही आजादी दिये जाने की बात करती हैं जितनी मर्दों को हासिल है। वह औरत को उसकी अपनी बेड़ियों से भी मुक्त करना चाहती हैं।

मगर तसलीमा नसरीन के इस 'नारीवादी' लेखन के साथ-साथ उनके दूसरे सरोकार भी हैं जो कम से कम भारतीय उपमहाद्वीप के पाठकों के लिए गहरी अहमियत रखते हैं। वह धर्म को नकारती हुई संस्कृति की बात करती हैं। अपने 'बंगाली' होने की सांस्कृतिक चेतना उनमें बेहद प्रबल है और जब वह देखती हैं कि धर्म जब उनके इस सांस्कृतिक बोध को कुचलने की कोशिश कर रहा है तो वह तिलमिला जाती है। उनका लेखन बताता है कि वह धर्म के आधार पर राष्ट्र के इस अतार्तिक विभाजन को स्वीकार नहीं कर पातीं। उनका एक लेख है 'अपने ही घर में अजनबी'। इस लेख में वे साफ-साफ लिखती हैं : ''हम लोग एक 'नेशन' थे। दो सम्प्रदायों को सन् 47 में दो 'नेशन' कहने की राय दी गयी। बम्बई के एक मुसलमान ने सत्ता के लालच में एक 'नेशन' को दो भागों में बाँट दिया। बाँट दिया, देश, परदेश, को। सैंतालीस का पाप हम लोगों ने इकहत्तर में धो दिया था। इकहत्तर में हमने देखा है कि धर्म जाति को गठित करने की नींव कभी नहीं हो सकता?''

और तसलीमा नसरीन सबसे ज्यादा खुश कब होती है? जब वह इस बंगाली संस्कृति के सर्वश्रेष्ठ अंशों के बीच होती हैं। मीरा मुखोपाध्याय से मिलना उन्हें पुलकित कर जाता है। मगर शान्ति निकेतन जाकर तो वह मोहित हो जाती हैं। शान्ति निकेतन में अपने बिताये हुए दिन के बारे में लिखते हुए उनकी पुलक और काव्यात्मक विह्वलता दोनों चरम पर होते हैं। वह लिखती हैं : ''भोर से ही वसन्त गान, वासन्ती रंग की साड़ी पहने लड़कियों का नृत्य, लाखों लोग उस सुर और छन्द से मतवाले हैं। मैं भी इसी

रसधारा में डूबी हुई हूँ। रवीन्द्रनाथ के शान्ति निकेतन में खड़ी मैं, मेरे भी मन को होली का रंग लग गया। इससे पहले इस तरह वसन्त का कभी अनुभव नहीं हुआ था। इससे पहले वसन्त की उन्मत्त हवा ने कभी शरीर को इस तरह नहीं छुआ था। मैंने पहले इतना ज्यादा प्यार नहीं किया था धरती पर फैली धूप, हवा और मनुष्य को।''

यानी यह बात इस जरूरी निष्कर्ष तक पहुँचाती है कि धर्म ने राष्ट्र के टुकड़े तो कर दिये, आबादियों को भी बाँट दिया, मगर वह संस्कृति के तार नहीं तोड़ पाया। तसलीमा नसरीन के समूचे लेखन की इस सांस्कृतिक चेतना से अलग करके नहीं देखा जा सकता। वस्तुतः यह बांग्लादेश की ही नहीं, बल्कि तीसरी दुनिया की हर औरत की लड़ाई है जो तसलीमा नसरीन लड़ रही हैं। साथ ही साथ यह धर्म की जड़ता के विरुद्ध संस्कृति की गतिशीलता की भी लड़ाई है। इसी गतिशीलता का तकाजा है कि औरतों को उनके अधिकार मिलें, उनका आत्मसम्मान मिले। 'नष्ट लड़की' का यह 'नष्ट गद्य' बहुत सारी नष्ट किये जाने योग्य जड़ताओं और परम्पराओं के विरुद्ध एक सार्थक मुहिम है।

मीरवाला की मुख़्तार और काबुल का सुल्तान

'मुख़्तार माई' का नाम अब अनजाना नहीं है—कम से कम उन लोगों की दुनिया में जो भारतीय उपमहाद्वीप में नागरिक अधिकारों की लड़ाई लड़ रहे हैं। मुख़्तार आज की तारीख में इस लड़ाई की एक महत्त्वपूर्ण योद्धा के रूप में पहचानी जाती हैं। हालाँकि इस पहचान की उन्हें भारी क़ीमत चुकानी पड़ी है। दरअसल भारतीय उपमहाद्वीप दुनिया का वह हिस्सा है जहाँ मध्ययुगीन व्यवस्थाएँ और बर्बरताएँ कई स्तरों पर सक्रिय दिखाई पड़ती हैं और ख़ासकर महिलाओं के प्रति सामन्ती नज़रिया अब भी समाज में विद्यमान है। इस लिहाज़ से भारत, पाकिस्तान या बांग्लादेश की राजनीतिक व्यवस्थाओं में जो भी फ़र्क़ हो, इन तीनों देशों में सामाजिक स्थितियाँ बिल्कुल एक जैसी हैं और इन्हीं स्थितियों की वजह से मुख़्तार माई की कहानी किसी पाकिस्तानी महिला की नहीं, अपने पड़ोस के किसी गाँव की किसी औरत की सिहरा देने वाली दास्तान लगती है। मुख़्तार माई की उम्र 32 साल है। इस उम्र में लड़कियाँ माई नहीं कहलातीं। लेकिन मुख़्तार बीबी ने इसी उम्र में जितना झेला है, उसने उन्हें एक बुजुर्ग महिला में बदल डाला है। दरअसल उनकी पीठ अपनी 32 साल की उम्र से ज़्यादा 5000 साल पुरानी कहलाने वाली उस सभ्यता के बोझ से दबी हुई है जो औरतों को दोयम दर्ज़े की हैसियत बख़्शती है। मुख़्तार माई को उनके अनुभव ने बताया है कि अपनी झुकी हुई पीठ सीधी करने के लिए उन्हें पूरे समाज को, और ख़ासकर लड़कियों को खड़ा करना होगा।

यह अनुभव मुख़्तार माई को एक हादसे ने दिया। यह पाँच साल पुरानी बात है। पाँच साल पहले मुख़्तार माई पाकिस्तान के मीरवाला गाँव की एक बिल्कुल आम औरत थीं, गूजर किसानों के घर की औरत—शायद इस मायने में कुछ ज़्यादा बदनसीब कि वे तलाक़शुदा थीं। इस अकेलेपन से उबरने के लिए उन्होंने कुरान की आयतों का सहारा लिया—अपने गाँव की बच्चियों को वह तालीम देने लगीं जो सुने-सुनाये ढंग से उन तक पहुँची थीं। लेकिन 22 जून, 2002 को एक हादसा हुआ—गाँव के ताक़तवर मस्तोई क़बीले के लोगों ने 12 साल के उनके छोटे भाई शकूर पर इल्ज़ाम लगाया कि उसने

उनकी बिरादरी की 20 साल की लड़की सलमा से बात की है। बिरादरी की इस बेइज़्ज़ती की क़ीमत मुख़्तार को चुकानी पड़ी। पंचायत के हुक़्म पर उसे मस्तोइयों की बिरादरी में भेजा गया जहाँ उसे सामूहिक बलात्कार का शिकार बनाया गया।

यह कहानी यहाँ ख़त्म नहीं, शुरू होती है। मुख़्तार माई ने यह पूरी कहानी एक फ्रेंच लेखिका मारी थेरीज़ क्यूनी के सहयोग से लिखी है—अपनी ही जुबानी। हाल में नीलाभ द्वारा हिन्दी में अनूदित यह किताब अरविन्द कुमार ने छापी है। मुख़्तार माई की यह दास्तान पढ़ना एक ख़ौफनाक अनुभव से गुजरना है जिसमें कभी डर, कभी गुस्सा, कभी शर्म और कभी पछतावा भी आता है। सामूहिक बलात्कार के बाद का जीवन कितना भयावह हो सकता है, और उसके बाद इंसाफ़ की लड़ाई कितनी मुश्किल—यह बात *'इज़्ज़त के नाम'* नाम की यह किताब बताती है।

इस लड़ाई की शुरुआत सुन्न कर देने वाली यन्त्रणा और खामोशी से होती है—मुख़्तार को एक-एक क़दम जैसे जलते हुए अंगारों पर रखना है। पहले वह अपने भीतर खुदकुशी कर लेने की इच्छा से लड़ती हैं, उसके बाद बाहर वालों के डर से। फिर अपने हालात से उनकी लड़ाई शुरू होती है। यहाँ मुख़्तार माई को पता चलता है कि पूरी की पूरी व्यवस्था कमज़ोर लोगों के ख़िलाफ़ खड़ी होती है। वह देखती हैं कि ताक़तवर मस्तोई क़बीले की मदद में खड़ी पुलिस मस्तोइयों को गिरफ़्तार करने की जगह उनके छोटे भाई शकूर को पकड़कर ले गयी है। बाद में 12,000 रुपये की घूस के बाद उसकी रिहाई मुमकिन होती है।

ये हालात तोड़ देने वाले हैं। इंसाफ़ तो बहुत दूर की बात है, बची-खुची इज़्ज़त की ज़िन्दगी भी इस मोड़ पर नामुमकिन लगती है। लेकिन इस डूब रही मुख़्तार को एक तिनका अख़बारी ख़बरों का मिलता है। मुख़्तार के साथ हुए इस ख़ौफ़नाक हादसे की ख़बर इलाके के अख़बारों में छप जाती है और उसके बाद सरकारी कार्रवाई का सिलसिला शुरू होता है। लेकिन इसके बाद भी पुलिस आश्वस्त है कि वह इस अनपढ़ और कमज़ोर मुख़्तार और उसके परिवार वालों से मनचाहे बयानों पर दस्तख़त कराकर ताकतवर लोगों को बचा लेगी। मस्तोइयों के खेत के सामने से निकलने में डरती और थानों के चक्कर काटती मुख़्तार बीबी बिना किसी भरोसे अपनी लड़ाई शुरू करती है।

यह कहानी हमारे लिए नयी नहीं है। अपने यहाँ भी क़बीलाई मानसिकता में जकड़े समाजों और जातियों की आनबान के नाम पर औरतों की इज़्ज़त से खिलवाड़ का चलन पुराना है। सामूहिक बलात्कार और उसके बाद इंसाफ़ के नाम पर की गयी लीपापोती के अनुभव भी नये नहीं हैं। लेकिन नया वह संघर्ष और नतीजा है जो मुख़्तार माई को हमारी भँवरी देवी के क़रीब ला खड़ा करता है—याद दिलाता हुआ कि सामन्ती अतीत और औपनिवेशिक राज की नाजायज़ सन्तान के रूप में हमने जो तन्त्र विकसित किया है, उसमें संवैधानिक उत्तरदायित्व का एहसास तो दूर, आधारभूत मनुष्यता तक नहीं है।

बहरहाल, मुख़्तार बीबी यह लड़ाई जीतती है—साथ में कई नये अनुभवों से लैस

होती है। उसे समझ में आता है कि लड़कियों का अनपढ़ होना उन्हें कितना असुरक्षित बनाता है। वह अपना एक स्कूल खोलती हैं। वह महिला सशक्तीकरण का अर्थ समझती हैं और इसके लिए ज़रूरी लड़ाई की ताकत जुटाती हैं। मुख़्तार माई को *द टाइम* ने बीते साल 'वूमन ऑफ़ द ईयर' घोषित किया। उन्होंने पाकिस्तान की प्रतिनिधि के रूप में अमेरिकी सीनेट को सम्बोधित किया, फ्रांस के विदेश मन्त्री ने उनका सम्मान किया। वैसे यह भूलना मुनासिब नहीं होगा कि सपनों की तरह लगने वाला यह सफर कई दुःस्वप्नों के बीच से शुरू हुआ और अब भी पाकिस्तान में कई तरह के विरोध और आरोपों के बीच चल रहा है। मुख़्तार माई के पास अब पाकिस्तान की दूसरी सतायी हुई औरतें आ रही हैं और इंसाफ़ की लड़ाई में उनकी मदद हासिल कर रही हैं। लेकिन वह सिर्फ़ पाकिस्तान की नहीं हैं, भारत की भी सतायी हुई औरतों के लिए उनके होने का, उनकी लड़ाई का एक मतलब है। जो लोग अपने समाज में मानवाधिकारों की कुछ असलियत जानना चाहते हैं उन्हें यह किताब ज़रूर पढ़नी चाहिए।

मुख़्तार माई की कहानी एक हादसे से शुरू हुई कहानी है, लेकिन दक्षिण एशिया के देशों में जिन महिलाओं को मुख़्तार माई जैसे अनुभव से नहीं गुजरना पड़ता, उनके लिए भी ज़िन्दगी किसी हादसे से कम नहीं होती। ओश्ने सेयेरस्ताड की किताब *'काबुल का किताबवाला'* पढ़ते हुए इस अनुभव को बहुत क़रीब से महसूस किया जा सकता है। ओश्ने सेयेरस्ताड नार्वे की युवा पत्रकार हैं जो नवम्बर, 2001 के उन जलते हुए दिनों में अफ़गानिस्तान पहुँचीं जब अमेरिकी फ़ौजें औसामा बिन लादेन की तलाश के नाम पर इस मुल्क़ को नेस्तनाबूद करने पर तुली थीं। इस तबाह अफ़गानिस्तान में ओश्ने को सुल्तान नाम का एक किताबवाला मिलता है जिसकी क़िताबें कभी कम्युनिस्टों ने जलायीं, कभी तालिबान ने और कभी अमेरिकी फ़ौजों ने। ओश्ने सुल्तान नाम के इस किताबवाले के घर पर कुछ महीने गुज़ारती है और अफ़गानिस्तान के घर-बाहर की क़रीबी गवाह बनती है। ये वे दिन हैं जब तालिबान जा चुके हैं लेकिन तालिबानी चलन समाज में बाक़ी हैं। महिलाएँ घरों में मर्दों के इशारे और मर्ज़ी की गुलाम हैं और बाहर बुर्क़े की। जिस काबुल में धूप चमड़ी जला डालती है, वहाँ सुल्तान की बहन लैला धूप की कमी की वज़ह से बीमार पड़ जाती है। सुल्तान सिर्फ़ अपने शौक़ में अपने से काफ़ी कम उम्र की लड़की से दूसरी शादी करता है और घर की तमाम औरतें इस शादी के ख़िलाफ़ होते हुए भी कुछ बोल नहीं पातीं।

'काबुल का किताबवाला' अफ़गान औरतों की दास्तान भर नहीं है। यह किताब पूरे अफ़गानिस्तान का चेहरा टटोलती है, वह चेहरा जो हाल के दशकों की खूनी अन्तरराष्ट्रीय राजनीति से लहूलुहान है, जहाँ युद्ध और वहशत के बीच इंसानियत कभी बेहद कातर और थकी हुई दिखाई पड़ती है और कभी इससे लड़ने और नया समाज गढ़ने की ज़िद और हौसले से भरपूर। इस अफ़गानिस्तान में सुल्तान कई तरह के जोख़िम उठाकर और जेल जाने की मुसीबत झेलने के बावजूद पुरानी क़िताबें छुपाता और बचाता फिरता है, यहाँ लैला सारी पाबन्दियों के बीच नौकरी की तलाश में घर से निकलने का

ख़तरा उठाती है, यहाँ सुल्तान का छोटा भाई मंसूर एक ग़लत हरक़त करता है और इस गुनाह की शर्मिन्दग़ी में देर तक भीगता रहता है।

यह एक बेरहम अफ़गानिस्तान है जिसे न दया हासिल है और जो न दया करना जानता है। यहाँ सुल्तान अपने यहाँ से पोस्टकार्ड चुराने वाले एक बढ़ई के बेटे के साथ खौफ़नाक सख़्ती से पेश आता है और भूख से मर रहे उसके परिवार की परवाह किये बिना उसे जेल की सज़ा दिलाता है, यहाँ मोहब्बत करने का गुनाह करने वाली लड़कियाँ मार दी जाती हैं और इसके बावजूद दूसरी लड़कियाँ मोहब्बत करती हैं। यहाँ क़बीले हैं, सरदार हैं और एक-दूसरे को चुनौती देती छोटी-छोटी सरहदें हैं, जहाँ सबकी अपनी-अपनी हुकूमत चलती है। तालिबान के पतन के बाद राष्ट्रपति चुने गये हामिद क़रजई इस अफगानिस्तान को अपने कमज़ोर कन्धों पर उठा सकेंगे—इसका यक़ीन कम लोगों को है।

ओश्ने सेयेरस्टाड ने ये किताब बहुत जतन और मनोयोग से लिखी है। कई स्थलों पर उनके पश्चिमी पूर्वग्रहों की छाया ज़रूर चली आती हैं, लेकिन पूरी किताब पर इसका असर नहीं के बराबर है। इसके अलावा यह आवेग यहाँ स्वाभाविक रूप से नहीं है जो काबुल या अफ़गानिस्तान में बसे और इसे उजड़ता देख रहे किसी स्थानीय लेखक के भीतर हो सकता है। ओरहान पामुक ढह रहे इस्ताम्बुल के सन्दर्भ में जिस धूसर उदासी की चर्चा बड़ी गहनता से करते हैं, वह काबुल में कहीं ज़्यादा ठोस रूप में उपस्थित है—हालाँकि ओश्ने सेयेरस्टाड इसे कहीं भी वह साहित्यिक और काव्यात्मक रूप नहीं दे पातीं, जो पामुक के इस्ताम्बुल के संस्मरणों में मिलता है। लेकिन उनकी किताब में वह संवेदनशीलता और ईमानदारी है जो अपनी सीमाओं के बावजूद छूती है। दूसरी बात यह है कि इस किताब में वह अतिरिक्त रूमानियत नहीं है, जो आमतौर पर इस तरह के लेखन में मिलती है। यहाँ शहर और भूगोल अपने ठोस रूप में मौजूद हैं, किसी कविता की तरह नहीं जिसे महसूस भर किया जा सके, समझा न जा सके। दरअसल यह खूबसूरत शैली में लिखी गयी एक अच्छी किताब है जिसमें आज के अफ़गानिस्तान को उसकी सामाजिक-राजनीतिक टूटन के साथ पढ़ा जा सकता है। यही नहीं, यह किताब याद दिलाती है कि ऐसे दरके हुए समाजों में इंसानियत की दरारें भी तीखी होती जाती हैं।

वैसे तो यह किताब अफ़गान ज़िन्दगी और समाज के ढेर सारे पहलुओं को छूती है, लेकिन किताब के सबसे संवेदनशील हिस्से वे हैं जिनमें अफ़गान औरतों की दास्तान दर्ज़ है। ओश्ने सेयेरस्ताड जैसी महिला ही समझ सकती है कि बुर्क़े में बन्द और तंग ज़िन्दगी में औरतों के लिए उनके जूते कितने महत्त्वपूर्ण हो जाते हैं और किस तरह वे अपनी ज़िन्दगी में फिर भी कविताओं और गीतों की हसरत और गुंज़ाइश बचाये रखती हैं।

हिन्दी में अनन्त मित्तल द्वारा अनूदित इस किताब को अरविन्द कुमार ने छापा है। अनुवाद में रवानी है। यह एक पठनीय पुस्तक है जो युद्ध और आतंक के धुएँ के पीछे बिखर और बन रहे अफ़गानिस्तान की एक ठोस तस्वीर हमारे सामने रखती है।

आख़िरी उपनिवेश का सच

1971 में टोरंटो में हुए कॉन्फ्रेंस में पहली बार यह बात उभरी थी कि शासित और शोषित समुदाय के रूप में औरत एक चौथी दुनिया बनाती है—एक अन्तिम उपनिवेश। एक शासित अस्मिता के तौर पर स्त्री की इस पहचान को लेकर आने वाले दिनों में बहुत सारी बहसें चलीं, स्त्रीवादी विमर्श के बीच यह एक चालू जुमला हो गया कि औरत आख़िरी उपनिवेश है जिसे मुक्त कराया जाना है।

लेकिन इस कथन में निहित मर्मान्तक अर्थ समझने के लिए इक्कीसवीं सदी की खगोलीकृत व्यवस्था में सक्रिय उस नव साम्राज्यवादी परियोजना को देखना चाहिए जिसमें बाकी सारी चीज़ों की तरह औरत भी कारोबार का एक जींस बनाकर छोड़ दी गयी है। जिस दौर में औरतों की आज़ादी और बच्चों के अधिकारों के प्रति एक नयी तरह की संवेदनशीलता दुनिया भर में दिखाई पड़ती है, उसी में औरत और बच्चे सबसे ज़्यादा ख़रीदे-बेचे जाने वाले सामान में बदल डाले गये हैं। जिसे ह्यूमन ट्रैफिकिंग या फ्लेश ट्रेड कहते हैं, वह आज की दुनिया का सबसे मुनाफादेह कारोबार है—सबसे कम निवेश और जोखिम वाला ऐसा कारोबार जो सिर्फ नृशंसता और क्रूरता पर चलता है। हिन्दी की निर्भीक पत्रकार गीताश्री की किताब 'सपनों की मंडी' से गुजरते हुए इन सारी बातों की तरफ नये सिरे से ध्यान जाता है। नेशनल फाउण्डेशन फॉर इण्डिया की मीडिया फेलोशिप के तहत यह किताब तैयार करते हुए गीताश्री लगातार जोखिम भरे इलाकों से गुजरती दिखाई पड़ती हैं।

यहाँ जोखिम भरे इलाकों से मुराद सिर्फ उस भौतिक भूगोल से नहीं है जहाँ आपके सामने कई ख़तरे होते हैं, बल्कि उस मानसिक भूगोल से भी है जिसमें हम अपनी दुनिया अक्सर शालीन और सुसंस्कृत विमर्शों तक सीमित मान लेते हैं और ज़िन्दगी के पिछवाड़ों में बजबजा रही ज़िन्दगी की एक और हकीकत से आँख मिलाने से कतराते हैं। इसका खामियाजा सबसे ज़्यादा यौन हिंसा और उत्पीड़न की शिकार लड़कियों को भुगतना पड़ता है जिनकी कहानी बहुत मार्मिक और भयावह होते हुए भी हमारे

सार्वजनिक विमर्श के बाहर पड़ी रहती हैं। जाहिर है, इसकी एक बड़ी वजह उस लैंगिक पूर्वग्रह में भी है जिसमें अपनी आधी आबादी का उत्पीड़न हमें अब भी हाशिए की वह कहानी लगता है जिसकी जगह अख़बारों के फीचर पन्नों पर है और जिसे नवोदित पत्रकारों की फ्रीलांसिंग के सहारे छोड़ दिया गया है।

इस पूर्वग्रह को तोड़कर गीताश्री औरतों के व्यापार के इस दलदली इलाके में जब अपने कदम रोपती हैं तो पता चलता है कि किस तरह झारखंड, नेपाल, बंगाल, उड़ीसा, छत्तीसगढ़ या दूसरे गरीब राज्यों की आदिवासी बालाएँ दिल्ली, मुम्बई और बेंगलुरू के सम्पन्न और आधुनिक घरों से लेकर बदनाम ठिकानों तक में ठिकाने लगायी जा रही हैं। भूख और गरीबी से पैदा बेबसी उन्हें दलालों के चंगुल में आने को मजबूर करती है जो उन्हें अच्छे पैसे और जीवन का प्रलोभन देकर इन महानगरों में ले आते हैं। कई मामले तो सीधे धोखाधड़ी के होते हैं जब कोई इन्हें शादी करके अपने साथ महानगर में लाता है और किसी और के हाथ बेच देता है। हर साल लाखों की संख्या में अपने घर और गाँव छोड़कर महानगर आने वाली ऐसी ज्यादातर लड़कियों का जीवन अन्ततः किसी चकलाघर में कट जाता है। दुर्भाग्य से हमारी नयी दुनिया में पर्यटन उद्योगों ने ऐसे चकलाघरों की तादाद बढ़ायी है और ह्यूमन ट्रैफिकिंग के इस कारोबार को भयावह आयाम दिये हैं।

लेकिन जो लड़कियाँ चकलाघरों में नहीं जातीं, उन्हें कोई बेहतर ज़िन्दगी नसीब होती हो, ऐसा नहीं है। इन दिनों प्लेसमेंट एजेंसियों के नाम पर उग आयीं तरह-तरह की सन्दिग्ध संस्थाएँ दिल्ली में काम दिलाने के नाम पर हर साल हज़ारों की तादाद में झारखंड और दूसरे इलाकों से लड़कियों को यहाँ ले आती हैं। अपने जंगलों-पहाड़ों और झरनों के बीच बेलौस घूमने वाली ये लड़कियाँ अचानक यहाँ पूरी तरह दूसरों की मेहरबानी के अधीन हो जाती हैं—जिन घरों में वे रखी जाती हैं, वहाँ कई बार उन्हें हर तरह के उत्पीड़न भी झेलने पड़ते हैं। इनके दुर्भाग्य यहीं खत्म नहीं होते। वे जब बरसों बाद, अपनी उपयोगिता ख़त्म हो जाने के बाद, अपने गाँव-घर लौटने को मजबूर होती हैं तो पाती हैं कि वे एक बदली हुई लड़कियाँ हैं जिनसे उनका घर अजनबी हो चुका है। यह दूसरा सांस्कृतिक झटका उन्हें और ज़्यादा तोड़ने वाला साबित होता है।

किताब के अधिकतर लेख इन लड़कियों की कहानी कहते हैं, इनसे हमें मिलाते हैं। सतह पर सबकी कहानियाँ एक लगती हैं, लेकिन इनके भीतर उतरते हुए अचानक हम इनकी अलग-अलग चीखें सुन पाते हैं, उन्हें अपने आसपास पहचानने भी लगते हैं और अचानक समझ में आता है कि यह अदृश्य लगने वाली सच्चाई जिन धागों से बन रही हैं, उनमें से कुछ के सिरे तो हमारे हाथों तक हैं। यहाँ आकर हम पाते हैं कि मध्यवर्गीय घरों में औरत को हासिल जो नयी आज़ादी है—जिसके तहत वह बाहर नौकरी कर रही है—वह इस देश की गरीब आदिवासी लड़कियों के लिए एक नयी गुलामी का सबब बनी हुई है। दिल्ली की सम्भ्रान्त कालोनियों के घरों में एक बेबस

झारखंड भी बसा हुआ है जिसे कोई देख नहीं पाता क्योंकि वह हज़ारों मील की दूरी से आयी हुई ऐसी लड़कियों से बनता है जो बिल्कुल त्रासद गरीबी के बीच उठाकर यहाँ लायी गयी हैं—कभी किसी परिचित के सहारे, कभी किसी एजेंट के जरिए।

यह एक बहुत बड़ी किताब हो सकती थी, लेकिन कई वजहों से हो नहीं पाती है। लेखिका ने बहुत सारी कहानियाँ उठायी हैं, लेकिन शायद उन्हें एक रिपोर्टर की हड़बड़ी के साथ कह डाला है। ये कहानियाँ अपनी तीव्रता में हमे स्पन्दित करती हैं, लेकिन यह लगता रहता है कि इसमें काफी कुछ लिखे जाने की गुंजाइश थी जो छूट गयी। दूसरी बात यह कि लेखिका ने इस विकराल संकट के कानूनी हल की तरफ ज़्यादा ध्यान दिया है। लेकिन इस समस्या की मूल जड़ में हमारी जो सामाजिक-आर्थिक और लैंगिक गैरबराबरी है, उसकी तरफ कुछ इशारे ज़रूर हैं, उन पर विस्तार से चर्चा कम है। जाहिर है, इससे एक जरूरी परिप्रेक्ष्य छूट जाता है।

तीसरी बात यह कि किताब में आँकड़ों का भरपूर इस्तेमाल है। आँकड़े किसी भी शोध को अपनी तरह की प्रामाणिकता देते हैं, लेकिन इसीलिए उनके इस्तेमाल में बहुत सावधान होने की जरूरत है। जबकि किताब के अलग-अलग लेखों में दिये गये अलग-अलग आँकड़े अगर एक-दूसरे को काटते नहीं तो भी एक-दूसरे से काफी दूर खड़े दिखते हैं। मसलन पहले ही लेख में संयुक्त राष्ट्र के आँकड़ों का हवाला देकर बताया जाता है कि प्रति वर्ष अन्तरराष्ट्रीय सीमा पर 70,000 से 20 लाख महिलाओं और बच्चों की तस्करी होती है। अब 70,000 और 20 लाख के बीच का जो फासला है, वह पूरे आँकड़े को बेमानी बना डालता है। अगले ही लेख 'क्या है मानव तस्करी' में गीताश्री इस आँकड़े को 7 लाख से 40 लाख के बीच ले आती हैं। इसके बाद अमेरिका के आँकड़े आते हैं जो इसे 60 से 80 लाख तक ले आते हैं। यह असावधान दृष्टि कुछ और लेखों और आँकड़ों में भी दिखती है। ह्यूमन ट्रैफिकिंग का कारोबार कितने का है, इसके लेकर भी ढेर सारे आँकड़े हैं लेकिन वे किसी एक नतीजे तक नहीं पहुँचाते।

बावजूद इसके, यह एक ज़रूरी किताब है जो हमें हमारी एक गुमशुदा आबादी की याद दिलाती है। किताब के मुताबिक बीती एक सदी में भारत की पाँच करोड़ लड़कियाँ गायब हो गयीं जिनका कुछ पता नहीं चला। उपेक्षा और उत्पीड़न का यह खोया हुआ देश हमारी सामाजिक व्यवस्था के भीतर से ही पनपे एक आपराधिक तन्त्र से पैदा हुआ है, यह बात 'सपनों की मंडी' से गुज़रते हुए बार-बार याद आती है।

वे अब भी वहीं रहते हैं

'अब वे वही नहीं रहते' राजेन्द्र यादव के नाम मोहन राकेश, कमलेश्वर और नामवर सिंह की लिखी चिट्ठियाँ का संग्रह है। संग्रह में राजेन्द्र यादव के भी कुछ खत शामिल हैं। मोहन राकेश और नामवर सिंह के नाम। इन चिट्ठियों से वह आत्मीय संसार खुलता है जो उस दौर की हिन्दी कहानी के तीन शीर्षस्थ कथाकारों के बीच मौजूद था। इस आत्मीयता में एक-दूसरे को प्रेरित और प्रोत्साहित करने का भरपूर उत्साह है, आगे बढ़ने के लिए ज़रूर जोड़तोड़ का कौशल भी और एक हद के बाद एक दूसरे से आगे निकलने की छुपी हुई-सी होड़ भी। इस होड़ ने बाद के रिश्तों को जिस तरह तोड़ा और आरोप प्रत्यारोप का जो सिलसिला शुरू किया उसकी कहानी किसी से छुपी नहीं है। इन सम्बन्धों की आधारशिला पर संस्मरण भी लिखे गये और प्रतिवाद की चिट्ठियाँ भी छपीं।

बहरहाल, उस समूचे दौर में हिन्दी कहानी के भीतर बदलने, अपनी नयी पहचान गढ़ने, अपने लिए जगह खोजने की कशमकश और बेचैनी इन चिट्ठियों में बार-बार अभिव्यक्त होती है। आज के लेखक शायद यह मान चुके हैं कि सिर्फ लेखक होकर जीना मुमकिन नहीं। वे प्राध्यापकी और पत्रकारिता जैसे लेखन के करीबी समझे जाने वाले पेशों से लेकर तमाम दूसरी सरकारी-गैरसरकारी नौकरियों में पहले भविष्य सुरक्षित करते हैं, उसके बाद लिखने का कारोबार करते हैं। लेकिन मोहन राकेश, राजेन्द्र यादव या कमलेश्वर के भीतर सिर्फ लेखक होने की एक जिद दिखती है जिसके लिए वे पत्रिका निकालने से लेकर प्रकाशक होने तक की आधी अधूरी कोशिशों से गुजरते हैं। ये कोशिशें इनकी दोस्ती की भी वजहें बनती हैं और इनके बीच रिश्तों में दरार की भी।

दूसरी बात जो इन पत्रों से उभरकर आती है वह लेखकों के बीच का आपसी संवाद है। एक-दूसरे की रचनाएँ पढ़ना, उन पर प्रतिक्रियाएँ जताना, उनके प्रकाशन की सम्भावनाएँ टटोलना और उस वक्त प्रकाशित हो रही पत्रिकाओं के बीच रचना की

गुंजाइश खोजना, जैसे यह इन लेखकों का सामूहिक दायित्व है और वे एक-दूसरे को लगातार इसके बारे में सूचित कर रहे हैं। हालाँकि इन्हीं पत्रों के बीच से क्रमशः वह राजनीति भी उजागर होती है जो छुपे रूप में इन तीनों के बीच है। और प्रकट रूप में इन तीनों के समानान्तर खड़े उन दूसरे लेखकों और सम्पादकों के बीच, जो कहानी को अपनी तरह से गढ़ना और पढ़ना चाहते हैं।

संग्रह में सबसे ज्यादा पत्र मोहन राकेश के हैं। करीब ढाई सौ पृष्ठों की इस पुस्तक के डेढ़ सौ पृष्ठ मोहन राकेश के पत्रों से ही भर जाते हैं। ज्यादातर पत्र छोटे-छोटे हैं लेकिन एक तरह की ऊष्मा इन पत्रों में है। 1954 से 1964 तक के इस वर्षों के अन्तराल में छितराये ये पत्र राजेन्द्र यादव और मोहन राकेश के बेहद घनिष्ठ सम्बन्ध के गवाह हैं ही, उस संघर्ष के भी साक्ष्य हैं जिससे ये लेखक अपनी ज़िन्दगी और अपने साहित्य में गुजरते रहें। इन्हीं पत्रों के बीच कई कहानियाँ लिखी गयी हैं, कई नाटक हैं, कई स्तम्भों की बनती-बिगड़ती और चलती योजनाएँ हैं और सम्पादकी के भी अलग-अलग मौके हैं। मोटे तौर पर इन पत्रों से हिन्दी साहित्य की तत्कालीन उत्तेजना अभिव्यक्त होती है। मोहन राकेश के पत्रों के इस अनौपचारिक संसार में ध्यान में झाँकें तो इनमें समकालीन रचनाओं और प्रक्रियाओं के गहरे आकलन हैं, अपने समय के लेखन को लेकर आत्मस्वीकार भी है और इसमें अनायास चला आया खिलन्दड़ापन इनकी पठनीयता बढ़ाता ही है। गुलमर्ग से 3 अगस्त, 1956 को एक पत्र में वे लिखते हैं, 'सच्चाई तो यह है कि जो कुछ आज तक लिखा जा चुका है, उस तक पहुँचने की बात तो दूर, हम शायद अभी तक साहित्य रचना की वर्णमाला तक नहीं सीख पाये हैं और हम जी रहे हैं केवल खोखली घोषणाओं और अहो रूपम अहो ध्वनिः के अनैतिक सिद्धान्त के आसरे। हम प्रकृति से समझौतेबाज नहीं हैं लेकिन परिस्थितियों के सामने डटकर खड़े हो जाने का नैतिक साहस भी हममें नहीं है, इसलिए हम अनचाहे समझौते करते हुए उनके लिए अपने आपको क्षमा कर देते हैं।'

चाहें तो हम यहाँ ब्रेख्त की यह कविता याद कर सकते हैं जिसमें आने वाली पीढ़ियों से बहुत सख्त फैसले न करने की गुजारिश की गयी है। लेकिन इन्हीं पत्रों के बीच वे सूत्र भी मिलते हैं जो बताते हैं कि आखिर हमारे यहाँ बड़ी सम्भावनाओं वाले लेखक अचानक चुक-से क्यों गये। संग्रह से कमलेश्वर के भी ढेर सारे पत्र हैं—ज्यादा संयत, ज्यादा सधे हुए, कुछ ज्यादा योजनाओं और कैफियतों से भरे हुए लेकिन यहाँ भी मूल सरोकार वही हैं—हिन्दी का नया बनता संसार और उसमें अपनी जगह बनाने की, लेखक के रूप में पहचाने जाने की छटपटाहट। मोहन राकेश के पत्र आत्मीयता से कड़वाहट तक का सफर तय करते हैं लेकिन कमलेश्वर के पत्र में इस आत्मीयता का उच्छवास भी कम है और कड़वाहट और तल्खी के मुकाम भी। कहीं-कहीं प्रकाशन से जुड़े हिसाब किताब में अपनी मुश्किलों का बयान है और यह अहसास भी कि प्रकाशन से जुड़ी उनकी महत्त्वाकांक्षी योजनाएँ टिकी नहीं।

संग्रह में सबसे सुखद पत्र नामवर सिंह के हैं। राजेन्द्र यादव की रचनाओं या हिन्दी में तब चल रहे विमर्श पर उनकी बेबाक और सटीक टिप्पणियाँ उनके आत्मविश्वास की सूचक हैं और याद दिलाती हैं कि नामवर सिंह ने अपना लेखन स्थगित या मन्थर कर हिन्दी साहित्य को विचार की कितनी सारी सम्भावनाओं से महरूम कर दिया। नामवर सिंह के पत्र कम भले हों मगर उनमें वह आलोचक बड़ी प्रखरता से दिखता है जो लेखक और उसकी रचना की कमियों पर उँगली रख सके और बता सके कि बड़ी रचना कैसे सम्भव होगी।

राजेन्द्र यादव के अपने पत्रों में वही जटिलता झाँकती नजर आती है जिसकी शिकायत अलग-अलग मौकों पर मोहन राकेश और कमलेश्वर करते हैं। लेकिन यह जटिलता ही शायद वह चीज है जो विचार की दुनिया में राजेन्द्र यादव को ज़्यादा आधुनिक रखती है। इसके अलावा अपनी सारी महत्त्वाकांक्षाओं के बावजूद एक तरह की ईमानदारी राजेन्द्र यादव में शायद दूसरों से ज़्यादा दिखती है। कोई पद हासिल करने के पीछे की हिचक भी इसी जटिलता से निकली है। लेकिन अहम सवाल वही है जो मोहन राकेश ने उठाया है। आखिर रचनाओं और बहसों में डूबे हुए ये लोग ऐसी रचना क्यों नहीं दे पाते जिससे खुद उन्हें सन्तोष हो? मोहन राकेश का सर्वश्रेष्ठ उनके नाटकों मे है, राजेन्द्र यादव का उनकी प्रारम्भिक कहानियों और उपन्यासों में, कमलेश्वर ने भी इसी दौर में कुछ यादगार कहानियाँ दीं, लेकिन यहाँ से पैदा सम्भावनाएँ फिर कहाँ बिला जाती हैं?

इन सवालों का कठोर लगता एक जवाब इन पत्रों के बीच से ही निकलता है। 1954 से लेकर 1975 तक के अन्तराल में पसरे इन पत्रों में लेखक चाहे जितना बोलते हों, उनका जमाना नहीं बोलता। यह देखकर हैरानी होती है कि इन पत्रों में निजी सुख दुख हैं, साहित्य की राजनीति है, भविष्य की योजनाएँ हैं लेकिन देश और समाज पूरी तरह गायब है। 1962 में भारत और चीन के बीच युद्ध होता है, 64 में नेहरू मरते हैं, 65 में फिर एक युद्ध, 66 में इन्दिरा आती हैं, 71 में तीसरा युद्ध और 1975 में आपातकाल और इन सबके बीच वे बड़े फैसले जो देश और समाज की किस्मत तय कर रहे हैं। लेकिन इन युद्धों की खरोंच, इन फैसलों की छाया इन पत्रों में कहीं नहीं है। सिर्फ, सिर्फ और सिर्फ अपनी कहानियों, अपनी योजनाओं की चर्चा इन पत्रों में हावी है। ऐसे देशकाल से कटा साहित्यिक सरोकार कितना दीर्घजीवी होगा, यह सवाल पूछा जा सकता है। हम इन लेखकों की कहानियों में इस देशकाल की उम्मीद न करें, यह तो समझ में आता है क्योंकि आखिरकार लेखक अपनी मर्जी और अपने अनुभव से अपना साहित्यिक संसार चुनता और बनाता है लेकिन अपने पत्रों में भी वह इनसे बेखबर दिखाई दे, यह बात आसानी से गले नहीं उतरती, खासकर उस दौर में जब गपशप के लिए निजी मुलाकात के अलावा पत्र ही इकलौता जरिया हुआ करते थे। तो क्या सम्भावनाओं के ये बीज इसीलिए सूख गये कि इन्हें

अपने वक्त की हवा नहीं मिली, अपने समाज का पानी नहीं मिला? इस सवाल का जवाब आसान नहीं। बहरहाल, तबी से अब तक करीब आधी सदी बीत गयी है, इस अन्तराल पर इन पत्रों को पढ़ना अच्छा लगता है। इन पत्रों का एक किरदार अब दुनिया में नहीं है, लेकिन बाकी तीन चरित्र बचे हुए हैं–उनके सामने फिर उनका साहित्य है, उनकी बची-खुची कहानियाँ हैं और भविष्य की योजनाएँ हैं। यह कहना शायद क्रूरतापूर्ण हो लेकिन लगता यही है कि वे अब भी वहीं रहते हैं।

सभ्यता की सुबह में इतिहास की सैर

ओम थानवी की ख्याति मूलतः एक सुरुचिसम्पन्न सम्पादक की रही है। हिन्दी पत्रकारिता के निरन्तर अधोपतन के दौर में उन्होंने 'जनसत्ता' को सारी सीमाओं के बीच और बावजूद बाजार के छिछलेपन और छिछोरेपन का खिलौना बनने नहीं दिया तो इसके पीछे वह सम्पादकीय और देशज दृष्टि भी रही जो हिन्दी समाज की बौद्धिक क्षमता पर भरोसा और अभिमान करती रही। जनसत्ता में ही जब उन्होंने मूलतः यात्रा संस्मरणों पर केन्द्रित अपना स्तम्भ 'अनन्तर' लिखना शुरू किया तो हिन्दी के समानधर्मा पत्रकारों, लेखकों और पाठकों ने किंचित विस्मय के साथ पाया कि ओम थानवी सिर्फ सुरुचिसम्पन्न सम्पादक नहीं, एक सजग और सरस लेखक भी हैं। उनका बेहद सावधान और नपा-तुला गद्य सिर्फ अपने विन्यास के लालित्य की वजह से नहीं, अपनी विषयवस्तु की सघनता के सहारे भी अपना एक बहुत गहरा और बहुपरतीय ठाठ और पाठ बनाता है। इन संस्मरणात्मक लेखों में बहुत कुछ ऐसा था जो संस्मरणों से आगे आकर सरोकार और शोध के सिलसिले से जुड़ता रहा और पाठकों को बाँधता ही नहीं, देर तक सोचने पर मजबूर करता रहा।

इन संस्मरणों का एक हिस्सा मुअनजोदड़ो—जिसे मोहनजोदड़ों कहने का रिवाज चल पड़ा है—की यात्रा पर केन्द्रित था जो अब पुस्तकाकार 'मुअनजोदड़ो' के नाम से ही प्रकाशित हुआ है। कहने को यह किताब यात्रा संस्मरण है, लेकिन इसे पढ़ते-पढ़ते जैसे यात्रा और संस्मरण दोनों पीछे छूट जाते हैं, इतिहास हमारे साथ चल पड़ता है—7000 साल पुराना सिन्धु घाटी सभ्यता का वह इतिहास, जिसको लेकर तरह-तरह के दावे किये जाते हैं और जिसकी छायाएँ अलग-अलग ढंग से अब तक हमारे समाज, हमारी सभ्यता पर दिखाई पड़ती हैं।

ओम थानवी बहुत मनोयोग से मुअनजोदड़ों के बारे में बताते हैं। वाकई जो किताब यात्रा संस्मरण की तरह शुरू होती है, वह अपनी विधा का अतिक्रमण करती हुई इतिहास की किताब में बदलती लगती है। एक बहुत ही सघन भाषा मुअनजोदड़ो की पूरी नगर

योजना का वर्णन करती है। जैसे ओम थानवी ने इस छूटे हुए शहर के चप्पे-चप्पे को बार-बार बड़ी बारीकी से छान मारा हो। घर, कोठार, पथ-चौराहे, सार्वजनिक स्नानागार, कुण्ड, खेत, कुएँ, नालियाँ, मूर्तियाँ—उनकी दृष्टि से कुछ भी छूटा नहीं है। घरों और दीवारों की निर्मितियाँ देखते हुए वे पक्की और बड़ी ईंटों, चूने और चिरौड़ी के गारों और डामर तक पर गौर करते हैं और इस नगर योजना के सहारे मुअनजोदड़ो की सामाजिक संरचना का भी एक खाका खींचते हैं।

ऐसा नहीं है कि मुअनजोदड़ो या मोहनजोदड़ो को लेकर यह सारी बातें पहली बार लक्ष्य की गयी हैं। दरअसल यह सब कुछ बहुत जाना-पहचाना है जो इतिहास की अलग-अलग किताबों में बार-बार आता रहा है। खुद ओम थानवी ने अपने निष्कर्षों तक पहुँचने से पहले ऐसी कई किताबें ठीक से खँगाली हैं जिनका उल्लेख किताब के बीच में भी आता है। यही नहीं, बहुत सम्भव है कि ओम थानवी के अपने दृष्टि विन्यास में भी इन किताबों की एक भूमिका रही हो। आखिर हमारी नज़र बाहर की रोशनी में ही ठीक से काम करती है।

फिर सवाल है, इस किताब में नया क्या है? वह सन्तुलन जो आम तौर पर इतने पुराने इतिहास से जुड़े प्रसंगों को खँगालने, उनकी व्याख्या करने के क्रम में अक्सर छूटता लड़खड़ाता रहा है। ओम थानवी अपने निष्कर्षों में बहुत सावधान हैं। दरअसल वे कोई निष्कर्ष देते भी नहीं, कई महत्त्वपूर्ण निष्कर्षों की सीमा ज़रूर बता देते हैं। इस क्रम में यह दिखता है कि बाहर की रोशनी उन्होंने उतनी ही ली है जिसमें नज़र को साफ दिखाई दे, इतनी नहीं जिससे आँखें चुँधिया जायें या इतनी कम भी नहीं कि कुछ दिखाई न दे।

मसलन ओम थानवी यह रेखांकित करने में वक्त नहीं लगाते कि सिन्धु घाटी सभ्यता की खोज का श्रेय भले जॉन मार्शल को दिया जाता हो, लेकिन इसके वास्तविक हकदार वे भारतीय पुरातत्त्ववेत्ता हैं जिनकी खुदाई से प्राप्त सामग्री के आधार पर जॉन मार्शल ने अपना पर्चा तैयार किया और जिसकी दुनिया भर में धूम मची। वे हीरानन्द शास्त्री, नयनजोत लाहिड़ी, डीआर भंडारकर, दयाराम साहनी, राखालदास वंद्योपाध्याय, माधव स्वरूप वत्स और काशीनाथ दीक्षित तक एक-एक नाम का उल्लेख करते हुए याद दिलाते हैं कि इतिहास के इस उत्खनन के वास्तविक नायक कई भारतीय पुरातत्त्ववेत्ता रहे।

निश्चय ही यह भारतीयता से भावुक किस्म का लगाव नहीं है जो ओम थानवी को इस नतीजे तक ले आता है। यह बस तथ्य को सही परिप्रेक्ष्य में देखने और जाँचने की आदत है जिसकी वजह से वे इस पूरे उत्खनन के वास्तविक सूत्रधारों का इतने विस्तार में जिक्र करते हैं। इस तथ्यात्मक परख की प्रामाणिकता और मौलिकता के और भी साक्ष्य दिखते हैं। जैसे काँसे में ढली निर्वसन युवती की प्रतिमा को नर्तकी या डांसिंग गर्ल नाम दिये जाने पर वे बहुत हल्का-सा सवाल उठाते हैं—जैसे यह पूछते हुए कि यह युवती नर्तकी ही है, इसका क्या प्रमाण है। वे मुअनजोदड़ो की मोहरों और मूर्तियों में

अभिव्यक्त होने वाली बारीकी और कलात्मकता को ठीक से सराह पाते हैं और इस बात को बड़े करीने से रखते हैं कि वह एक साक्षर और सुरुचिसम्पन्न सभ्यता थी।

यह किताब फिर से याद दिलाती है कि यात्राएँ सिर्फ भूगोल में नहीं होतीं, वे इतिहास में भी होती हैं—दरअसल यात्राएँ तभी सार्थक होती हैं जब वे आगे बढ़ने वाले रास्तों के जरिये पीछे छूट चुकी मंजिलों का भी पता बताती हैं। ओम थानवी की किताब मुअनजोदड़ो का पता भर नहीं बताती, वह वहाँ तक ले चलती है और फिर इतिहास की परत हटाकर उसका एक-एक हिस्सा हमें दिखाती है। इसे देखने में एक मार्मिक और मानवीय किस्म की हिचक शामिल है—याद करती हुई कि कभी इस शहर में एक सभ्यता बसती होगी, कभी इन घरों में कुछ लोग आते-जाते होंगे। थोड़ा-सा अतीत में जी लेने और थोड़ा-सा भविष्य में मर जाने की रोज़मर्रा की अज्ञेय की युक्ति के साथ ख़त्म होने वाली इस किताब में एक सिन्धी नेता का बेहद मानीखेज वाक्य है "हम चन्द दशकों से पाकिस्तानी हैं, कुछ सदियों से मुसलमान, मगर हज़ारों साल से सिन्धी हैं। हमारी विविधता में यह एक केन्द्रीय सूत्र है। इस परम्परा को वैदिक सभ्यता ने भी समृद्ध किया है। इस्लाम ने भी।"

यह छोटी-सी किताब इस सभ्यता विमर्श की ओर ऐसे कई बड़े इशारे करती है। इसी तरह सिन्धु घाटी सभ्यता को वैदिक सभ्यता से जोड़कर देखने और इसे मूलतः भारतीय बताने को बेताब दृष्टियों की वे अच्छी खबर लेते हैं और कई इतिहासकारों और सभ्यता समीक्षकों के अध्ययन की सीमाओं और उनके संकटों को रेखांकित करते हैं। उन्हें अहसास है कि 'वैदिक संस्कृति को जबरन हड़प्पा युग में स्थापित करने' की हिन्दुत्ववादी परियोजना कितने खतरनाक ढंग से एक पुरातात्त्विक और ऐतिहासिक बहस को अपनी राजनीति में समायोजित करने की कोशिश कर रही है। वे सिन्धु घाटी से जुड़े रामविलास शर्मा, वासुदेवशरण अग्रवाल और राहुल सांकृत्यायन के निष्कर्षों को तर्क की कसौटी पर कसते हैं और उनका साहसपूर्वक प्रतिवाद करते हैं। वे बहुत साफ शब्दों में लिखते हैं, *"रामविलास जी सरस्वती की वेगधारा के सहारे वैदिक सभ्यता को हज़ारों साल पीछे ले गये, ज़ाहिरा तौर पर पुरातात्त्विक प्रमाणों की धारा के विरुद्ध।"*

लेकिन इतिहास के तर्क और पुरातत्त्व के साक्ष्य की बहस में ओम थानवी फिर भी एक पक्ष चुनकर खड़े हों, ऐसा नहीं है। उनका अपना एक इतिहास बोध और समाज बोध है जो उन्हें याद दिलाता है कि *"निश्चय ही धीरे-धीरे स्वरूप लेने वाले भारतीय जीवन दृष्टि के कुछ पहलुओं में हड़प्पा सभ्यता की छाप देखी जा सकती है। मसलन, सामूहिक स्नान कुंड की मौजूदगी। या फिर मुहरों पर 'महायोगी की छवि। जंगली पशुओं से घिरे महापुरुष आदि शिव हों न हों, उसे योग का आसन माना जा सकता है।*

जाहिर है, यह किताबी दृष्टि नहीं है, न देशी-विदेशी विद्वानों के खंडन-मंडन से पैदा हुए तर्कजाल का नतीजा है। यह एक खुले हुए मन की देन है जिसे मुअनजोदड़ों के एक स्तूप के पास तपती हुई दुपहरिया में अचानक अपने राजस्थान की पारदर्शी धूप की

याद आ सकती है, एक छूटे हुए शहर के सूने मकानों के बीच कुलधरा जैसा गाँव याद आ सकता है। अतीत और वर्तमान से इस साझा पुल पर खड़ा कोई शख़्स ही बड़ी आसानी से यह याद कर सकता है कि आज भी राजस्थान, पंजाब, गुजरात या हरियाणा में कुएँ, गली-कूचे, कच्ची-पक्की ईंटों के घर वैसे ही मिलते हैं।

इसी खुलेपन से बनी दृष्टि यह कह सकती है कि *"अगर देशज-विदेशज की भावुकता के जंजाल में कोई न पड़े तो वैदिक संस्कृति और सिन्धु सभ्यता दोनों भारत के आदि इतिहास की शान हैं"* और यह प्रस्तावित कर सकती है कि *"हम इसे भारतीय कह सकते हैं। लेकिन अब पाकिस्तान-बांग्लादेश के बँटवारे के बाद भारतीयता के लिए भी शायद कोई नया नाम ढूँढ़ना पड़े, जो उन्हें भी मंज़ूर हो।"*

बहरहाल, मुअनजोदड़ों के बहाने ओम थानवी सिन्धु घाटी सभ्यता की कई अनसुलझी बहसों के अलग-अलग सिरे पकड़ते हैं। सिन्धु घाटी के काल और समाज निर्धारण के अलावा इसकी अब तक गूढ़ बनी हुई लिपि पर भी उन्होंने विस्तार से चर्चा की है।

लेकिन इतना सब कुछ होने के बाद भी 'मुअनजोदड़ों' इतिहास की किताब नहीं है। सिर्फ इसलिए नहीं कि यह एक बहुत छोटी-सी किताब है—सिर्फ 118 पृष्ठों की—जो कई मसलों पर टिप्पणी करती है, बल्कि इसलिए भी कि यह इतिहास लिखने के लिए लिखी नहीं गयी है। इतिहास इसमें उतना ही आया है जितना ओम थानवी ने अपनी यायावर जिज्ञासा शान्त करने के लिए खँगाला है, हालाँकि यह फिर भी कम नहीं है। लेकिन मूलतः यह किताब इतिहास की गली में पहुँच भले जाती है, इसका मकसद कहीं ज़्यादा बड़ी सैर कराना है।

और यह सैर बिल्कुल शुरू से शुरू हो जाती है। लेखक को कराची से मुअनजोदड़ों जाना है, रास्ते में कोहरा है जिसकी वजह से हवाई सफ़र मुफ़ीद नहीं और डाकुओं का डर है जिनकी वजह से सड़क का रास्ता ठीक नहीं। इस दुविधा में हमीद हारून के साथ चुटकी है और फिर लाड़काणा—जिसे अपने यहाँ लरकाना लिखने-बोलने का चलन है—के लिए बस का सफर। आधी रात को शुरू होने वाले सफ़र से पहले माँ से हुई बातचीत का जिक्र है जिसे पाकिस्तान की यात्रा अन्देशे में डाल रही है और इस क्रम में एक छोटा-सा लेकिन मानीखेज वाक्य है—विश्वास टूटता है तो आसानी से नहीं लौटता। बाद में एक खस्ताहाल बस में सफर के दौरान अचानक शुरू हुए संगीत से नींद टूटती है तो आसानी से नहीं लौटती। लाड़काणा के रास्ते में रंगीन और कलात्मक पच्चीकारियों वाले ट्रक हैं जिन पर बने ट्रक चित्र एक दुहरा सम्प्रेषण सम्भव करते हैं—उन्हें ठीक से देखने के लिए आँख खोलने के अलावा हेडलाइट भी खोलनी पड़ती है। इसी रास्ते में आता है सेवण—और जैसे सब कुछ गायब हो जाता है, एक सांस्कृतिक कौंध रह जाती है—क्योंकि यह सेवण सूफी फकीर शाहबाज़ कलन्दर की जगह है जिन्हें मुस्लिम पीर मानते थे और हिन्दू भूर्तृहरि का अवतार। यहाँ लेखक का एक मन छूट जाता है।

दरअसल ओम थानवी के लेखन की परतें कई हैं। पत्रकार होने के तथ्यान्वेषी अभ्यास से वे बारीक से बारीक चीज़ों पर नज़र डालते हैं और साहित्य और संस्कृति मर्मज्ञ होने के नाते उनके कई सूक्ष्म आशय खोज लेते हैं। यह किताब एक बार में पढ़ी जाती है, लेकिन दूसरी बार पढ़ना फिर भी जरूरी लगता है, क्योंकि यह एहसास बीच में होता चलता है कि इन बेहद संक्षिप्त पंक्तियों में—पंक्तियों के बीच की बात हड़बड़ी में छूट गयी है। जिस दौर में हिन्दी सिर्फ कहानी और कविता की भाषा के रूप में सिकुड़ती जा रही है या बॉलीवुड और बाज़ार की दुनिया में अंग्रेजी की छिछली नकल होने को मजबूर है, उस दौर में मुअनजोदड़ो जैसी किताब का आना हिन्दी को उसका भरोसा लौटाने जैसे है।

युद्ध की आसानी, शान्ति की मुश्किल

कृष्ण कुमार एक विचारोत्तेजक लेखक हैं—किन्हीं क्रान्तिकारी स्थापनाओं की वजह से नहीं, बल्कि अपनी उस सूक्ष्म दृष्टि के कारण जो किसी विषय के कई संवेदनशील और अलक्षित पहलू हमारे सामने लाकर हमें लगभग चौंका देती है। इसी साल आयी उनकी नयी किताब 'शान्ति का समर' इस सूक्ष्म दृष्टि का अद्‌भुत साक्ष्य है जिसके केन्द्र में दो राष्ट्रों—भारत और पाकिस्तान के आपसी रिश्ते हैं।

कृष्ण कुमार बड़ी बारीकी से यह बताते हैं कि पाकिस्तान को लेकर भारत में प्रचलित दो दृष्टियाँ किस तरह एकांगी हैं। एक दृष्टि पाकिस्तान के प्रति गहरी घृणा से संचालित है तो दूसरी ऐसी भावुक सदाशयता से, जो भारत और पाकिस्तान के फिर एक हो जाने का स्वप्न देखती है। इन दोनों दृष्टियों में यह धारणा बद्धमूल है कि पाकिस्तान का निर्माण इतिहास की एक भूल था और इस भूल का परिमार्जन सम्भव है। वे इस तथ्य की ओर ध्यान खींचते हैं कि दोनों प्रस्थापनाएँ पाकिस्तान को डराती हैं और सरहद पार पोषित उस इतिहास दृष्टि के सर्वथा विपरीत हैं जो मानती है कि विभाजन तत्कालीन परिस्थितियों की अनिवार्य परिणति था। यही वजह है कि भारत और पाकिस्तान आपसी रिश्तों को लेकर अक्सर अतिरेकों में जीते हैं।

'शान्ति का समर' के लेख पढ़ते हुए ही यह खयाल आता है कि राष्ट्र निर्माण की विराट परियोजनाएँ अक्सर इतिहास की गति की गुलाम नहीं होतीं। भारत और पास्तिान जैसे बने और जो आज हैं, वह सिर्फ इतिहास और अतीत की देन नहीं है, उसमें बहुत सारे दूसरे रसायन भी शामिल हैं जिनमें राष्ट्रों की अलग-अलग परिकल्पनाओं से लेकर नागरिकों के अलग-अलग हितों का खयाल भी है, अतीत और वर्तमान की अपनी-अपनी व्याख्याएँ भी, और भविष्य के अपने-अपने अन्देशे भी। जब तक हम इस समग्रता को ठीक से नहीं पहचानते, तब-तक भारत-पाकिस्तान के रिश्तों के उलझाव को भी ठीक से नहीं समझ सकते।

लेकिन क्या यह पहचान इतनी आसान है? यह किताब इस पहचान में हमारी भी

कुछ मदद करती है। वह दोनों राष्ट्रों की निर्मितियों के रेशों को पहचानने की कोशिश करती है। किताब का पहला ही लेख राजघाट और बिड़ला हाउस की तुलना करता है। राजघाट में गाँधी की समाधि एक महान और सच्चे व्यक्ति की प्रशान्त मृत्यु को संज्ञापित करती है तो बिड़ला हाउस एक ऐतिहासिक उथल-पुथल और लगभग एक साथ कई युद्धों से गुजरते, कई सवालों का सामना करते उस जीवन की याद दिलाता है जिसे आखिरकार तीन गोलियाँ लील गयीं। जितने लोग राजघाट जाते हैं, उतने बिड़ला हाउस नहीं, राजकीय अतिथियों को भी राजघाट ले जाया जाता है, वह जगह नहीं दिखाई जाती, जहाँ अपनी अन्तिम प्रार्थना से पहले गाँधी मारे गये। क्या यह आधुनिकता की ओर उन्मुख एक राष्ट्र का अपने अतीत से आँख चुराना है? ऐसा कोई अभियोग कृष्ण कुमार नहीं लगाते। वे सिर्फ सवाल उठाते हैं और छोड़ देते हैं।

इसी तरह संग्रह के दूसरे लेख 'लाहौर में कूड़ा' के लिए वे पाकिस्तान की एक पन्द्रह साल की बच्ची की एक निबन्ध को सन्दर्भ बनाते हैं, जो लिखती है कि क्या कायदे आजम ने पाकिस्तान इसलिए बनाया था कि वहाँ सड़कों पर कूड़ा हो? यह एक किशोरी का लिखा हुआ बेमानी-सा लगता वाक्य कृष्ण कुमार के लिए नये सन्दर्भ की खोज बन जाता है, जहाँ से वे इस विचार तक पहुँचते हैं कि गाँधी की अपनी सफाई परियोजनाओं के बावजूद क्या आज कोई बच्चा सड़कों की सफाई के लिए गाँधी के भारत सम्बन्धी स्वप्न को याद करना चाहेगा? क्या इसलिए कि राष्ट्र निर्माण की नयी परियोजना में गाँधी एक छोड़ दी गयी शख्सियत हैं?

ऐसे कई लेख किताब में हैं जो प्रचलित सिद्धान्तों और धारणाओं के पार जाकर सच को नये सिरे से समझने और उलटने-पुलटने की कोशिश करते हैं। लेकिन यह किताब सिर्फ सैद्धान्तिक व्याख्याओं और स्थापनाओं का संग्रह नहीं है। यह किताब दक्षिण एशिया की जटिल और अशान्त राजनीतिक परिस्थितिकी का एक मौलिक और विश्वसनीय आकलन है जो युद्ध की राजनीति से हमें आगाह करता है। मूलतः अंग्रेजी में लिखी गयी इस किताब का बहुत ही विश्वसनीय अनुवाद लतिका गुप्ता ने किया है। यह सच है कि कृष्ण कुमार जिस भाषिक तरलता के लिए जाने जाते हैं, उसकी कमी इसके गद्य में कुछ खलती है, लेकिन अनुवाद में कृष्ण कुमार की भाषा के जितने समीप पहुँचा जा सकता है, यह किताब वहाँ तक पहुँचती है।

एक कवि का गद्य

इमर्सन के सम्बन्ध में एक लेख लिखते हुए जॉर्ज संताइना ने लिखा है कि कवि का चिन्तन मेटाफॉरिकल—यानी रूपकाश्रित होता है, जबकि विचारक की चिन्तन-प्रक्रिया तर्काश्रित होती है। हिन्दी के महत्त्वपूर्ण कवि मंगलेश डबराल की गद्यकृति 'एक बार आयोवा' को पढ़ते हुए इस कथन की याद शायद इसलिए आती है कि मंगलेश डबराल का गद्य रूपकाश्रित न होते हुए भी कविता की तरलता और स्वतः स्फूर्तता के इतने आसपास पड़ता है कि उसकी अपनी विशिष्ट प्रकृति हमारा ध्यान खींचती है।

1991 में आयोवा विश्वविद्यालय द्वारा आयोजित अन्तर्राष्ट्रीय लेखन कार्यक्रम में मंगलेश डबराल को आमन्त्रित किया गया था। प्रसंगवश यह उल्लेख अनुचित नहीं होगा कि इसके पहले इसी कार्यक्रम में हिन्दी से श्रीकान्त वर्मा, प्रयाग शुक्ल और गगन गिल भी आयोवा जा चुके हैं।

आयोवा में गुजारे गये उन दो महीनों को मंगलेश ने 'एक बार आयोवा' में समेटा है, मगर यह पुस्तक यात्रा-वृत्तान्त या संस्मरण नहीं है। कायदे से एक ऐसी डायरी है, जिसमें तारीखें नहीं पड़ी हैं। इस डायरी में निजता, अवसाद और अकेलेपन की बहुत हल्की परछाइयाँ हैं, मगर यह पुस्तक उनकी वजह से पठनीय नहीं बनती। यह पठनीय बनती है मंगलेश डबराल की आँखों से देखे गये आयोवा, और आयोवा की मार्फत अमेरिका के उन ब्योरों से जिनमें हम आधुनिकता—यहाँ आधुनिकता से मतलब आधुनिकता की पाश्चात्य अवधारणा से है—के सर्वग्रासी दबावों के बीच आकार पा रहे मूल्यों या मूल्यों के संकट से रू-ब-रू होते हैं और इस सभ्यता की सीमाओं को पहचानते हैं।

लेकिन ऐसा नहीं है कि यह पुस्तक किसी समाजशास्त्रीय विश्लेषण की दृष्टि से तैयार की गयी हो। मंगलेश डबराल की चिन्तन-प्रक्रिया में भी एक तरह की रूपकात्मकता है। वह एक लेखक के रूप में खुद को समाज के हाशिये पर पाते हैं और वहीं से चीज़ों को देखते हैं, उनके बारे में राय बनाते हैं। आयोवा में मिली एक लड़की क्रिस्टी मेरिल की साइकिल उनका ध्यान खींचती है। वह लिखते हैं! "क्रिस्टी के पास

एक साइकिल है। कारों से भरे हुए इस शहर में क्रिस्टी की साइकिल काव्यात्मक लगती है। कारों की एकरस साँय-साँय के बीच उनकी खामोश-सी साइकिल का एक विशिष्ट व्यक्तित्व है।"

यह 'एकरस साँय-साँय'—ऊब और अमानवीय का जो वातावरण बनाती है, उसके बारे में मंगलेश अलग से कुछ नहीं लिखते, मगर एक 'खामोश-सी साइकिल' का जिक्र करके उसमें हस्तक्षेप करते हैं। इसी तरह कम्प्यूटरों से भरी दुनिया में उन्हें एक ऐसी दुकान मिलती है, जहाँ कम्प्यूटर नहीं है और उसमें बूढ़ा दुकानदार लिखकर हिसाब कर रहा है। यह दृश्य उन्हें अच्छा लगता है। शायद भयावह मशीनीकरण के इस दौर में मानवीय चेष्टाओं के बचे रहने की कामना की यह अभिव्यक्ति हो।

इन्हीं छोटे-छोटे दृश्यों और नामालूम-सी घटनाओं के बीच अमेरिका के कई रूप उभरते हैं—बीयर की झाग और पार्टियों के कोलाहल में डूबा अमेरिका, औरत और मर्द के तनावों के बीच तमतमाता अमेरिका, सेक्स और मनोविज्ञान की न खत्म होने वाली बहसों में उलझा अमेरिका, 'एब्सल्यूटली फाइन!' और 'फीलिंग ग्रेट!' के उत्साह से भरा-पूरा अमेरिका और बीमार पड़ने को 'अन अमेरिकन ऐक्टिविटी' मानता अमेरिका। मुल्कों की सैकड़ों शक्लें होती हैं, मगर हम आमतौर पर किसी एक शक्ल को उनकी पहचान बना देते हैं। शुक्र है कि अमेरिका के प्रति अपनी घोषित नापसन्दगी के बावजूद मंगलेश ने अमेरिका की कई छवियाँ इकट्ठा की है। यह अमेरिका कम्युनिज्म के जिक्र से कान खड़े कर लेता है, इस अमेरिका में चीज़ों का एक साम्राज्यवाद है, यह अमेरिका प्रतिभा से नहीं, बल्कि मेहनत और इच्छा-शक्ति से गढ़ा गया है।

लेकिन यह पुस्तक 'अमेरिका-आख्यान' भर भी नहीं है। जो चीज़ इस पुस्तक को आलोचनात्मक इकहरेपन या वस्तुनिष्ठ वर्णनात्मकता से बचाते हुए एक दिलचस्प औपन्यासिक शक्ल देती है, वह एक वातावरण का निर्माण है और उस वातावरण में लेखक की मौजूदगी है। जिस तरह निर्मल वर्मा के गद्य में व्यक्ति और वातावरण तथा अनुभव और यथार्थ मिलकर एक झीनी पारदर्शी काव्यात्मकता को जन्म देते कुछ उसी तरह का प्रभाव मंगलेश डबराल के गद्य से भी हासिल होता है। इस गद्य का एक टुकड़ा शायद बात को ज्यादा स्पष्ट करेगा।

"बाहर एक काली रात है। रात का एक मुँह है जिससे तीखी हू-हू करती हवा आती है और बर्फ का एक सर्द उजास है, जिसमें पेड़ खँडहरों की तरह खड़े दिखते हैं। यार यतीमों की तरह अपने काले कंकाल जैसे हाथ उठाये हुए। इन पेड़ों पर एक भी पत्ता नहीं बचा है। उनके बीच से एक आवाज़ या चीख ऊपर तक आती है। क्या वे रात में रोते हुए पेड़ हैं या कोई भटका हुआ जंगली जानवर या मदद के लिए पुकारती कोई आर्त्त आवाज? इस गहरी रात में क्या कोई साँस ले रहा है?

और देह के भीतर यह क्या है? शायद उसका उजाला और उसका रुदन! देह के उजाले में हम उसका रोना देख लेते हैं और उसे किसी अतल से निकालकर रात के सीने

पर रख देते हैं। एक अन्तहीन रात और हवा की आवाज रुको, कहीं मत जाओ, कुछ मत करो, रात की छाती को चीरते इस रोने को सुनो। इसमें बिछुड़े हुए लोग हैं, भूली हुई चीज़ें हैं, उम्र की चट्टान पर लौटती, पछाड़ें खाती बिलखती बचपन की यादें हैं।''

किसी एक स्थिति या दृश्य से अतीत, वर्तमान और मन के इतने सारे आवेगों को अनुस्यूत कर लेना शायद जीवन के प्रति एक सम्पूर्ण रागात्मक लगाव से सम्भव हो पाया है, इसी लगाव ने मंगलेश को कवि बनाया है और यही लगाव उनकी इस कृति को एक काव्यात्मक ऊँचाई देता है।

किसी भी लेखक के लिए यह एक बड़ा सवाल होता है कि वह क्यों लिखता है और किन लोगों के लिए लिखता है। एक रचनाकार के रूप में समाज में उसकी जगह और भूमिका कहाँ और क्या है? किताब के दो हिस्से ऐसे हैं, जहाँ मंगलेश इस सवाल से जूझते दिखाई पड़ते हैं। एक हिस्से में उन्होंने इंटरनेशनल राइटिंग प्रोग्रेस के तहत पढ़े हुए अपने एक पर्चे को विस्तार से जगह दी है। 'राइटिंग अंडर सीज़' विषय पर तैयार इस पर्चे में उन्होंने लेखक की भूमिका पर रोशनी डाली है। वह लिखते हैं : ''आधुनिक समय में सच्चा साहित्यकार प्रायः दो तरह की भूमिकाओं में दिखता है—या तो वह एक मुखर, दमदार राजनीतिक आवाज में बोलता-चीखता है या फिर सत्ता के गलियारों से बहुत दूर, अपने लिए कोई हाशिया चुनता है और उसे ही अपनी मुख्य भूमि मानता हुआ काम करता जाता है और इस तरह सत्ता राजनीति के किसी दुष्कर्म का भागीदार नहीं होता। इतिहास में ऐसे वक्त आते हैं, जब उसकी यह निजी लेखकीय ईमानदारी भी व्यापक अर्थ में एक राजनीतिक कर्म साबित हो सकती है।''

अपने लिए भी मंगलेश डबराल किसी 'संकीर्ण राजनीतिक घेरेबन्दी' से दूर जाकर एक हाशिया चुन लेते हैं। अपने तई वह मानते हैं कि यह अमानवीयकरण के विरुद्ध एक भरसक कोशिश है। इस भूमिका में विवाद की गुंजाइश भरपूर है और पूछा जा सकता है कि कवि का यह एकान्तवास निजी तौर पर एक मूल्य भले हो, लेकिन क्या यह एक सामाजिक दायित्व से पलायन नहीं है? मगर आधुनिकता की जो सर्वग्रासी विडम्बना है, इसे देखते हुए यह सवाल बहुत वैध नहीं रह जाता और कवि की यह 'सीमित' भूमिका ज्यादा ईमानदार लगती है।

एक दूसरी जगह मंगलेश डबराल अपनी भूमिका के बारे में लिखते हैं : ''पता नहीं, पर मैं कवि की एक स्वप्निल, चमकती हुई और अयथार्थ कवि और उसकी मामूली, लगभग लाचार, वास्तविक स्थिति के बीच एक दुविधा में झूलता रहता हूँ। कवि की स्थिति, उसकी जगह, उसकी नियति मुझे चकित किये रहती है। किसी ने, शायद रॉबर्ट लौवेल ने लिखा है कि कविगण अनिवार्य निरन्तर बारिश में खड़े रहते हैं और जब कभी किसी कवि को बादलों से कड़कती बिजली छू जाती है तो यह उसका सौभाग्य होता है और वह सचमुच कवि हो जाता है। यह बात काफी चमकदार है। बिजली की ही तरह। बशर्ते बिजली छू जाने पर भी वह बचा रहे।''

और अन्तर्राष्ट्रीय लेखन कार्यक्रम में इकट्ठा हुआ कवि-लेखकों का समाज, उनके बीच के संवाद और विवाद, मित्रताएँ और सकुचाहटें, उनकी किताब के बीच से लगातार आवाजाही इस डायरी को ज्यादा पठनीय बनाते हैं। मैरी नाजर्रेच, क्रिस्टी मेरिल, रे ह्योन, जेमिदो अबद, केरी और दूसरे कवि-लेखक 'एक बार अयोवा' के सहचरित्र हैं, जो इसमें ठहाके, टिप्पणियाँ और जीवन भरते हैं। आमतौर पर जिसे प्रकृति वर्णन कहते हैं, यानी आसपास के माहौल का चित्रण, उसमे मंगलेश डबराल का कवि पूरी तरह सक्रिय हो जाता है और नतीजे में खूबसूरत गद्य-गीतों की तरह के कई कोलाज हमारे सामने आ जाते हैं।

नारीवाद के भारतीय आशय

'कठगुलाब,' 'चितकोबरा' और उसके हिस्से की धूप' जैसे उपन्यासों के लिए जानी जाने वाली लेखिका मृदुला गर्ग खमोशी के साथ वैचारिक निबन्ध भी लिखती रही हैं। अलग-अलग अन्तरालों में पसरे और अलग-अलग विषयों को समेटते ये लेख कई जरूरी सवालों पर मौजूँ टिप्पणियों की तरह आते हैं। हाल ही में इन लेखों का एक संग्रह 'चुकते नहीं सवाल' के नाम से आया है। हालाँकि यह सवाल अक्सर पूछा जाता है कि विभिन्न अवसरों पर छपे एक-दूसरे से असम्बद्ध लेखों को मिलाकर एक किताब की शक्ल दे देना कितना उचित है और इस किताब के सन्दर्भ में भी पूछा जा सकता है। मगर इसमें शक नहीं कि ऐसे निबन्ध संग्रहों की भी अपनी उपयोगिता होती है और वे किसी सचेत प्रयत्न की तरह लिखी गयी किताब के मुकाबले किसी लेखक के वैचारिक फैलावों और विकास क्रम को समझने में अपेक्षाकृत ज्यादा मददगार हो सकते हैं। इसके अलावा उसमें अपने समय और अपनी तात्कालिकता की आँच ज्यादा प्रखर होती है।

हालाँकि 'चुकते नहीं सवाल' इस तात्कालिक ताप से ज्यादा अपनी वैचारिक आँच के लिए पढ़े जाने योग्य पुस्तकें हैं। साहित्य, समय, समाज, स्त्री, मनुष्य, भाषा, लोकतन्त्र आदि से जुड़े कई विषयों पर मृदुला गर्ग सहजता से विचार करती हैं और ऐसा करते हुए वे बने-बनाये निष्कर्षों की शिकार नहीं होतीं बल्कि बहुधा अपनी मौलिकता की छाप छोड़ती हैं। खासकर स्त्री चेतना से जुड़े विषयों पर उनकी कलम कई धारदार सवाल उठाती है। 'देसी फेमिनिस्ट' नामक अपने लेख में वे न सिर्फ नारीवाद के प्रति पुरुष पूर्वग्रहों की खिल्ली उड़ाती हैं, बल्कि यह स्पष्ट करती हैं कि फेमिनिज्म या नारीवाद को सपाट नारी-मुक्ति के किसी अर्थ से जोड़कर देखने की तुलना में नारी-दृष्टि के रूप में परिभाषित करना चाहिए। यहाँ से वे प्रचलित नारीवादी आशयों को न सिर्फ भारतीय सन्दर्भ में देखती हैं, बल्कि उन्हें एक सकारात्मक व्यापकता भी देती हैं। उनके नारीवाद में शामिल होने के लिए स्त्री होना जरूरी नहीं रह जाता। वे मानती हैं कि कोई

पुरुष भी फेमिनिस्ट हो सकता है। मामला अगर सोच की मुक्ति और पुरुष दम्भ से छुटकारे का है तो वाकई यह स्त्रियों से ज्यादा पुरुषों के लिए जरूरी है।

इस क्रम में उनके दूसरे लेख भी देखे जा सकते हैं। 'साहित्य में स्त्री छवि' नामक लेख में कई महत्त्वपूर्ण लेखिकाओं के पात्र-चयन को रेखांकित करते हुए वे 'मादा छवि' से जुड़े पूर्वग्रहों के प्रमाण जुटाती हैं। इसके समान्तर उन्हें तीन पुरुषों की ऐसी कहानियाँ मिल जाती हैं जिन्हें वे निस्संकोच फेमिनिस्ट बताती हैं। स्पष्ट है कि जिसे हम लिंग-भेद कहते हैं उसे किन्हीं सपाट अर्थों में लेने मे मृदुला गर्ग इनकार करती हैं। वे निश्चय ही उस फर्क को समझती हैं जो स्त्री लेखन को पुरुष लेखन के समान्तर उसका निजी वैशिष्ट्य देता है। बावजूद इसके, या सम्भवतः इस स्पष्टता की वजह से ही वे अपने नारीवाद को सिर्फ स्त्रियों के खाने से बाहर निकाल लाती हैं और एक वृहत्तर अर्थ से जोड़ती हैं।

हालाँकि एक फाँस यहाँ उनका पीछा करती दिखाई देती है। यह देखकर हैरत होती हैं कि यह व्यापक अर्थों वाला नारीवाद एक बार फिर उन्हीं प्रतीकों मे जा गिरता है जिसकी मदद से पुरुष वर्चस्व की सामाजिक रणनीति अब-तक परवान चढ़ी है। अन्नपूर्णा और काली या शक्ति के समन्वय के रूप में नारीवाद को देखने की यह इच्छा चाहे जितनी भी सदाशय हो, उसमें जो एक विडम्बना है, वह छुपाये नहीं छुपती। आखिरकार ये शब्द अब-तक स्त्री-छवि को आभामंडित कर उसके शोषण की ही राह प्रशस्त करते रहे हैं। स्त्रियों के लिए, या नारीवाद के लिए ही ऐसा कोई प्रतीक क्योंकर जरूरी है?

बहरहाल, इस पुस्तक में लेखिका अपने स्त्री विमर्श से बाहर भी जाती हैं। यह जाना सायास नहीं है बल्कि उनकी सामान्य चिन्ताओं का प्रतिबिम्बन है, यह इन लेखों को पढ़ते हुए समझ में आता है। लेखक के तौर पर अपनी भूमिका से जुड़े कई संशय उन्हें घेरते हैं। अपनी संस्कृति, अपने समाज को पहचानने, उसे चिह्नित करने और उससे जुड़ने का दबाव उनके कई लेखों में अभिव्यक्त होता है। यह अनायास नहीं है कि गैस त्रासदी के मारे भोपाल में तुरन्त सांस्कृतिक आयोजन करने का आग्रह उनमें आक्रोश जगाता है। 'कालिदास का विद्रोही मेघ' और 'उदासीनता का जहर' जैसे लेख उनकी इस बेचैनी के साक्ष्य हैं। भाषा का प्रश्न भी उन्हें तंग करता है। अपने आसपास की अपरिहार्य-सी हो चली द्विभाषी संस्कृति से अलबत्ता वे आँख नहीं चुरातीं, बल्कि उससे सीधी मुठभेड़ करती हैं और चाहती हैं कि कोई ऐसा विकल्प बने जिसमें हमारे समाज की मौलिक मेधा ज्यादा सुरक्षित साँस ले सके।

मृदुला गर्ग के लेखन में एक सहजता है। पांडित्य-प्रदर्शन वे नहीं करतीं। पत्रकारिता की चौकस और सुसंपादित शैली को भी वे आलंब नहीं बनातीं। इसकी जगह अनुभवों का सहारा लेती हैं। उनकी प्रतिक्रियाओं का निर्धारण कई बार आम आम जीवन के ऐसे अनुभवों से ही होता है। यह स्वाभाविक है कि उनके लेखों में ऐसे अनुभव अगर बहुतायत में न भी तो पर्याप्त हैं। मगर सहज लेखन के जो खतरे होते हैं

उनमें से एक खतरा मृदुला गर्ग के कुछ लेखों को भी अपनी गिरफ्त में लेता दिखाई पड़त है। ऐसा लगता है कि कुछ लेखों में सम्पादन जरूरी था।

इसके अलावा इतने वर्षों के अन्तराल ने कई लेखों में कुछ नये तथ्य और नर्य सूचनाएँ डालने की आवश्यकता पैदा कर दी है। जैसे भोपाल में सरकारी उदासीनता से जु उनके लेख के साथ नये सन्दर्भ जोड़े जा सकते थे। मगर यह काम उन्होंने नहीं किया। इ लेखों के पुस्तकाकार प्रकाशन में इतना भर सम्पादन तो अपेक्षित ही था। अगर वह हो पात तो 'चुकते नहीं सवाल' एक ज्यादा संप्रेषणीय किताब होती। शायद तब लेखिका अपनं कुछ तात्कालिक प्रतिक्रियाओं को भी ज्यादा वैचारिक रूप दे पातीं। वैसे यह पुस्तक मृदुल गर्ग एक अपेक्षाकृत अपरिचित रूप को उद्घाटित तो करती ही हैं।

विचार के बीहड़ में प्रसून

भारत में टीवी पत्रकारिता कायदे से 15 साल की भी नहीं हुई है, लेकिन हमारे सार्वजनिक, राजनीतिक, सामाजिक जीवन पर उसके प्रभाव बहुत गहरे हैं। खबरों की परिभाषा, उनकी प्रस्तुति, उनकी व्याख्या के ढंग—सब कुछ जैसे बदल गये हैं। संकट यह है कि ज़्यादातर बदलाव उदास करने वाले हैं। जो नज़र आ रहा है, जो कैमरे का लेंस पकड़ पा रहा है, ख़बर उससे आगे नहीं जा रही। यानी जो सामने है, सतह पर है, चमक रहा है, उसी में ख़बर है, छुपे हुए अँधेरों, अव्यक्त यातनाओं, घुटी हुई चीखों और अदृश्य प्रश्नों का ख़बर से वास्ता नहीं है। लेकिन क्या यह सिर्फ लेंस की—एक माध्यम के रूप में टीवी पत्रकारिता की सीमा है, या उससे भी ज्यादा कुछ है? कैमरा थामने वाले हाथ, लेंस के पीछे से झाँकने वाली आँखें, शूट किये हुए फुटेज को सम्पादित करने वाली उँगलियाँ, उनको नियन्त्रित करने वाले दिमाग और इन सबके पीछे खड़ा पूँजी का एक विशाल तन्त्र इस टीवी पत्रकारिता को किस तरह प्रभावित करते हैं? इन सारे तत्त्वों, सारी सीमाओं, सारे इरादों और सारी मजबूरियों के बीच टीवी का सच कैसे बनता है और दुनिया के सच से वह कितना मेल खाता है, कितना अलग होता है?

मशहूर टीवी पत्रकार पुण्य प्रसून वाजपेयी की हाल में आयी दो किताबों से गुजरते हुए ये और ऐसे ही कई और सवाल जेहन में उमड़ते हैं। प्रसून एक मुश्किल लेखक हैं। उनके यहाँ हड़बड़ायी हुई टीवी पत्रकारिता की बेताबी और एक सरोकारसम्पन्न पत्रकार की बेचैनी—दोनों जैसे घुलमिल जाती हैं। वे कैमरे की पकड़ में आने वाले दृश्यों की चीरफाड़ भी करते हैं और अदृश्य रह गयी सच्चाइयों की बात भी करते हैं। और यह सब करते हुए उनके यहाँ कोई तरतीब नहीं दिखती। उल्टे यह नजर आता है कि वे सारी चीजों को जैसे उलट-पलटकर, बने-बनाये दृश्यों में तोड़फोड़ करते हुए और अक्सर हमारी सपाट-सरल संवेदना को झटका देते हुए हमें मजबूर करते हैं कि हम उनके विमर्श में अगर उनकी शर्तों पर नहीं तो उनके सुझाए कोणों से शामिल हों। कई बार यह झटका अनायास होता है तो कई बार सायास-सुनियोजित।

जैसे पहला झटका उनकी किताब का नाम 'मीडिया, डिजास्टर एण्ड पॉलिटिक्स' देखकर ही लगता है। आज की हिन्दी टीवी पत्रकारिता इन तीनों शब्दों का धड़ल्ले से इस्तेमाल करती है। लेकिन क्या यह सिर्फ प्रचलन के साथ चलते हुए अनायास चला आया नाम है या प्रसून जानबूझकर यह बताना चाहते हैं कि इस किताब से गुजरते हुए हमें अपने सन्दर्भ और प्रस्थान बिन्दु नये सिरे से तय करने होंगे, भाषा और आग्रहों के पुराने मोह छोड़ने होंगे? या वह जानबूझकर टीवी की जो नयी बन रही भाषा है, उसी में टीवी विमर्श करना चाहते हैं, सवालों से मुठभेड़ करना चाहते हैं?

किताब का पहला ही लेख बुद्धू बक्से को अफीम की गोली बताता है। इस सवाल पर अलग से बहस की ज़रूरत है कि आज के टीवी को बुद्धू बक्से वाले पुराने मुहावरे से जोड़ना कहाँ तक ठीक है, फिलहाल यह देखें कि वह अफीम की गोली क्या है जो इस बक्से में भर दी गयी है। यह लेख छत्तीसगढ़ की एक प्रायोजित रिपोर्ट के हवाले से शुरू होता है—बीजापुर के नक्सलियों से लोहा लेने में जुटे सुरक्षा बलों के इस आश्वासन के साथ कि वे गाँव वालों की हिफाजत के लिए आये हैं। टीवी पर यह एक अच्छी स्टोरी है—फील गुड स्टोरी, जिसे देखकर लगता है भारत सरकार कितने श्रम और कितनी नेकनीयती के साथ खूंखार-ख़तरनाक नक्सलियों के सफाये में जुटी है।

टीवी पर यह स्टोरी यहीं खत्म हो जाती है, रिपोर्टर किसी दूसरी स्टोरी में लग जाता है। लेकिन प्रसून यह काम नहीं करते। वे रुके रहते हैं और बस तीन दिन के भीतर वह असलियत उजागर हो जाती है जो टीवी के परदे से बहुत पीछे छूट जाती है। जिन लोगों को पुलिस रक्षा और नये जीवन का आश्वासन दे रही है, उन्हीं में उसे ऐसे नौ नक्सली दिख जाते हैं जिन्हें गोलियों से भून दिया जाना है। इसके बाद गीतों और उम्मीदों का गाँव खौफ़ और सन्नाटे के गाँव में बदल जाता है, जिसे दिखाने का इन्तज़ार किसी को गवारा नहीं है।

लेकिन नकली और असली का अन्तराल बस हड़बड़ी और इन्तज़ार का अन्तराल नहीं है। रिपोर्टर अगर इसकी खबर देना चाहे भी तो पाता है कि इसे लेने वाले नहीं हैं। बाद की खबर टीवी पर रुक सकती है क्योंकि दिल्ली छत्तीसगढ़ की इस खबर को भी चलाने या रोकने से पहले अपने समीकरणों का ख़याल करती है। दरअसल यह राज टीवी की दुनिया के भीतर ही खुलता है कि जो बिचौलिये सत्ता और जनता के बीच सक्रिय हैं, वही पूँजी और पत्रकारिता के बीच भी, खबर और उसकी व्याख्या के बीच भी, संवाददाता की नीयत और उसकी खबर की नियति के बीच भी।

प्रसून इस बिचौलिया संस्कृति के, खबर के बीच चली आयी सौदागरी के, सरकार और जनता के बीच घुसी बड़ी पूँजी के और विकसित समाज के सपने और अविकसित समाज के इस द्वन्द्व की पूरी जटिल प्रक्रिया को एक-एक स्तर तक पकड़ना चाहते हैं। उनके लेखों में तार-तार होते समाज की चिन्ता है—यह कहना एक तरह का सरलीकरण होगा। सच यह है कि प्रसून उन सूत्रों, उन धागों की शिनाख्त में बहुत दूर तक जाते

हैं—लगभग भटकाव का खतरा उठाते हुए—जिनसे यह पूरी व्यवस्था किसी मकड़जाले की तरह बुनी हुई है और जिसमें फँस जाने के बाद बाहर निकलने का रास्ता नज़र नहीं आता।

प्रसून की मूल चिन्ता वह लोकतन्त्र और नागरिक समाज है जिसकी निर्मिति में न्याय और समानता का आश्वासन छुपा हुआ है, लेकिन जिसकी व्याप्ति में सिर्फ पूँजी का गठजोड़ और मुनाफे की फिक्र दिखाई पड़ती है। लोकतन्त्र का यह दोहरा चेहरा प्रसून सबसे अच्छी तरह मीडिया के व्यवहार में पहचान पाते हैं। वह देखते हैं कि मीडिया कौन-सी ख़बर ले रहा है, कौन-सी छुपा रहा है। वे यह भी देखते हैं कि मीडिया जो खबर ले रहा है, वह किस तरह ले रहा है, और जो ख़बर छोड़ रहा है, वह क्यों छोड़ रहा है। इस किताब के ज्यादातर लेख यही बताते हैं कि मीडिया के इस पूरे खेल में पूँजी और मुनाफे की चिन्ता सर्वोपरि है, पत्रकारिता का चरित्र और पत्रकार का वर्ग चरित्र बदल गया है और राजनीति या लोकतन्त्र की व्याप्ति उतनी ही नहीं है जितनी वह दिखाई पड़ती है। वे पाते हैं कि चाहे किसानों की खुदकुशी का मामला हो या फिर राजनीति की चिन्तित करने वाले गिरावट का—मीडिया ख़बर भी लेता है तो उस सतह से और इतनी दूरी से कि न उसकी अपनी सुरक्षा पर चोट हो, न व्यवस्था की नींद में खलल पड़े। इस चालाक और सुरक्षित दूरी से किये जा रहे हस्तक्षेप से ही वह कारोबार बनता है जो मीडिया के लिए कुछ भरोसा और ढेर सारा पैसा कमाता है।

राजनीति और मीडिया के, व्यवस्था और कारोबार के इस खेल को कुछ और ज्यादा खेलती है प्रसून की दूसरी किताब, 'राजनीति मेरी जान।' इस किताब में कई समसामयिक मुद्दों पर उनके लेख हैं। किन्हीं नियत विषयों पर अपनी सपाट राय देते लेख नहीं, बल्कि उनकी मार्फत उन जटिलताओं तक पहुँचने की कोशिश करते लेख, जिनके बीच हमारा संसदीय लोकतन्त्र सम्भावनाओं और विडम्बनाओं के साझा हिंडोले पर झूल रहा है। प्रसून बड़ी तीक्ष्णता से देख पाते हैं कि किस तरह राजनीति की अन्धी गली में धर्म और जाति की विषबेलें मज़बूत होती गयी हैं, चुनाव और दंगों के बीच कैसा तालमेल है और कैसे विकास की नयी लकीर सबको फकीर बना रही है।

नक्सलवाद का प्रसून ने काफी करीब से जायजा लिया है। अकसर वह इस जटिल मसले पर लिखते रहे हैं। नक्सल दमन पर केन्द्रित उनकी विस्तृत रिपोर्ट 'छत्तीसों मुठभेड़ें मरते आदिवासी' पर उन्हें रामनाथ गोयनका सम्मान भी मिल चुका है जो इस किताब में संकलित है। लेकिन इस सम्मान की वजह से कहीं ज़्यादा यह लेख इसलिए पढ़ा जाना चाहिए कि इसमें हमारे समय और समाज की एक मर्मभेदी सच्चाई सामने आती है। प्रसून बाकायदा नाम, उदाहरण, सूची देकर बताते हैं कि छत्तीसगढ़ में कितने बड़े पैमाने पर आदिवासियों का दमन हुआ है। मर्दों को यातना दी गयी है और गोली मारी गयी है। औरतों को भी नहीं बख्शा गया है। उनके साथ बलात्कार हुआ है, ऐसी यातनाएँ दी गयी हैं कि उनमें से कई माँ बनने लायक नहीं रह गयीं। उनके घरों में आग

लगायी गयी है। यह पूरी रिपोर्ट हमें सिहरा देती है, बताती है कि हमारे लिए ये आदिवासी जैसे अदृश्य हैं, हम उनके साथ हुई बर्बरताएँ नहीं देखते, हमें उनकी चीखें सुनायी नहीं पड़तीं। इसलिए नक्सलवाद विकास और गैरबराबरी की समस्या का नतीजा नहीं, अपने आप में एक समस्या दिखने लगता है।

आदिवासी ही नहीं, दलित भी प्रसून की चिन्ताओं के केन्द्र में हैं। वे अम्बेडकर से आगे का रास्ता देखने की कोशिश करते हैं और जानना चाहते हैं कि संसदीय राजनीति में उनकी जगह बनेगी, या उन्हें कोई और विकल्प खोजना होगा? वे खैरलांजी के बाद फूटे दलित आक्रोश के मायने समझना चाहते हैं और कई उपयोगी निष्कर्षों तक पहुँचते हैं।

सवाल है इन सबके बीच हमारी संसदीय राजनीति क्या कर रही है, कितना उम्मीद जगाती है। प्रसून राजनीतिक दलों की भी ख़बर लेते हैं। यह साफ नजर आता है कि लगभग सारे राजनीतिक दल यथास्थितिवाद के पोषक हैं और उनके लिए मुद्दे अपना स्कोर करने का जरिया भर है। वे राजनीति के दायरे में नयी बहसें, नये सवाल देखना नहीं चाहते। परिणामवादी चुनावी राजनीति ने लोकतन्त्र को प्राश्नेय बना डाला है।

यह देखकर सुखद आश्चर्य होता है कि इलेक्ट्रॉनिक मीडिया की लगभग कुन्द कर देने वाली दुनिया में रहते हुए भी प्रसून ने अपने सरोकार और सवाल बनाये और बचाये रखे हैं। वे इन सवालों को बड़ी शिद्दत से रखते हैं, उनके सरोकार लगभग कौंधते हुए ढंग से आते हैं। आदिवासियों, दलितों, किसानों या अल्पसंख्यकों के सवाल पर इलेक्ट्रॉनिक मीडिया में कम लोग उनकी संजीदगी के साथ सोचने वाले हैं। शायद यही संजीदगी कई बार किसी मुद्दे या बहस के उन पक्षों को भी सामने ले आती है जिनकी वजह से उन्हें बिल्कुल नये आलोक में देखना सम्भव हो पाता है।

लेकिन—और यह एक बड़ा लेकिन है—प्रसून की यह कौंध, उनमें दिखाई पड़ने वाली तीव्रता ही जैसे एक हद के बाद उनकी सीमा बन जाती है। अक्सर लगता है, प्रसून जिन सारी चीजों को देख रहे हैं, उन्हें बड़ी हड़बड़ी में और एक ही साथ रख देना चाहते हैं। इस बेताबी में मुद्दे भी घालमेल के शिकार हो जाते हैं, नतीजे भी। ज़्यादातर लेखों में यह घालमेल एक असुविधा पैदा करता है। नक्सलवाद की बात करते-करते प्रसून नरेन्द्र मोदी तक चले आते हैं और फिर विकास के सवाल पर और फिर विदेशी पूँजी की घुसपैठ पर। निस्सन्देह इन लेखों में भी—और असलियत में भी—इन तमाम अलग-अलग दिखने वाले मुद्दों के तार जुड़ते हैं, आम तौर पर नज़र न दिखाई पड़ने वाला एक गठजोड़ उनमें होता है। लेकिन सब कुछ को एक साथ पकड़ने और रख देने की बेताबी प्रसून के लेखों को ऐसे कोलाज में बदल डालती है, जिसमें छुपे निहितार्थों को पकड़ने के लिए मेहनत करनी पड़ती है। यही नहीं, इसकी वजह से एक अनजाना दुहराव उनके लेखों में चला आता है। सवाल है, ऐसा क्यों होता है। इसकी पहली और सपाट व्याख्या तो यही हो सकती है कि बरसों तक टीवी पर खबरें पढ़ने की आदत ने

शायद प्रसून के भीतर एक तरह की बेसब्र रवानी पैदा की है, ठहरना रुकना, पलटकर देखना शायद उनके अभ्यास का हिस्सा नहीं। लेकिन यह अधूरी व्याख्या होगी। दरअसल प्रसून के लेखों के जरिए उनकी विचार-प्रक्रिया को समझने की कोशिश करें तो एक अलग किस्म की जटिलता से हमारा वास्ता पड़ता है। दिये गये निष्कर्षों को प्रसून कबूल नहीं करते—किसी बौद्धिक व्यक्तित्व को करना भी नहीं चाहिए। इसकी जगह प्रसून अपने अनुभवों को सहारा लेते हैं। दूर-दराज़ के इलाकों से सीधी पत्रकारिता करते हुए प्रसून को एक साथ कई तरह के सच का सामना करना पड़ता है इसमें नक्सलियों के दमन से लेकर ब्लॉक के भ्रष्टाचार तक और प्राकृतिक संसाधनों के दोहन से लेकर बड़ी पूँजी के दबाव तक की हकीकत शामिल होती है। यह एक उलझाने वाली हकीकत है जिसे अपनी टिप्पणियों में ज्यों का त्यों पकड़ने की जिद एक ऐसा बीहड़ बनाती है, जिसमें दाखिल होना आसान नहीं होता।

दरअसल यही वह मोड़ है, जहाँ प्रसून की सीमा दिखती है। योजनापूर्वक या अनायास, वे बीहड़ को छाँटते नहीं, उसके बीच विचार की पगडंडियाँ नहीं बनाते, वे बस हर दृश्य के साथ दूसरा दृश्य मिलाते चलते हैं और उसके बीच अपनी प्रतिक्रियाओं को कभी भावुक और कभी वैचारिक लहजे में रखते चलते हैं। यह जटिलता उनकी विचार प्रक्रिया में ही नहीं, वाक्य रचना तक में चली आती है जब हम पाते हैं कि एक लम्बा, कई सिरों और शाखाओं वाला वाक्य हमें उलझा रहा है। यह उलझाव में वाक्य भी टूटते हैं, शब्दों के अर्थ भी और, व्याकरण के नियम भी।

शायद यही चीज है जो पुण्य प्रसून वाजपेयी के लेखन को एक जटिल पाठ में बदलती है। उन्हें धीरज से पढ़ना पड़ता है। लेकिन इसमें शक नहीं कि ये लेख हमारे बेहद जटिल समय को समझने के कई सूत्र हमारे लिए छोड़ जाते हैं जिन्हें बढ़ाना हमारी ज़िम्मेदारी है।

दूसरी परम्परा की एक और खोज

अंग्रेजी की एक पुरानी कहावत है कि विश्वविद्यालय पत्थरों को तराशते हैं और हीरों को धुँधला कर देते हैं। शायद इस कहावत का वास्ता पढ़ने-पढ़ाने की उस यथास्थितिवादी परम्परा से रहा होगा जिसमें ज्ञान एक ठोस चीज़ है जिसे सँभालकर परवर्ती पीढ़ियों और छात्रों को हस्तगत किया जाना है। बहुत ज़्यादा प्रयोगों की, शास्त्र द्वारा नियत लीक से भटककर कुछ नया खोजने की, ज्ञान के अलग रास्ते गढ़ने की और परिभाषाएँ बदलने की गुंजाइश विश्वविद्यालयों में नहीं होती। वे बस सुरक्षित और आजमाये हुए रास्तों से छात्रों को ज्ञान की तय मंज़िलो तक ले जाते हैं।

लेकिन दिल्ली में अरावली की पहाड़ियों पर बनाया गया जेएनयू यानी जवाहरलाल नेहरू विश्वविद्यालय जैसे इस परम्परा के प्रतिपक्ष की तरह खड़ा किया गया। साठ के दशक में पूरी दुनिया में जो प्रतिरोधी और बोहेमियन किस्म की बेचैनी और छटपटाहट थी, सबकुछ को नये सिरे से परखकर उसमें जोड़ने, उसे पुनर्नवा करने की जो उत्कंठा थी, शायद वह भी जेएनयू की बुनियाद में शामिल रही। जब तक वह दौर रहा, उस दौर की आग और आँच रही तब तक जेएनयू बहस-मुबाहिसे की, तर्क प्रतितर्क की, विभिन्न मुद्दों पर लोकतान्त्रिक विमर्श की ऐसी शाला बना रहा जहाँ से विद्यार्थी नहीं, जीवन के नये प्रयोगकर्ता निकलते रहे। इस शाला ने अपने विद्यार्थियों को बनाया, विद्यार्थियों ने इस शाला को बनाया।

सुमन केशरी द्वारा सम्पादित पुस्तक 'जेएनयू में नामवर सिंह' इस जेएनयू को नये सिरे से पढ़ने की और उस दूसरी परम्परा की खोज करने की कोशिश है जिसमें जेएनयू बना और जिससे नामवर भी बनें। किताब का नाम पहली नज़र मे ज़रूर यह भ्रम पैदा करता है कि कहीं यह एक कृतज्ञ शिष्या को अपने गुरु को समर्पण भर तो नहीं। लेकिन किताब की सामग्री ऐसा कोई भ्रम नहीं रहने देती। किताब से गुजरते हुए जल्दी ही हम खुद को उस परिसर की धूल-मिट्टी के बीच पाते हैं, जहाँ सत्तर और अस्सी के दशकों में ज्ञान और शिक्षण का एक बड़ा प्रयोग जेएनयू की शक्ल में आकार पाता रहा।

हालाँकि निश्चय ही यह किताब जेएनयू पर नहीं, जेएनयू में नामवर सिंह पर ही है—यह समझाती हुई कि कैसे जेएनयू ने नामवर सिंह को बनाया और नामवर सिंह ने जेएनयू को बनाया। इस किताब से गुजरते हुए यह सवाल भी सिर उठाता है कि क्या नामवर न होते तो जेएनयू का भारतीय भाषा केन्द्र वही होता जो आज है? लेकिन जल्द ही इसका जवाब खोजने की जरूरत भी नहीं रह जाती। क्योंकि यह समझने में वक्त नहीं लगता कि दरअसल जेएनयू था इसलिए नामवर सिंह बुलाये गये। जेएनयू को ईमानदारी से खड़ा करने की कोशिश की यह तार्किक परिणति थी कि नामवर सिंह वहाँ बुलाये जाते।

और नामवर सिंह ने निराश भी नहीं किया। उन्होंने हिन्दी और उर्दू की साझा परम्परा को मिलाकर एक कोर्स और एक वातावरण तैयार किया जिसने आने वाले दिनों में जेएनयू के खुलेपन को, उसकी प्रयोगशीलता को, दूसरों से अलग होने के उसके अहसास को, एक-दूसरे को समझने की कहीं ज्यादा गाढ़ी उसकी ज़रूरत को हवा-पानी और खाद दी। पुरुषोत्तम अग्रवाल का लेख 'उन दिनों जेएनयू' देश में जेएनयू के होने का मतलब और नामवर सिंह और जेएनयू के परस्पर अन्योन्याश्रित रिश्ते को समझने के लिहाज से काफी दिलचस्प और उपयोगी है। यह लेख जेएनयू परिसर के बाहर जेएनयू की एक हवाई बौद्धिक संस्थान के रूप में जो छवि बनी हुई है, उसकी असलियत और सीमाओं को, और इस हवाई बौद्धिकता के पीछे की कहीं ज्यादा गहरी, जीवन्त और मार्मिक सच्चाई को समझने में हमारी खासी मदद करता है। यह मदद इसलिए जरूरी नहीं है कि हम जेएनयू को समझ सकें, बल्कि इसलिए जरूरी है कि हम उस सम्भावना से परिचित हों जो वैचारिक खुलेपन और नये क्षितिजों के सन्धान की नयी-नयी राहें खोजती-खोलती थी और इस बात से चिन्तित हों कि आज के वैचारिक पर्यावरण में वह पेड़ भीतर से खोखला होता जा रहा है—देश के बाकी विश्वविद्यालयों जैसा होता जा रहा है।

बहरहाल, जेएनयू की कई छवियाँ इस किताब में बनती हैं—पुस्तकालय से लेकर ढाबों तक में उत्सुक बहसों में लगा जेएनयू, छात्र संघों के चुनावों मे तरह-तरह के नारों और नयी-नयी बहसों से जगमगाता जेएनयू, छात्र और शिक्षक के रिश्तों को नयी परिभाषा देता जेएनयू, और धीरे-धीरे बदलता जेएनयू भी जिसकी आहटों को पढ़ना मुश्किल नहीं है। मेरी तरह के जिन छात्रों ने जेएनूय में पढ़ाई नहीं की, वे शायद कुछ मायूस होते हों कि इस वैचारिक स्वर्ग में बसने का मौका उन्हें नहीं मिला।

और नामवर सिंह की भी कई छवियाँ यह किताब याद दिलाती है। इसे पढ़ते हुए यह बात फिर से ध्यान मे आती है कि नामवर सिंह ने सिर्फ-सिर्फ जेएनयू को नहीं, पूरे हिन्दी प्राध्यापक समाज को एक तरह की वैचारिक आधुनिकता और प्रगतिशीलता दी। धोती-कुर्ते के अपने पारम्परिक पहनावे में उन्होंने अलग-अलग अनुशासनों की सबसे प्रबुद्ध मंडली के बीच बिना किसी हीनभावना के हिन्दी का माथा ऊँचा किया। उनके

व्याख्यानों में दूसरे अनुशासनों के छात्र भी चले आते थे, यह बात बताती है कि जेएनयू ने अपने नामवर सिंह को कितना सम्मान दिया, कितना ऊँचा आसन दिया।

ऐसा नहीं कि किताब नामवर सिंह को लेकर अभिभूत छात्रों की स्मृतियों का संचय है। इसमें दूसरे अनुशासनों से जुड़े छात्रों और प्राध्यापकों के कहीं ज्यादा निर्लिप्त लेख भी शामिल हैं—लेकिन एक बात सबमें साझा है—नामवर सिंह के वैचारिक व्यक्तित्व और जेएनयू में उनके योगदान को सबने सम्मानपूर्वक और कहीं-कहीं कृतज्ञता के साथ भी याद किया है। इस दौरान नामवर सिंह के व्यक्तित्व की कई परतें अलग-अलग ढंग से खुलती दिखाई पड़ती हैं।

मिसाल के तौर पर प्रोफेसर गोविन्द पुरुषोत्तम देशपाण्डे अपने लेख 'नामवर सिंह के अभिनन्दन जैसा कुछ', में नामवर सिंह के बहुचर्चित भाषणों और व्याख्यानों की गुत्थियाँ खोलते हैं। वे ध्यान दिलाते हैं कि नामवर सिंह के भाषणों में अनेकार्थता हुआ करती है और चेतावनी देते हैं कि उनके कहे पर गदगद न हुआ जाए। वे नामवर सिंह के दो-तीन 'भाषण रूपों' का उल्लेख करते हैं। वे लिखे हैं, *"उनके भाषणों की सादगी और सीधापन मन को छूते हैं। लेकिन तभी, जब वे सचमुच हस्तक्षेप करने के लिए बोलते हैं। उस वक़्त तो कहना ही क्या, जब वे पाश्चात्य साहित्य सिद्धान्त को लोक़भाषा की दुनिया या दुनियाओं से जोड़ते हैं।"*

जीपी देशपाण्डे के मुताबिक नामवर सिंह का दूसरा भाषण-रूप 'परफॉर्मेंस' जैसा होता है, जिसमें वे कुछ अस्पष्ट और अनिश्चित भी होते हैं और एक ही विषय के अलग-अलग दो भाषणों में बिल्कुल अलग-अलग धारणाओं का खण्डन या मण्डन कर रहे दिख सकते हैं।

और तीसरा भाषण रूप तो बिल्कुल 'आचार्य' सरीखा होता—प्रवचन की तरह। लेकिन इन सब भाषण रूपों के बावजूद नामवर सिंह की मौलिक उद्भावनाएँ, उनकी बहुलार्थता, सोचने-समझने और आगे बढ़ने का रास्ता खोजती और खोलती चलती हैं।

आनन्द कुमार, पुष्पेश पन्त और तुलसी राम की टिप्पणियाँ भी कभी सम्मान के साथ, कभी चुटीलेपन के साथ और कभी हल्की-सी शिकायत की छौंक लिए जेएनयू और नामवर के इस साझा रिश्ते के अलग-अलग पहलुओं से परिचित कराती हैं।

उनके हिन्दी संसार के लोग, केदारनाथ सिंह, भगवान जोश, गोविन्द प्रसाद, चमनलाल तो खैर उनके मुरीद हैं ही, भारतीय भाषा केन्द्र से जुड़े सदीकुर्रहमान किदवई और असलम परवेज भी उनके प्राध्यापकीय, प्रशासकीय और विद्वत व्यक्तित्व के कई अनछुए पहलुओं की तरफ इशारा करते हैं। इन सबके बीच डॉ सुरेश शर्मा का लेख 'जेएनयू की पहाड़ियाँ, ज़िन्दगी के कुछ पड़ाव' बड़े दिलचस्प ढंग से स्मृतियों का एक ऐसा कोलाज बनाता है जिसमें जेएनयू की अलग-अलग रंगतें भी दिखती हैं और नामवर सिंह की कई शख़्सियतें भी। अपने एक प्रिय और मेहनती शोधछात्र को उन्होंने किसी विश्वविद्यालय में जगह दिलाने की जगह कहीं-कहीं

उसका रास्ता भी रोका, यह शालीन ढंग से की गयी और छुपी हुई शिकायत अलक्षित नहीं रह जाती। राजकुमार और रामबक्ष के लेख भी नामवर सिंह के प्राध्यापकीय व्यक्तित्व को करीने से रेखांकित करते है। किताब में एक लेख सुमन केशरी का भी है—एक तरह से नामवर सिंह और जेएनयू के उस साझा रिश्ते की पूरी परिक्रमा करता हुआ, जिसके अलग-अलग पहलू किताब के अलग-अलग लेखों में दिखते हैं। पूरी किताब कई खण्डों में बँटी है। एक खण्ड उन छात्रों का है जो नामवर सिंह के जाने के बाद जेएनयू में आये। एक छोटा-सा खण्ड उन लोगों के संस्मरणों का है जिनके साथ नामवर सिंह का वास्ता पड़ता रहा चाहे वे भारतीय भाषा केन्द्र के लोग हों या जेएनयू के पुस्तकालय के। और एक खण्ड उन बहुत सामान्य लोगों से बातचीत का है जो नामवर सिंह से अलग-अलग ढंग से जुड़े रहें—चाहे वे उनके निजी सहायक हों या उनकी पसन्दीदा पान दुकान के मालिक।

लेकिन किताब शुरू होती है नामवर सिंह के विदाई व्याख्यान से और लम्बे साक्षात्कार से। बेशक, ये दोनों चीजें आने वाले लेखों को पढ़ने की एक विशाल पीठिका तैयार कर देती हैं। हमें मालूम रहता है कि किन सपनों के बीच, किन साधनों के साथ, किन सवालों को ध्यान में रखते हुए, किन सरोकारों की बुनियाद पर नामवर सिंह और उनके समकालीन लोगों ने एक बड़े और अनूठे विश्वविद्यालय की वैचारिक नींव रखी।

हालाँकि इस किताब को पढ़ते हुए बहुत सारे उन लोगों का ध्यान आता रहता है जो जेएनयू के, और जेएनयू में नामवर सिंह की भूमिका के सख्त आलोचक रहे। इस भावना की अन्तर्ध्वनियाँ किताब के कुछ लेखों में भी हैं—कहीं उन पर जातिवादी होने की हल्की-सी तोहमत मढ़ती हुई तो कहीं नातेदारी को प्रश्रय देने का इशारा करती हुई, कहीं वैचारिक तौर पर समझौते करने की तो कहीं विचारधारात्मक संकीर्ण आग्रहों की भी।

लेकिन कुल मिलाकर यह किताब जेएनयू में नामवर सिंह के समग्र मूल्यांकन की शर्त को बहुत दूर तक पूरा करती है। जब 'वसुधा' ने नामवर सिंह पर एक विशेषांक निकाला था तब मैंने उसके लिए लिखे एक लेख में नामवर सिंह को ऐसी नदी बताया था जिसने हिन्दी के पाटों को सींचा है। नदियाँ अक्सर पहाड़ों से उतरती हैं, लेकिन यहाँ उल्टा हुआ। नदी एक पहाड़ पर चढ़ती नज़र आयी। इसमें कुछ नदी की ऊँचाई दिखती है, कुछ पहाड़ की गहराई।

फिर भी एक सवाल बचा रहता है—आखिर जेएनयू नाम का जो वैचारिक स्वर्ग वहाँ न पढ़ पाने वाले छात्रों को मायूस करता रहा है, वह वाकई क्या एक स्वर्ग रहा या इस जन्नत की कुछ और हक़ीक़तें भी रहीं? आखिर यह स्वर्ग बाकी धरती पर क्यों नहीं उतारा जा सका और अब अपने मूल स्थान में ही क्यों मुरझाता-सा लग रहा है? और अपनी सारी प्रशस्ति और कीर्ति के बावजूद क्या नामवर सिंह वह हो पाये जो उनसे होने की

उम्मीद हिन्दी संसार करता रहा? लेकिन पलटकर पूछना होगा कि अगर जेएनयू सिकुड़ रहा है या नामवर सिंह और विस्तृत नहीं हो पाये तो क्या यह दोष जेएनयू या नामवर का है, या उस पर्यावरण का है जो अपनी तरह के बौद्धिक संस्थानों और व्यक्तित्वों को वह रहने या बनने नहीं देता जो वे हो सकते हैं? इस सवाल के जवाब का वास्ता जेएनयू या नामवर सिंह की नियति भर से नहीं, हम सबके बौद्धिक पर्यावरण से है और इसलिए यह सवाल उठाना जरूरी है। बहरहाल, सुमन केशरी की किताब उन लोगों को अच्छी लगेगी जो अपने पूर्वग्रह छोड़कर इसे पढ़ना चाहेंगे।

□□